Hart, aber unfair!
Was ist eigentlich so bahnbrechend an Miles Davis, visionär an Bob Dylan, originell an Patti Smith, Norah Jones oder Coldplay? Immer und überall werden die gleichen Alben gelobt. Das ist langweilig und oftmals reine Geschmackssache. Sky Nonhoff bürstet die Popgeschichte gewaltig gegen den Strich. Witzig, intelligent und an luzider Bösartigkeit kaum zu übertreffen!

Sky Nonhoff, geboren 1962, ist Journalist und Autor. Zuletzt erschienen »Boy meets Girl«, »Die dunklen Säle« und »Schallplatten«.

Unsere Adresse im Internet: www.fischerverlage.de

Sky Nonhoff

Don’t Believe the Hype!

Die meistüberschätzten Platten der Popgeschichte

Fischer Taschenbuch Verlag

Originalausgabe
Veröffentlicht im Fischer Taschenbuch Verlag,
einem Unternehmen der S. Fischer Verlag GmbH
Frankfurt am Main, Juni 2005

Satz: deutsch-türkischer fotosatz, Berlin
Druck und Bindung: Clausen & Bosse, Leck
Printed in Germany
ISBN 3-596-16468

Inhalt

GEBRAUCHSANLEITUNG

> »Hätten wir wieder große Bands, gäbe es vielleicht auch wieder große Kritiker.«
>
> Greg Shaw (1949–2004)

Egal, welche Pop-Kompendien man seit Jahren zu Rate zieht, sie empfehlen stets dieselben »Meisterwerke«, »Meilensteine«, »Klassiker« und »Must-Haves«, »All-Time-Greats« und »Next Big Things«. Man darf sich sicher und zufrieden fühlen in dem Bewußtsein, der reinen Lehre anzuhängen und die »einhellige Meinung aller maßgeblichen Kritiker« zu teilen.

Die Vorbeter der Popkultur erwarten nur eine Antwort auf den Kanon: das Amen ihrer Gemeinde.

Kaum zu glauben, daß es tatsächlich einmal eine Zeit gab, als Pop und Rock 'n' Roll Teil einer Kultur waren, die sich deshalb bewegte, weil diskutiert, debattiert und polemisiert wurde; von Kritikern wie Nik Cohn, Lester Bangs, Richard Meltzer oder Nick Tosches, der gleich auf der ersten Seite von »Unsung Heroes of Rock 'n' Roll« in die vollen ging:

»Sehen wir den Tatsachen ins Auge. Rock 'n' Roll ist tot. Toter als die Achtziger. Toter als der päpstliche Penis. Bill Haley kam, verwandelte sich in Scheiße und war in Null

Komma nichts wieder weg vom Fenster, und das alles passierte im Sommer 54. Mit anderen Worten, der Kreis war bereits geschlossen und die Rock-'n'-Roll-Bestie für den Massenzirkus gezähmt, als Elvis (noch so ein totes Arschloch) die Bühne betrat.«

Man muß diese Sicht nicht teilen, mag aber anerkennen, daß diese paar Sätze Leben beinhalten, Esprit und Energie, mehr noch: Sinn, Stil und Meinung. Kurz, alles, was dem Rezensententum dieser Tage mehr und mehr abhanden gekommen ist, einem Kultur- und Musikjournalismus, der sich fast durchweg dem Einvernehmen, der Schönschreiberei und der Konsumberatung widmet.

Davon handelt dieses Buch.

»Don't Believe the Hype« besteht aus vier Teilen:

- Das Vorwort »Le Grand Bullshit« untersucht, wie das System der Pop-Heiligsprechung funktioniert, nimmt die Corporate Identities und den Konservatismus von »Rock-Kritik« und »Pop-Fraktion« unter die Lupe.
- Der Hauptteil befaßt sich mit einer Auswahl von »ewigen Meilensteinen«, um die sogenannte Popgeschichte aus Einspruchsperspektive zu besichtigen.
- Im Nachwort macht Nick Currie »Schluß mit den Meisterwerken«.
- Der Anhang präsentiert 100 Alternativen zum Pop-Kanon – keine »essentielle« Bestenliste, aber das eine oder andere Kunstwerk jenseits der »Klassiker«-Doktrin, das möglicherweise Ihr Leben verbessern könnte.

Eine Reihe internationaler Gastautoren – Musiker, Autoren, Journalisten – hat mitgewirkt, die sich mit der Endlosschleife ewiger Konsensformate ebenfalls nicht abfinden wollen; in dem Verständnis, daß die Pop-Geschichte dringend der einen oder anderen Korrektur bedarf, um nicht in Langeweile zu ersticken und endlich wieder ernst genommen zu werden. Ihnen gilt mein Dank, ebenso wie Anoukh Foerg, Danny Baror, Oliver Huzly, Günther Gössele, Pietro Germano, Holger Kuntze, Ulrike Ostermeyer und insbesondere Thomas Mohr: Immer da, wenn ich zum Telefon griff.

Überlassen wir das Wort Iggy Pop, der einen treffenden Leitsatz geprägt hat, der nur allzu genau erklärt, worum es auf den nachfolgenden Seiten geht:

»They say that death kills you, but death doesn't kill you. Boredom and indifference kill you.«

Sky Nonhoff
München, im April 2005

LE GRAND BULLSHIT

Steigen Sie ein. Stören Sie sich nicht daran, daß ich ohne Gurt fahre. Kommen Sie, drehen wir eine Runde. Und kaum biegen wir um die Ecke, sehen wir auch bereits die erste Radiowerbung; die Plakatkleber haben die halbe Stadt damit bepflastert. Ein glücklich lächelndes Girl ist darauf abgebildet, das sich zwei Riesenkopfhörer an die Ohrmuscheln drückt, darunter in noch größeren Lettern: *Der beste Rock-Pop von heute!* Nicht, daß Sie das glauben würden – es sei denn, Sie nehmen auch für bare Münze, daß die Verköstigung bei McDonald's tatsächlich »ziemlich luxuriös« und so »verführerisch« ist, wie es die atemlose Kleinmädchenstimme in der Werbung verkündet –, aber schalten wir doch einfach mal das Radio an. Sendersuchlauf. Und da schallt sie uns auch schon entgegen, eine dieser aufgeräumten Gut-drauf-Stimmen, so unverschämt launig wie ein Heizdecken-Verkäufer angesichts einer Busladung arthritischer Greisinnen: *Wir fragen Sie täglich, was Sie hören wollen. Ich möchte die aktuelle Musik. Ich will aber auch die Achtziger. Und die Neunziger. Das ist der neue Sound. Das ist korrekt! Vom Neuesten das Beste! Echt super! Und die Megahits der Achtziger und Neunziger! Der Megahit-Marathon nur bei uns!*

Der neueste Sound! Die coolsten Classic-Hits und Super-Hits aller Zeiten! Die Hits der Sechziger und Siebziger! Echte Abwechslung! Nur das Allerbeste für Ihre Ohren! Ein Sender – alle Hits! Und hier sind sie: Die Stones mit einem echten Klassiker …

I. DER TOTALE POP

Bis in die frühen Neunziger hinein wußte jeder, was Pop in der Musik bedeutete. Pop war der angepaßte Bruder von Rock, Punk, Metal oder Grunge: Ein artiges Bürschchen, das sich in der Zehnuhrpause den Seitenscheitel kämmen ging und sich soundtechnisch mit Michael Jackson, George Michael, Culture Club oder Lionel Ritchie schon mal auf die Betriebsfeiern einstimmte, auf denen er dann mit Rechtsanwältinnen oder Marketing-Assistentinnen zu ebendiesen lauwarmen Klängen die ungelenken Beine bewegen konnte.

Keiner konnte Pop so recht leiden; außer jenen natürlich, die von Musik ohnedies nicht mehr verlangen als ein paar gefällige Ohrwürmer à la ABC, Duran Duran, Depeche Mode oder Simple Minds, die man schnell vergessen und später auf »Kuschelrock«-Samplern wiederentdecken durfte. Pop war ein klar definiertes Genre: Mainstream, vorwiegend nett und seicht, harmonisch und zum schnellen Verbrauch bestimmt. Selbstredend war auch die eine oder andere Preziose darunter.

Doch Pop existierte nicht im luftleeren Raum, und schon gar nicht im Garten Eden, wie sich spätestens 1991 in Bret

Easton Ellis' »American Psycho« zeigte. Sein Ich-Erzähler, der lifestyle- und serienmordverliebte Patrick Bateman, berichtet im selben klinischen Plauderton von Häutungen bei lebendigem Leib wie vom Besuch eines U2-Konzerts oder von der Zusammensetzung seiner Garderobe. Hier ging es um den Pop als postmodernen Moloch, um die Popkultur als Folie einer sinnentleerten Medienwelt, in der zentrifugal beschleunigter Materialismus, Trendiness, Warenfetischismus und überspanntes Produktbewußtsein zu allumfassender Entwirklichung führen. Daß Batemans Soundtrack vornehmlich von Whitney Houston, Huey Lewis und Phil Collins (»Ich bin ein großer Genesis-Fan«) gespeist wird, darf einem getrost zu denken geben.

Dazu kam die Neue Unübersichtlichkeit der Neunziger. »Hier [in der Gegenwart] passiert nämlich sehr viel mehr, als ein durchschnittlich begabter Kinogänger, Plattenkäufer, Zeitungsleser überhaupt wahrnehmen kann«, so Claudius Seidl seinerzeit in der *SZ*, »und selbst hartgesottene Fans sind überfordert von dem Anspruch, allen Winkelzügen der Moden und Diskurse zu folgen.« Während musikalische Genres bislang problemlos identifizierbar gewesen waren, hatte sich in den Clubs eine neue, für die 68er- und 78er-Generation nur schwer erfaßbare Groove-Subkultur entwickelt, die alle paar Wochen Zugangscode und Alias wechselte: Konfrontiert mit Techno, Electro, House, Chicago House, Bristol House, Acid House, Tribal, Ambient, Goa, Trance, Triphop, Jungle und Drum 'n' Bass, blieb Kritikern und Kulturerfindern für einen quälend langen Moment nur die nüchterne Erkenntnis, daß hier eine Party gegeben wurde, von der sie strikt ausgeschlossen waren. Den elektronischen Verwirrungsstiftern mußte schleunigst Einhalt geboten werden – in Form eines übergreifenden Ordnungsprinzips, um die uferlos mäandernden Neo-Stile wieder unter Kontrolle zu bekommen.

Lose Zungen behaupten, es habe sich bloß um die unbedachte Randbemerkung eines Volontärs während einer Redaktionskonferenz gehandelt: »Also, am Ende ist das doch alles bloß Pop.« Der beste Beweis, wie sich eine lapidar formulierte Marginalie umgehend zum Stein der Weisen befördern läßt. Wieso war noch niemand darauf gekommen? Na, klar! Die einfachste Sache der Welt! *Think big! Bingo!*

Pop war genau das richtige Normierungskürzel für diejenigen, die, »als House und Techno kamen, in den späten Achtzigern, zu träge und zu wenig geistesgegenwärtig für diese Musik« waren, wie abermals der bereits erwähnte Herr Seidl – mittlerweile zur *Frankfurter Allgemeinen Sonntagszeitung* gewechselt – mit einem Rest selbstanklägerischen Katzenjammers feststellte. Mit dem neu kreierten (neudeutsch: ge-remodelten) Label schafften die Feuilletons kurzerhand alle Kompetenzprobleme aus der Welt. Pop war der große Gleichmacher, der dringend benötigte Decoder, um eine aus den Verständnisfugen geratene Kultur zu entschlüsseln und wieder genußkompatibel zu machen.

Man durfte schon mehr als nur gelinde staunen, was die meinungsbildenden Blätter auffuhren, um die verloren geglaubte »Authentizität«, das neu entdeckte Sein am Puls der Zeit unter dem aufgefrischten Gütesiegel an den Mann zu bringen. Die »Kenner und Freunde der Popkultur« (Diederich Diederichsen) erklärten schlicht alles – und ich meine: restlos *alles* – zu Pop, um ihr Publikum an ebendiesem Nasenring die kulturelle Manege entlangzuführen. Dabei konnte man gleich ganze Jahrhunderte besichtigen. Pop. Es fing schon zu elisabethanischen Zeiten an.

»Schlag's nach bei Shakespeare«, ließ der *Stern* verlautbaren. »Da findest du nicht nur die saftigsten Parts, sondern auch schon die Essenz der modernen Popkultur – Spaß, sofortigen Lustgewinn, schamloses Entertainment.« Die deutsche Klassik, auch ein klarer Fall, wie Moritz von Uslar im Magazin der *Süddeutschen* befand (»Wenn Schiller Rock war, war Goethe dann Pop?«), die wiederum dezidierte, »wer von Pop sprechen will, darf von Riefenstahl nicht schweigen«. Rainald Goetz besang »den ewigen Hegel-Pop der Rechtsphilosophie«, während der Experte Uslar in der *SZ*-Jugendbeilage *Jetzt!* schließlich auf den lang ersehnten, kulturüberspannenden Definitionspunkt kam: »Pop: will weniger, kann mehr.« Die schönste Form von Selbstverständnis war schon immer die, die sich nicht beweisen muß.

Und so hatte sich der alte Streber Pop wieder durch die Hintertür hereingemogelt, neu durchgestylt von seinen journalistischen Designern, eine kulturimperialistische Phrasendreschmaschine, die alles und jedes für sich vereinnahmte, was es im medialen Hypermarkt zu erstehen gab. Ähnlich wie sein älterer Bruder Kult, längst von der Medienindustrie usurpiert und jeglicher echten Signifikanz beraubt, war Pop im Handumdrehen zu einem goldenen Kalb mutiert, dem ununterbrochen mit euphorischem Marktgeschrei gehuldigt wurde, einem papierenen Golem, dessen Gehhilfe die vollmundige Behauptung darstellte. Pop garantierte auch der mittelmäßigsten Existenz, sich als *très chic* ausgeben zu können. Via Pop gelang es den größten Schwätzern der Republik, einen Diskurs zu simulieren, der die vielzitierte Generation Golf und die in ihrem Kielwasser surfenden Sykophanten als Meinungsführer etablierte, denen es ein universelles Schlagwort ermöglichte, selbst die geistlosesten Banalitäten noch als *state of the art* zu feiern.

»Pops Glück ist, daß Pop kein Problem hat«, log Rainald Goetz, von Anfang an oberster Götzenanbeter, Axiomatiker und Rave-Hohepriester der Kultur-Vermassung. »Es gibt keine andere vernünftige Weise, über Pop zu reden, als hingerissen auf das Hinreißende zu zeigen, hey, super.«

So reden Kleinkinder. Die Knallchargen im nächsten Crunchips-Spot oder die Ballermann-Darsteller in »Und tschüß ... auf Mallorca«. *Hey, super!* Auch Patrick Bateman – Ellis' Romanfigur aus »American Psycho« – hätte es sicher nicht viel anders formuliert. Und glauben Sie bloß nicht, das gehöre zu einer anderen Geschichte.

2. DAS REMASTERTE MUSEUM

Nick Hornbys »High Fidelity« war der ultimative Wellness-Roman der Thirtysomething-Generation: die sanft gefühlige, dabei durchaus amüsante Geschichte des Plattenladenbesitzers Rob Fleming, der, von Beziehungsproblemen geplagt, eine Top-Five seiner Ex-Freundinnen aufstellt, um diese zwecks Vergangenheitsbewältigung noch einmal zu treffen.

So rückwärtsgewandt wie diese Bemühungen stellt sich auch der Kosmos von Hornbys Hauptfigur dar. Rob ist ein ewiges Kind, das Frauen ausschließlich in einer imaginierten Erlöserinnenfunktion begreift, das kostbare alte Vinyl pflegt, den sogenannten besseren Zeiten nachtrauert und die Ereignislosigkeit seines Lebens mit Aberdutzenden von Top-Five-Listen zu adeln versucht: In ihrer Unbedarftheit rührende Hitlisten, die versunkenen Epochen nachhängen und mit Marvin Gaye, Neil Young, Joni Mitchell, The Clash etc. hartnäckig Ordnung, Valenz und Verbindlichkeit beschwören – in einer permanent beschleunigten Medienwelt, die den krisengeschüttelten Mittdreißiger mehr als nur sichtlich überfordert. Vordergründig ironisch, schwingt in Hornbys tabellarischen Appellen immer auch chronische Verbitterung mit.

In ihrer Sehnsucht nach ästhetischen und sozialen Fixpunkten unterscheidet sich Hornbys Haltung nur unmaßgeblich von der Selbsteinschätzung der Zweithandy-Generation, etwa von Benjamin v. Stuckrad-Barre, der sich selbst als »wertkonservativen Popkonsumenten« bezeichnet. Hier wie dort wird der »gute« mittelständische Wertekonsens hochgehalten – zum einen vom neoliberalen Snob-Ästheten, für den Demokratie und Kaufrausch zu einer Einheit konvergieren, zum anderen vom latent frustrierten Ex-78er, der den kulturellen, sprich geistigen Stillstand zur Apotheose und sich selbst zum Lordsiegelbewahrer verklärt.

Womit wir wieder beim *besten Rock-Pop von heute* wären.

Daß Hornbys Roman ein mehr oder minder unverblümt autobiographisches Werk darstellte, kristallisiert sich bei der Lektüre seines Sachbuchs »31 Songs« heraus, einer Sammlung von Aufsätzen über Popmusik. Der nostalgische Charme, der »High Fidelity« die spezielle Feelgood-Atmosphäre verlieh, ist hier einem apodiktischen Mir-kann-keiner-was-Ton gewichen, der ganz auf Kopfnicken und Sekundieren zugeschnitten ist. Mittlerweile zur Instanz der westlichen Popkritik aufgestiegen, macht sich Hornby zum Trostspender, Schönredner und Fürsprecher all jener graumelierten Junggebliebenen, die sich ihr Klammern ans vermeintlich Bewährte und Gediegene nur allzu gern als in Erfahrung gereifte Weltoffenheit bestätigen lassen.

Der britische Revanchist und Dr. Allwissend, dessen »31 Songs« so ziemlich das Unoriginellste versammeln, was die (in diesem Fall nicht sonderlich) moderne Popmusik zu bieten hat, macht keine Gefangenen, wenn es darum geht, die klanggewordenen Pfründe der Tony-Blair-Generation zu verteidigen: »Machohaft, hurrapatriotisch oder blöd – solche ignoranten Urteile haben Springsteen über weite Strekken seiner Karriere begleitet und werden von Neunmalklugen gefällt, die viel blöder sind, als er es je war.« Die schon in Sandkastentagen erprobte Ihr-seid-doof-Rhetorik, gekoppelt mit Alterskoketterie und kategorischen Kalendersprüchen (»Entweder man mag Popmusik oder nicht, und wenn ja, dann muß man alles hören, was etwas taugt«), war offenbar so recht nach Gusto ähnlich gereifter Rezensenten; als »wunderbar«, »klug«, ja, »luzid« rühmte die *NZZ* Hornbys Exegesen, während ein gewisser Dr. Edo Reents in der *FAZ* gehorsam der »gesunden Ignoranz« dieser »souveränen« Essays applaudierte.

Die vorgebliche Historizität, die eine Verwurzelung im Epochalen suggerieren will, die Heiligsprechung der Wahrnehmung, mit und an etwas gewachsen zu sein – und so, im Gegensatz zur Bildung, eine Ausbildung auf immer und ewig abgeschlossen zu haben –, läßt sich problemlos von Top-Five-Listen oder drei Dutzend Songs ins breitangelegt Kanonische steigern:

Die Top 100 der deutschen *Rolling-Stone*-Redaktion enthält gerade mal vier (!) Platten aus den neunziger Jahren*, dafür aber gleich acht Werke der Stones und sieben von Bob Dylan, dazu reichlich Beatles, Neil Young und Springsteen; fast ausschließlich Artefakte von vorgestern, aufgeladen mit einer Bedeutung, die eine andere, allmählich vom Verschwinden bedrohte Generation in sie hineingelesen hat. Interessant, dabei beobachten zu können, daß sich fast alle kanonischen Verzeichnisse von »All-Time-Greats«, ob nun im »Rock-Lexikon«, in der »Great Rock Discography«, in »Soundcheck. Die 101 wichtigsten Platten der Popgeschichte« oder anderen Kompendien und Musikmagazinen im Grunde aufs Haar gleichen (und dabei ganz offensichtlich großteils voneinander abgeschrieben sind): Kaum je begegnet man einer Wahl, die etwas Neues ins Licht

* Ein zudem augenfällig rassistischer Katalog, der satte fünf Alibi-Vertreter der schwarzen Musik aus den 60er Jahren à la James Brown billigt, dazu noch Jimi Hendrix und Love, deren Wirken im kollektiven Bewußtsein seit jeher der weißen Rockmusik zugeschlagen wird. Der von Afroamerikanern dominierte Sound der letzten dreißig Jahre – Disco, House, Techno, Hiphop etc. – wird komplett ignoriert. Der Rezensenten-Klan akzeptiert nur Gitarren, Losung: Alles, was groovt, ist verdächtig.

rücken oder die Welt in den Grenzen von 1980 in Frage stellen würde; kein Kunstwerk ist abgegriffen, geronnen und abgegrast genug, um nicht wieder und wieder ins Pantheon der angeblich größten und unverzichtbarsten »Meisterwerke« gehoben zu werden.

»Ich brauche niemanden, der sich bemüht, mich aus meiner Selbstzufriedenheit aufzurütteln.« Nick Hornbys so überaus luzides, souveränes Credo aus »31 Songs« steht stellvertretend für all jene selbstgenügsamen Dogmatiker, deren regressiver Dünkel jene Monumente des Altersstarrsinns umweht, die sie regelmäßig auf ihren Listen abhaken wie greise Museumswärter bei der alljährlichen Inventur; »in Stein gemeißelt« lautet denn auch der Veredelungszusatz, den die Redakteure des *Rolling Stone* ihren persönlichen Top-Ten-Klassikern vorangestellt haben.

Daß es sich bei Kultur seit jeher um einen fließenden Prozeß handelt, der stetem Wandel unterworfen ist, wird hier schulterzuckend und vorsätzlich unterschlagen – zugunsten bequemen Ewigkeits-Gutdünkens, sektiererischer Frömmelei, standardisierter Übersichten des Althergebrachten und einer geradezu aufreizenden Denkfaulheit. Die Litanei Hornbys und der ihn flankierenden Pharisäer läuft stets auf ein anspruchsarmes Amen hinaus, wie man es hierzulande seit grauen Zeiten aus Heinrich Spoerls »Feuerzangenbowle« kennt: »Und damit wollen wir uns bescheiden.«

Bleibt die Frage, was das für ein Olymp sein soll, in dem keine Götter mehr jagen gehen, sondern nur noch der röhrende Lennon/Springsteen/Morrison an der Kulissenwand hängt. Als ich neulich mit einem Bekannten telefonierte und im Verlauf des Gesprächs Patti Smiths einzigartige Bedeutung in der Musikgeschichte auch nur leise anzweifelte, ließ er mich unumwunden wissen: »Aber bei den besten Alben aller Zeiten in der *Bild* war sie *auf Platz sechs*!« Man könnte es auch so ausdrücken: Wer dauernd sein Heil in der Beschränkung sucht, läuft Gefahr, selbst beschränkt zu werden. Oder, in den Worten von Eckhart Nickel: »Ich glaube, so etwas entsteht aus Angst. Diese Angst, daß alles so bleiben soll, wie es ist – das ist Rock.«

3. DAS HOHLE WUNDER

> »Es stimmt nicht, daß in Zukunft jeder für fünfzehn Minuten berühmt sein wird. In Zukunft werden alle ununterbrochen berühmt sein – wenn auch nur in ihren Köpfen.«
>
> Martin Amis, »Experience«

Eckhart Nickel war Mitglied des selbsternannten »popkulturellen Quintetts«, eines Grüppchens junger deutscher Trendkapitalisten, die sich im April 1999 in der Executive Lounge im Berliner Hotel Adlon trafen, um dort ein »Sittenbild unserer Generation« zu entwerfen. Diese Zeitgeistverortung, zusammengefaßt im kurz darauf erschienenen Band »Tristesse Royale«, präsentiert die Exponenten einer Erbengeneration, gegen die sich Guido Westerwelle wie ein Hardliner aus Zeiten der KPdSU ausnimmt. Hier wird mit abgespreiztem Finger über Stilfragen schwadroniert, die sich in der unentwegten Benennung von Tyler Brulée, Donna Karan, Burberry, Prada, Helmut Lang, Hermès etc. erschöpfen, garniert mit altklug-denunziatorischem Senf von der Preisklasse, »daß Demonstrationen in den neunziger Jahren nichts weiter sind als Kaffeekränzchen auf den Straßen«, und naßforschen Privilegierten-Sprüchlein (»Der Geldautomat ist ein Freund«), während en passant das Hohelied auf den dicken Wende-Onkel Helmut angestimmt wird.

»So was Herrliches«, enthusiasmierte sich denn auch postwendend Rainald Goetz, selbst ein begeisterter Anhänger der wohligen Steigerung »einfach angenehm«, »wahnsinnig angenehm«, »extrem angenehm«. Authentizität bedeutete urplötzlich das behaglich-drohnenhafte Einrichten im großen Warenhaus des Westens, das kurzerhand in Popkultur umbenannt worden war.

Das von den popkulturellen »Stilgöttern« angemahnte »Stilbewußtsein«, das sich so nachdrücklich vom Gewöhnlichen abgrenzen will, kommt bei allem blasierten Naserümpfen tatsächlich von der bourgeoisen Stange, egal ob es sich um etwas kostspieligere Markenartikel oder ein Kulturverständnis handelt, das sich darin gefällt, allseits abgesegnete Feuilleton-Ikonen wie Harald Schmidt (»Willkommen bei Sat1, dem Rock 'n' Roll-Sender«) und Thomas Bernhard als Galionsfiguren herauszustellen und ansonsten aufzuzählen, was man zuletzt im Fernsehen weggefrühstückt hat.

Die Shopping-Avantgarde hatte natürlich auch ihren eigenen Soundtrack. Eine Prise DJ-Culture gehörte dazu, ein bißchen Umkleidekabinen-Triphop der Marke Tricky oder Kruder & Dorfmeister, vor allem aber eine Art Rock light in Gestalt von Blur, The Verve und Oasis, die den Stadionrock der Väter für die Generation Golf recycelten. In der schunkelnden Masse das Feuerzeug zu schwenken, galt als epiphanisches Erlebnis, während das popkulturelle Quintett den Lieblingsstücken Helmut Kohls das Wort redete (»Das Stück ›Winds of Change‹ von den Scorpions ist ein gelungenes Beispiel für politische Kunst«) oder Elton John als den »größten Meister unter allen Sonnen« pries. Falls Sie das für Satire halten sollten: Lady Diana Spencer hätte es nicht unironischer meinen können. Bei der Geburt der Farce aus dem Geiste der Musik als Hebammen mitgewirkt zu haben, macht nicht das schauderhafteste Verdienst der »Popliteraten« aus.

»Ja. Es ist ganz einfach«, formulierte Rainald Goetz sein persönliches Heureka. »Und es stimmt: Es hat was Aufbrechendes, Frühes, Abenteuerliches an sich, das eigene Leben als was irgendwie Tolles zu empfinden.« Mit »Abfall für alle« (1999), zunächst als Internet-Tagebuch veröffentlicht, firmierte Goetz als einer der Vorreiter, die das doch einigermaßen antiquierte Programm der subjektiven Befindlichkeiten auf postmoderne Hipness trimmten. War das infektiöse Lebensgefühl »Pop« einerseits die semantische Prothese für all diejenigen geworden, die vor langer Zeit ein wenig »Irre« geworden waren und sich im »Rave« neu erfunden hatten, stellte es zum anderen die Selbstvergewisserung jener Jungkonsumenten dar, die ihr lässiges Driften in der fetten Welt –

»Nee, meine Eltern geben mir weiterhin soviel« – als Allgemeinverbindlichkeit verstanden haben wollten.

Das *Jetzt!*-Magazin und das Feuilleton der *Süddeutschen Zeitung* legten den Grundstein für einen ahistorischen, atemlos dionysischen Raum, dessen Universalität sich in einem kuschelweichen Jugendzimmer abspielte, an dessen Tür nicht einmal mehr angeklopft werden mußte, da sie ohnehin immer offen stand, um den Rest der popnationalen Familie über den neuesten Stand in der von Oasis und Pulp, Kylie und Robbie beschallten Drei-Wetter-Taft-Welt (»stellt doch die Norm dar«, so Christian Kracht) zu informieren. Alle waren Pop, zuvorderst Mainstream zu sein galt als Pop, die magerste Autobiographie und noch das alltäglichste Steckenpferd; von jeglichem Bezug entbunden, war es die Großartigkeit von Pop höchstselbst, die es zu feiern galt. Abfall für alle – selten hat sich »kollektives Gelalle« (Goetz) derart effektiv durchgesetzt.

»Wo Formeln dieser Art überhandnehmen«, schrieb Dieter E. Zimmer 1986 in »Redensarten. Über Trends und Tollheiten im neudeutschen Sprachgebrauch«, »bekommt der Kulturbetrieb einen ausgemacht halbweltartigen Anstrich. Es klingt alles irgendwie schick, bedeutet nichts Bestimmtes, ist völlig beliebig und will auf keinen Fall ernst genommen werden.«

Weshalb auch, wenn es nur noch Verpackung gibt und keinen Inhalt mehr? Wenn schlicht alles nur noch dermaßen »toll, toll, toll« (Rudi Carell) ist, daß es einen geradezu sakralen Anstrich bekommt. Die »Pop-Journalistin« Johanna Adorján, früher bei der *Süddeutschen*, wo sie bereits Goetz' tiefschürfende Erkenntnisse (»Die Lebensqualität / hängt auch ein bißchen davon ab / wie wenig Scheiße man sich anhören muß«) dahingehend beweihräucherte, daß dort »aus dem abstrakten Vorgang des Denkens ein nachvollziehbarer wird«, kommentiert die »zehn tollsten Songs« ihrer Jahresbestenliste 2003 in der *Frankfurter Allgemeinen Sonntagszeitung* wie folgt:

3. Robbie Williams: Something Beautiful
Beim Konzert haben sich hier alle in Robbie verliebt.

5. Robbie Williams: Feel
Beim Konzert gingen hier die Feuerzeuge an.

10. Sean Paul: Get Busy
Wie bitte, soll man das erklären?

Der Pop, dem hier so kulleräugig gehuldigt wird, ist nur noch Objekt einer selbstreferentiellen Begierde, dem verzückten Abfeiern der eigenen Borniertheit. Der glucksend naive Ton will Emotion suggerieren, ein erhabenes Erleben, wo nur noch Systemkonformität, industriell verfertigte Heimeligkeit und Kollektivkonsum herrschen; eine Pappmaché-Ekstase, die nicht nur von fern an die Teenager erinnert, die bei »Wetten, daß ...« auf Handzeichen loszukreischen beginnen. Die Lobhudelei von seriell produziertem Chi-Chi und nivellierten Nichtereignissen fungiert als fortgesetzte Einverständniserklärung – mit sich selbst und der eigenen Stromlinienform, die stets als bahnbrechendes Design verkauft wird, um damit stereotypes Einerlei und dürrste Gedanken zu dekorieren.

Insofern darf man Pop durchaus als hohles Wunder bezeichnen. Für seine Claqueure gilt, was Eugene Ionesco über die Figuren seines Stücks »Die kahle Sängerin« gesagt hat: »Die Smiths und die Martins können nicht mehr sprechen, weil sie nicht mehr denken können. Sie können nicht mehr denken, weil sie nichts mehr bewegt.«

4. ZOMBIFIKATION

Während die einen die Grandezza ihrer Ahnungslosigkeit in Erlebnisaufsätzen beklatschen, ergehen sich die Vertreter des sogenannten *adult-orientated pop* (früher auch unter dem Kürzel »Rock« bekannt) in endlos fortgesetzter Heldenberichterstattung. Egal, ob man die nächste Ausgabe des *New Musical Express, Mojo, Rolling Stone, Q, Uncut, Spin* oder ihrer deutschsprachigen Pendants aufschlägt, stets gibt es »neue«, »intimste« Fotos der Stones, »Aktuelles« über die Rock-Revolution in den Sechzigern, ungeahnte Erkenntnisse über das Kaliber von Kurt Cobains Schrotflinte plus Exklusiv-Interview mit dem erleuchteten Waschraumwärter, dem Joe Cocker während seiner 74er-Tour durch Tadschikistan einen gnädigen Dollar-Lappen in die schweißfeuchte Hand gedrückt hat.

Man darf sich das etwa so vorstellen wie folgende in Günther Wallraffs »Aufmacher« kolportierte Anekdote: Als 1977

Henry Vahl starb und die *Bild* jeden Tag mit einer neuen Schlagzeile über den verblichenen Volksschauspieler aufwartete, hatte man sich in der Redaktion zur allgemeinen Belustigung eine Pop-up-Figur des Ohnsorg-Mimen gebastelt, die man nach Belieben in einem Sarg verschwinden und wieder herausschieben konnte. Nach demselben Prinzip funktionieren die immergleichen Features über Hendrix' Virtuosität, die Brillanz der Velvet Underground oder den prägenden Einfluß der Sex Pistols. Die heiligen Kühe, die berufsjugendlichen Mittfünfzigern und willigen Jung-Adepten in der Endlosschleife »kritischer« Huldigung angedient werden, erweisen sich ein ums andere Mal als untote Hampelmänner, die ad infinitum aus der verstaubten Truhe des Rockpop-Biedermeier gezerrt werden, um ihre sklerotischen Gelenke in der x-ten Wiederaufführung eines Schauspiels zappeln zu lassen, dessen Texte längst alle auswendig kennen.

»Als ich nicht mehr jung und wild war, geschah etwas Merkwürdiges mit mir«, so die ehedem respektable Rock-Journalistin Sylvie Simmons (*Mojo, Rolling Stone*). »Als ich eine anerkannte Autorin wurde, begann ich sogar die Alben zu lieben, die ich immer gehaßt hatte. Vielleicht wollte ich einfach nicht mehr unfreundlich sein.«

Zur Kirche der Ewigen Behäbigkeit konvertiert, schenkt Großmutter Simmons heute Uralt-Meßwein in auch nicht mehr ganz neuen Schläuchen aus – ein Auftrag, dem sich mittlerweile so gut wie alle altersmilden Kollegen im Musikjournalismus widmen, der mehr und mehr in der Fortschreibung frommer Legenden besteht.

Die unablässige Verkündung unsterblicher Weisheiten ist zur Gebetsmühle einer Rock-Gerontokratie geworden, die den Gläubigen allmonatlich dieselben vertrauten Konserven andreht. Kein jemals gefälltes ästhetisches Urteil wird über die Jahre hinterfragt oder auch nur ansatzweise einer Revision unterzogen; ab einem bestimmten Stadium der Mythisierung spielt keine Rolle mehr, wie gestrig, antiquiert, unwesentlich oder schlicht albern das Schaffen eines Künstlers aus heutiger Sicht anmuten mag. Seien es die Stones oder Iggy Pop, Joe Strummer oder Paul Weller: Der kleinen Phoebe in Salingers »Fänger im Roggen« gleich, drehen und drehen sie sich auf ihrem Karussell, während die früh- und spätvergreisten Holden Caulfields der Musikmagazine ihrer Sehnsucht Zucker geben, daß sich daran nie etwas ändern möge.

Die »popkritische« Salbung in Features, Besprechungen zu Box-Sets, digital remasterten Klassikern und Re-Issues setzt sich in den Rezensionen zu neuen Bands und Songwritern fort. Greifen wir wahllos die Ausgabe 01/04 des deutschen *Rolling Stone* heraus: Dort findet man Musik, die »den Bezirk des Unaussprechlichen« berührt, Sounds, die als »emotional integer«, »vielschichtig«, »einzigartig«, »ungewöhnlich tief«, »genial«, »voller Lebensweisheit«, »zutiefst bewegend«, »singulär groß«, »exzellent«, »exemplarisch«, »eindrucksvoll« »überlegen«, »grandios«, ja, »existentiell« bewertet werden – eine tosende Kaskade von Superlativen, die dem *besten Rock-Pop von heute* und den Promo-Waschzetteln der Labels ehrerbietig ihre Reverenz erweisen.

Klassiker, historische Monumente und Meisterwerke,

Must-Haves und Next Big Things, so weit das Auge reicht. Das einzige, was den tausendfach einbalsamierten Adult-Pop der Nick-Hornby-Fraktion noch zum Zucken bringt, ist das emphatische Dröhnen eines Produktjournalismus, der inzwischen kaum mehr als den verlängerten Arm der Industrie darstellt. In Colson Whiteheads Roman »John Henry Days« heißt es über die Hauptfigur, den Profi-Schreiber und Spesenritter J. Sutter: »Sowohl er als auch die Musik sind zu verbraucht. Sie sind zusammen erwachsen geworden, und nun sind sie zu alt, um so zu tun, als gäbe es noch etwas anderes als Publicity.«

Während die Gralshüter der Musikpresse unausgesetzt auf die Knie sinken und die Schreine von vorgestern weihen, beschwören die Apostel der Oasis-Schule in nicht minder religiösem Duktus den »heiligen Kult des Pop« (*Süddeutsche Zeitung*), in dem Geistesgrößen wie die »TV-Moderatorin« Charlotte Roche laut Grimme-Preis-Laudatio »eines liturgischen Amtes« walten: »Hätten im Mittelalter die Nonnen die Kirchenväter kommentieren dürfen, wäre dabei vielleicht etwas herausgekommen wie die *glossa continua* der laufenden Musikbilder, zu der Charlotte Roches Ansagen sich summieren.«

Nur am Rande die Erwiderung von Fräulein Roche auf ihre Inauguration: »Ich freue mich für diesen Preis.«

Daß selbst Casting-Interpreten vom Schlage eines Robbie Williams oder Justin Timberlake inzwischen auch im »seriösen« Feuilleton mit Mantras der Ergriffenheit bedacht werden, verdankt sich einer Kritik, die ihr Lümmeln im molligen Plumeau des Konsensformats als ökumenische Andacht begreift. Pop hat mehr als ein Problem. Während die Beschwörer der »Klassiker« eine Kunst verabsolutieren, die in ihrer Leblosigkeit unausweichlich zur Selbstparodie wird, zeigen die Gegenwärtigkeits-Prediger des totalen Pop weiter hingerissen auf angebliche Wunder, hinter denen sich nur großspurig angekündigte Taschenspielertricks verbergen. Wie bitte, soll man das erklären? Vielleicht mit einem alten, leicht abgewandelten Satz des Rock-Kritikers Nick Tosches: Wen wollen die Hornbys und Adorjáns eigentlich verarschen?

Niemand wird bestreiten, daß die Phono-Industrie in Zeiten der Internet-Downloads und gebrannten CDs in einer globalen Krise steckt. Bleibt zu befürchten, daß dies nur die halbe Wahrheit ist. Unlängst lamentierte die *Süddeutsche Zeitung* über einen »Mainstream der Gelangweilten, der sich von Szene zu Szene zappt, ohne jemals etwas wirklich Aufregendes oder dauerhaft Euphorisierendes vorzufinden«. Was kaum wundernimmt angesichts einer Popkultur, deren Januskopf einerseits die erinnerungssatte Wurstigkeit des seliggesprochenen Kanons, andererseits die künstliche Ekstase des Absehbaren zeigt.

Sie mögen es für Feixen halten: Es ist das beidseitig gelähmte Gesicht eines Phänomens, dessen Kardinäle das Bräsige und Abgestandene, das Abgedroschene und Reaktionäre als Milch der erhabenen Denkungsart verkaufen. Ihre Autorität besteht darin, das Hosianna in einem Konsumtempel zu sprechen, der endlos widerhallt ob all der stupenden Einmaligkeiten und Konkurrenzlosigkeiten, die hier ausgerufen werden. Es liegt seit jeher im Wesen des Ausverkaufs, daß sich Ramsch und Rausch nur noch in einem Buchstaben unterscheiden. Oder, in den Worten von Colson Whitehead: »Vier Elemente, vier Körpersäfte, vier Jahreszeiten, vier Varianten von Jubelprosa. Warum nicht gleich alles zu einer Kategorie machen? Eine Form von Jubelprosa für jeden Fliegenschiß.«

DON'T BELIEVE THE HYPE

»Bitte nicht! Schon wieder die Beatles! Die aufgewärmten Leichen der Fab Four, zum abertausendsten Mal aus der Leichenhalle gerollt. Ich gebe gern zu, daß sie in meiner Erinnerung eine prominente Stellung einnehmen, aber ein Nebensatz sei mir doch bitte noch gestattet: daß das Leben weitergeht.«

Leserbrief in *Mojo*, Oktober 2004

DICKE MÄDCHEN REVISITED

Neil Young, »Harvest« (1972), »Rust Never Sleeps« (1979)

Gern weist mancher Aficionado bei Gelegenheit darauf hin, diese oder jene Platte habe ihm ein- oder gar mehrmals das Leben gerettet. Doch auch wenn es immer noch Tonträger gibt, die mich bisweilen mit *sense of wonder* erfüllen, steht das Verdienst der Lebensrettung in meinem Dasein niemand anderem als einem Kritiker zu.

Ich war knapp sechzehn, und die ambitiöse Weinerlichkeit von Neil Youngs »Harvest« hatte mir schon seit längerem zu denken gegeben; allerdings hatte ich so viele Elogen über das introspektive Meisterwerk gelesen, daß ich mich nicht voreilig als unsensibler Flegel outen wollte. Bis mir eines Tages beim Durchblättern eines alten *Sounds*-Hefts jäh die Schamröte ins nichtsahnende Gesicht stieg – als ich die erschütternde Wahrheit erfuhr, daß es sich um »Musik für dicke Mädchen« handelte. Was ich anschließend mit der Platte machte, behalte ich lieber für mich. Nur soviel: Als ich zu alt für Airfix-Soldaten war, hatte ich meine Armee kurzerhand auf der Veranda abgefackelt.

Natürlich stellte ich in der Folgezeit ein ums andere Mal fest, daß die Denunzierung dicker Mädchen nicht ganz redlich war: Ich bevorzugte nämlich Joghurt löffelnde Blondinen – die ebenfalls ausnahmslos »Harvest« neben ihren Anlagen stehen hatten. Beruhigenderweise zogen sie es meist vor, »A Horse with No Name« oder »Year of the Cat« aufzulegen.

Träumer, Grübler, Proto-Slacker: Die stille Grazie von Young-Songs wie »Flying on the Ground is Wrong« oder »I am a Child« aus der Zeit mit seiner ersten Band Buffalo Springfield war längst der Fließbandproduktion weltverlorener Zartbittermelodien gewichen, als »Harvest« herauskam. Sein einkaufszentrumgroßes Ego bestärkte den gebürtigen Kanadier in seiner Mission, das Nationalgewissen seiner Generation abzulösen, um selbst zur Stimme Amerikas zu werden; mit mimetisch getürkten Ripoffs à la »Heart of Gold«, das Dylan die Haare zu Berge stehen ließ, als er den Song seines Wiedergängers zum erstenmal im Radio hörte: »Scheiße, das bin ja *ich*!«

Da Dylan zur selben Zeit einen beispiellosen künstlerischen Nadir erreicht hatte, muß man das nicht unbedingt als Kompliment verstehen. Youngs Zwangsverhalten, trotz diverser kreativer Sendepausen ununterbrochen neue Platten zu machen (»Zack, und schon wieder habe ich eine Idee für einen neuen Song, mal gut, mal schlecht, und das hört nie auf«), resultierte in den gewohnheitsmelancholischen Wiederholungen von »On the Beach« und »Comes a Time«, während er gelegentlich den einen oder anderen Wüstenprog-Rocker der Marke »Southern Man« oder »Cortez the Killer« in all den akustischen Jammer einflocht.

Ich war dabei. Am 5. September 1982 auf dem ehemaligen Nürnberger Reichsparteitagsgelände, zusammen mit einer umwerfenden Brünetten namens Manuela, mit der ich mangels bedeutungsvollerer Hörwerte – darauf bestehe ich – den Ortsrekord im French Kissing brach.

Da ich durch diese Gunst des Schicksals entsprechend wenig mitbekam, lasse ich an dieser Stelle den Autor Wiglaf Droste zu Wort kommen, der bei einem Gig des Meisters in der Berliner Waldbühne mehr Muße hatte, die besondere Spezies der sommerlich leicht bekleideten Young-Anhänger in Augenschein zu nehmen (sorry, jetzt müssen Sie stark sein): »Den Gipfel der Schöpfung aber reklamiert wie üblich der Mann für sich: Bereitwillig und geradezu prahlerisch zeigt er seine mit Riemchensandalen nur ungenügend bedeckten Mauken vor, deren Hornhaut bevorzugt ins Uringelbe spielt. Die Nägel der großen Zehen sind für gewöhnlich eingewachsen und kaum geschnitten, so daß dem heroischen Betrachter auch die Ablagerung unter den Fußnägeln, meist eine grünlichbräunliche Substanz von streichfähiger Konsistenz, nicht verborgen bleibt … Und so geschieht es, daß selbst ein Konzert von Neil Young zu einer netten kleinen Vorhölle werden kann.«

Zu einem Fegefeuer mit Mayonnaise-Eimern, um genau zu sein. Schlagzeuger Ralph Molina von Youngs Begleitband Crazy Horse hörte sich auch auf Studiowerken seit jeher an wie ein Volltrunkener, der hinter einer Frittenbude auf ebensolchen Würzmittel-Containern herumholzt. Klang irgendwie nach Punk, weshalb Young, mittlerweile völlig realitätsresistent, auf die clevere Idee kam, sich auf »Rust Never Sleeps« als *missing link* und subkultureller Sinnstifter in der Ahnenreihe zwischen Elvis und Johnny Rotten auszugeben, insbesondere in der akustisch/elektrischen Doppelversion von »Hey, Hey, My, My«, einer weiteren Stadionhymne vom Rock 'n' Roll, der niemals totgeht. Die gleichermaßen profunde Aussage hieß bei Billy Joel übrigens »It's Still Rock 'n' Roll to Me«.

Mit seiner wahrscheinlich besten Platte »Harvest Moon« knüpfte Young Anfang der Neunziger auch im Titel noch einmal an den größten Erfolg seiner Karriere an. Vergleicht man die beiden Alben, klingt im Alterswerk eine seltene Qualität des Superstars durch, die man auch als Demut bezeichnen könnte. Während die Kanon-Kritik hart daran arbeitet, den Spieß umzudrehen und den Dicke-Mädchen-Status von »Harvest« als »Herausforderung« (Karl Bruckmaier) für »den Connaisseur« (Bruckmaier) zu salben und die berühmte »transzendente Wirkung« (Bruckmaier) aus dem semantischen Setzkasten zu holen, da »nichts uncooler ist, als diese Platte zu mögen« (Bruckmaier).

Selten hat jemand zwei Fliegen so perfekt mit einer Klappe geschlagen: Wer soviel eigenwilligen Mut aufbringt, ist garantiert auch von sich selbst begeistert. Spätestens bei den Wortklinglern »Größe« (Bruckmaier) und »Humanität« (Bruckmaier) aber mögen einem vielleicht Ed Wards zeitlose Sätze* über die *Rolling-Stone*-Presse der siebziger Jahre in den Sinn kommen:

»Ebenso wie meine Kollegen erklärte ich den ›Rock‹ zur einzig wahren Kunst unserer Zeit und schrieb weiß Gott genug Schwulst und Stuß zusammen. Damals war wohl keinem von uns klar, daß wir uns unser eigenes Grab schau-

* Enthalten in seinem visionären Essay »Dedicated to You« über die »›Five‹ Royales«, in: Greil Marcus (Ed.), »Stranded. Rock 'n' Roll for a Desert Island« (1979, Neuauflage bei Da Capo Press, New York 1996).

felten und der ›Rock-Journalismus‹ schon bald zu einem Ghetto werden würde, aus dem es praktisch kein Entkommen gab. Seriöse Redakteure waren der Meinung, wir ›Rock-Kritiker‹ sollten von bestimmten Dingen (wie ernsthaften Analysen und kritischer Berichterstattung jenseits des Musik-Biz) gefälligst die Finger lassen; das journalistische Establishment verachtete uns als die rückgratlosesten und korruptesten Speichellecker der Vierten Gewalt – und niemand von uns unternahm auch nur die geringste Anstrengung, dieses Bild zurechtzurücken geschweige denn zu revidieren.«

Man muß Young konzedieren, daß er durchaus recht hatte mit seiner Binsenweisheit vom Rost, der nie schläft, wie sich jedesmal wieder beweist, wenn die Rootsrock-getränkte Oldie-Disco in der 68er-Schenke bei mir um die Ecke wie jeden letzten Sonntag im Monat einmal mehr unter dem Motto steht: *Rock mal wieder.* Und während »My, My, Hey, Hey (Into the Black)« gedämpft hinter mir durch die Wände hinaus auf die Straße dringt, als ich noch Zigaretten holen will, geht mir en passant durch den Kopf, daß Kritik und Rezensententum vor langer, grauer Zeit noch nicht dasselbe waren.

Erinnern heißt nicht vergessen. Insofern folgerichtig, daß mir in diesem Moment das alte *Sounds*-Heft in den Sinn kommt; und damit jener Unbekannte, der mir vor mehr als fünfundzwanzig Jahren das Leben gerettet hat. Natürlich weiß ich längst, daß seine lapidare Bemerkung über die vollschlanken Exemplare des anderen Geschlechts nur eine Metapher war. Und ich muß auch nicht erst auf dem Rückweg die beiden reichlich fülligen Herren sichten, die gerade aus dem Neil-Young-Universum auf den Asphalt wanken, um eine letzte Gewißheit zu begreifen: daß es von Anfang an um dicke Männer ging.

DAS GROSSE TOPFSCHLAGEN

The White Stripes, »White Blood Cells« (2001)

Jack White ist der Größte: Er hat, von der gepiercten Neo-Punkette bis zum aufgeschlossenen Altrocker, alle glücklich gemacht*. Manche glauben nach wie vor, er hätte sogar seine Schwester glücklich gemacht, und Jack gibt der pikanten Phantasie auch weiterhin gern sanft inzestuösen Zucker, wenn er sich bei den Gigs der White Stripes auch im Namen »meiner großen Schwester« bedankt.

* Als Produzent unlängst auch die singende Country-Urgroßmutter Loretta Lynn, deren Album »Van Lear Rose« (2004) in der *Frankfurter Allgemeinen Sonntagszeitung* von Heike Makatsch besprochen wurde, die sich für den Schreibjob dadurch qualifizierte, daß sie in irgendeinem Detlev-Buck-Vehikel eine einzigartig subterrane Interpretation von Tammy Wynettes »Stand by Your Man« zum besten gegeben hatte und in ihrer »Rezension« schwer auf der Hand liegende Vergleiche zog: »Pink kann nach Hause gehen.«

Die ungeheuer aufregende Geschichte hat sich Jack White bei ein paar Karaffen Chablis mit seiner Ex-Frau Meg ausgedacht, die seitdem in der gemeinsamen Wälsungenblut-Adaption die Rolle des Schwesterchens spielt – als schnuckeliger Björk-Klon mit offenen Zöpfen, während Jack sich selbst als OP-Pfleger mit sorgfältig gefetteter Strähnfrisur zu inszenieren pflegt.

Back to Basics hieß das Gebot der Stunde, als das smarte Pärchen Ende der Neunziger die Szene betrat; nach einem

Jahrzehnt subsonischer Beats aus der universellen Ravemaschine war die Zeit reif für einen neuen Trend zum Handgemachten, zum Blues und zum erdigen Garagenrock, gebündelt in der spartanischen Ästhetik von Gitarre und Drums. Der Clou war das ebenso minimalistische, rot-weiße Outfit des Duos aus Detroit, das sich Jack White als ehemaliger Schaufensterdekorateur keineswegs bei der Firma Marlboro, sondern bei den holländischen Konstruktivisten der zwanziger Jahre abgeguckt hatte.

Hänsel und Gretel im Designerwald der abstrakten Kunst: Das kann eine Saison leidlich stylish und amüsant sein, so wie auch »De Stijl« (2000) inklusive der Coverversion von »Death Letter«, mit der die White Stripes die Öffentlichkeit an den so gut wie vergessenen Son House erinnerten – den nicht ganz so legendären Mississippi-Bluesman, der sich sein Lebtag lang darüber scheckig lachte, daß die weißen Journalisten sein faustisches Witzchen über Robert Johnson und den Teufel für bare Münze genommen hatten. Derweil wird Jack White nicht müde, sich auf MC5 und die Stooges zu berufen, die schlimmen Finger aus der heimatlichen Motorcity, auf Country-Roots und Delta-Blues, während er sich mit seiner Ex in putzige Posen für die nächste Hochglanz-Fotostrecke wirft und alle mitskandieren: Das rockt!

Ehrlich? Treffender wäre wohl: Es scheppert. »White Blood Cells« ist der alte Schleimer Pop, wie immer adrett ausstaffiert, der sich zur Abwechslung mal ein bißchen ungehobelt aufführt, aber stets durchblicken läßt, daß es bloß um die ursympathische Wohlfühl-Nummer geht: *Liebe*

Nachbarn, seien Sie nicht böse, wenn es heute mal ein bißchen lauter zugeht. Wir haben ein paar Freunde eingeladen, und schauen Sie doch selbst mal auf ein Gläschen rein. Da lächelt selbst Hausmeisterin Bräsig über den freundlichen jungen Mann und seine ... Also, die könnte glatt als seine Schwester durchgehen. Und in dem Alter darf man ruhig mal ein bißchen über die Stränge schlagen. Wir waren ja auch mal jung.

Das wird ein ganz, ganz tolles Fest. »Hotel Yorba« klingt, als würden sich Marie und Donny Osmond als Hillbillies versuchen, »Fell in Love with a Girl« nach dem, was die Toten Hosen zu »Bommerlunder« Zeiten unter Laune machen verstanden, und zwischendurch werden noch Robert Plant, Black Sabbath und die Yardbirds zitiert, als hätten die White Stripes gerade ein paar Nümmerchen von der Abi-Feier 75 eingeprobt. Jack schrammelt ganz doll auf seiner knallroten Airline-Spielzeuggitarre, während Meg es mit pummeligen Patschhändchen am Schlagzeug rasseln und rumpeln, so richtig *Buffta!* machen läßt. Nie war Rock 'n' Roll mehr Babyspeck und Fleischklößchen, so durchkalkuliert niedlich und auf lärmende Rasselbande getrimmt: Musik für Menschen, für die Topfschlagen auch im Erwachsenenalter noch zu einer gelungenen Fete zählt.

Ein guter Grund, der geilen Party den Rücken zu kehren, während Hausmeisterin Bräsig nun auch schon seit geraumer Zeit rhythmisch mitklatscht, flankiert von einer freudig strahlenden Jungdame vom Pop-Feuilleton, die ihr gerade erzählt, daß »Seven Nation Army« ihr zweitliebstes Stück

2003 war. Nur Justin Timberlake fand sie noch toller. Aber das wußten wir schon, und so sind wir bereits auf dem Weg nach draußen, als die ersten Takte von »I Think I Smell a Rat« erklingen. Den Braten hatten wir schon länger gerochen.

TRICK SIEBZEHN

Sex Pistols, »Never Mind the Bollocks« (1977)

»Wo nichts in Frage gestellt wird, da wird auch nichts verändert.« Jon Savage

Stellen Sie sich vor, es ist das schlimmste Jahr in der Geschichte der populären Musik. Die Charts werden beherrscht von Anastacia, Beyoncé, Coldplay und R.E.M., während die Musikmagazine jedes neue Konsensprodukt von Lambchop, Calexico, den Strokes, Keane, Travis, Bright Eyes und The Coral als noch mal einen Tick fabulösere Innovation lobpreisen. Doch irgendwo in einem kleinen Office im Großraum Chicago sitzt eine junge Journalistin, die eben die neueste Wilco-CD gehört und die Faxen endgültig dicke hat.

»Ich empfinde es als Beleidigung, daß Wilco mich und meine Altersklasse repräsentieren, weil diese Band einfach stinklangweilig ist und nichts anderes tut, als die Werte einer Generation zu zementieren, die man nur als betäubt und phantasielos bezeichnen kann«, schreibt Allison Augustyn von *The Pioneer Press*. »Inzwischen nehme ich meine Generation als einen Haufen selbstverliebter Schwachköpfe und rückgratloser Idioten wahr ... die sich der vagen Hoffnung hingeben, daß das neue White-Stripes-Album ihrer Persönlichkeit endlich ein paar Konturen verleiht. Niemand hängt sich auch nur das kleinste bißchen aus dem Fenster, niemand verspürt den geringsten Zorn, und nirgends glimmt auch nur der kleinste Funken Inspiration.«

Das zweitschlimmste Jahr der Popgeschichte war 1974, und auch damals gab es eine junge Journalistin, die sich mit den Ryan Adams' und Radioheads ihrer Ära nicht abfinden wollte; Chrissie Hynde vom Londoner *New Musical Express*, die das einträchtige Totfeiern der immergleichen Acts dazu veranlaßte, die Redaktionstüren auf Nimmerwiedersehen hinter sich zuscheppern zu lassen: »Alles war so öde, daß man nichts fand, was auch nur eine Zeile wert gewesen wäre. Der Wendepunkt beim *NME* war, als sie zu mir sagten: ›He, mach doch einfach mal wieder was über Velvet Underground.‹ Ich hatte Besseres zu tun, als pausenlos die Vergangenheit aufzuarbeiten.«

Statt dessen jobbte Hynde – die spätere Frontfrau der Pretenders – vorübergehend in der Fetisch-Boutique eines gewissen Malcolm McLaren, der allemal Größeres vorhatte, als Bondage-Accessoires, S/M-Knuten und Latexhöschen ohne Schritt an seine Klientel zu bringen. »Ich stelle mir einen Sänger vor«, notierte der künftige Punk-Impresario im selben Jahr, »der aussieht wie Hitler und inzestuösen Schweinkram über seine Mutter verbreitet.«

Offenbar war der findige Wäsche-Verkäufer auch regelmäßiger Zuschauer von *Top of the Pops*, wo Sweet-Bassist Steve Priest anno 73 mit Adolf-Bärtchen und Nazi-Uniform ein Kabinettstückchen feinsten britischen Humors zum besten gegeben hatte. Ein GröFaZ-Lookalike fand McLaren zwar nicht, dafür aber »einen Haufen Herberts«, wie er die vier späteren

Sex Pistols zu titulieren beliebte, deren Imagedesign er sich aus dem Outfit der New York Dolls, Kubricks »Clockwork Orange«, den Skinhead-Romanen Richard Allens* und der »Rocky Horror Show« zusammencollagierte. Ansonsten ließ McLaren keinen Zweifel daran, daß unter seiner Ägide parieren angesagt war, etwa wenn sein Marionettenquartett gegen den verordneten – und in der Tat leicht beknackten – Bandnamen opponierte. »Sie traten trotzdem als Sex Pistols auf, und ich hätte auch nichts anderes geduldet. Ich wollte so viele Hosen wie möglich verkaufen.«

Die Pistols plapperten dementsprechend artig alles nach (»We're not into music, we're into chaos«), was McLaren ihnen in den Mund legte, um den anvisierten Teen-Kult mit No-Future-Attitüde zu verbrämen. Immerhin einte sein dystopischer Trick siebzehn, die »Bay City Rollers der Revolte zu kreieren« (Tony Wilson), eine halbe Generation von Verhaltensauffälligen und Kontaktgestörten; eine subkulturelle Großtat, die Zeitzeugen auch knapp dreißig Jahre später noch in haltloses Schwärmen geraten läßt. »Wir waren unschuldig«, so Siouxsie Sioux* heute. »In der Szene gab es

* Die Glatze des Hooligan-Grandfathers verdankte sich eher hormonell bedingtem Schwund als fanatischem Kahlschlag: Allen (*1922) war bereits ein alter Sack, als er auf die Idee kam, seine Brötchen mit *millionenfach* verkaufter Schläger-Pulp-Fiction zu verdienen. Eine Art Mickey Spillane für die Schlagring-Fraktion, werden in seinen Werken Scheitel mit der Fahrradkette gezogen, bis sich Boy & Girl über den Haarkranz des Knastpfarrers in die blauen Augen blicken. Zumindest brauchte sich Allen keine Sorgen zu machen, britische Bootboys persönlich kennenlernen zu müssen: Er war nämlich Kanadier.

* »Was für eine dumme Nuß«, so Johnny Rotten über die spätere Banshees-Chanteuse, die die Pistols im Spätsommer 76 nach Paris begleitete. »Sie trug praktisch nichts außer ihrer Hakenkreuz-Armbinde und einem tittenfreien BH – in einem Land, das von den Nazis besetzt gewesen war.«

keine Engstirnigkeit, keinen Sexismus, keinen Rassismus, keine Arschlöcher.« Träum weiter, Susi.

»Anarchy in the UK« kam Ende 1976. Im nordrhein-westfälischen Empfangsbereich war es Winfried Trenkler, der die Scheibe bei *Rock In* auf WDR II als erster auflegte. Nach den ersten Riffs drehte ich ein paar Dezibel lauter, übrigens im Beisein meiner Mutter, die am Küchentisch saß und nähte. Sie machte nicht den Eindruck, als ob ein neues Zeitalter anbrechen würde. Coole Frau.

War sie gar nicht. Aber vielleicht ließ sie sich einfach nicht so schnell etwas vormachen, und wie sich spätestens mit »Never Mind the Bollocks« zeigte, war die Musik tatsächlich nicht so aufregend kinetisch, wie sie sich gerierte, irgendwo zwischen Hardrock für schwer Erziehbare und Sound of Gröl, auch wenn Johnny Rottens Geschnarre vom Antichrist einigen halbstarken Unterhaltungswert hatte. Dazu kam, daß der große Strippenzieher McLaren sich schwer vergriffen hatte, als er Bassist und Songschreiber Glen Matlock durch Sid Vicious ersetzte, eine asoziale Null, deren triumphales Wirken darin gipfeln sollte, daß er seiner Freundin ein Messer in den Bauch rammte; was seine nicht minder grenzdebilen Anhängerinnen damit feierten, daß sie – Catch the Spirit – bei Konzerten künftig in T-Shirts mit der Aufschrift »She's Dead, I'm Alive, I'm Yours« aufliefen. In der Gemeinschaftsdusche auf Ryker's Island hatte man ihn inzwischen allerdings selbst zur Frau gemacht. Wie sein Biograph Alan Parker lakonisch anmerkt: »Mit dem Spitznamen Vicious war er im Zuchthaus wohl an der falschen Adresse.«

»Laßt sie verrotten«, lauteten die abschließenden Worte

des Rock-Kritikers Nick Kent in seinem berühmten Vicious-Essay »Die Dumpfbacke aus der Hölle« – unglaublich, aber es gab einmal eine Zeit, als Musikjournalisten sogar gedruckt wurden, wenn sie etwas anderes als Jubelarien zu bieten hatten. Dennoch fungierten zumindest die frühen Singles der Pistols als brauchbares Gegenprogramm zu Wilco, Björk und R.E.M. – pardon, Paul Simon und Chicago, Fleetwood Mac und Springsteen, die damals für genau jene tiefgefrorene Popkultur standen, wegen der die eingangs erwähnte Allison Augustyn noch mehr klare Worte gegen die globalen Bejahungsdirektiven unserer Tage (»Geht's denn nicht ein bißchen positiver?«) findet:

»Rock 'n' Roll dreht sich um Lärm und nicht darum, zu allem ja zu sagen. Es geht darum zu lernen, was man gut und was man scheiße findet. Man muß nicht mit allem und jedem Freundschaft schließen, nicht mit allem seine kostbare Zeit verschwenden, und man muß auch nicht alles hinnehmen, bloß weil es so am bequemsten ist ... Na, ist doch gar nicht so übel, sich mal richtig angepißt zu fühlen, oder? Und so gesehen mag ja wirklich noch Hoffnung bestehen.«

Meine Unterschrift ist ihr sicher. Und vielleicht sollte man nicht vergessen, daß es ohne das Marketinggenie McLaren und seine Zöglinge wohl kaum Genres wie Grindcore oder Speed Metal gegeben hätte, genausowenig wie den Industrial-Bereich mit Bands wie Throbbing Gristle, Coil oder Nurse With Wound – ein paar der ganz wenigen Sounds, die das Feuilleton bis heute nicht für sich vereinnahmen konnte.

Zugegeben, auf die Sex Pistols gehen auch die Toten Hosen zurück, die den Punk-Bodensatz dann in den Shows von

Hape Kerkeling oder, noch ein paar Spuren schmieriger, auf den Geburtstagspartys von Politikersöhnen zum besten gaben. Während Campino heute in Talk-Shows schäfisch einräumt, er habe auch Fehler gemacht, läuft auf einem der anderen Programme bestimmt auch wieder eines dieser TV-Movies, in dem Kommissar Klotz oder Werbeagentur-Chefin Leonie beim Klassentreffen zwanzig Jahre Abi feiern.

Toll, dich endlich mal wiederzusehen. He, Heiner, du hast dich ja kein bißchen verändert! Tanja, jetzt laß uns aber mal richtig rocken! Man muß es nicht einmal mehr ahnen: Spätestens jetzt wird »London Calling« von The Clash eingeblendet. »God Save The Queen« kriegt man garantiert nicht zu hören. Und das spricht am Ende vielleicht doch eher für die Pistols.

DER ARNO BREKER DES POP

The Beatles, »Sergeant Pepper's Lonely Hearts Club Band« (1967)

Es gibt Dinge, mit denen man einfach leben muß; einer laufenden Nase etwa oder daß die Northern Line mal wieder Verspätung hat. Ach ja, und daß sich jedesmal, wenn ein Musikmagazin seine Leser nach den Top 100 aller Zeiten befragt, erneut ein riesiger, alptraumhafter, Ära-definierender Ballon in die Luft erhebt. Zeit, sich die Nase zu putzen, Freunde, und den Bus zu nehmen.

Ich erinnere mich noch genau an die Schauder, die mich überliefen, als das Ding herauskam. Selbst von Vietnam wurde weniger geredet. Keine Chance, »Sergeant Pepper's« zu entkommen. Selbst unser Laden in Yvetot (7 500 Einwohner; mittwochs Viehmarkt) orderte die Platte stapelweise – das Album, das ein Meisterwerk war, noch bevor es jemand überhaupt gehört hatte.

Ich gestehe, daß ich schon damals kein großer Beatles-Fan war. Die Stones und die Kinks verhielten sich zu den Beatles für mich wie Arsenal zu Tottenham. Doch die Energie von »Help!«, die Eleganz von »Rubber Soul«, die melodiöse Anmut von »Revolver« hatten mir durchaus gefallen. Wie auch immer, eines stand jedenfalls fest: Solche Qualitäten waren auf der neuen Scheibe beim besten Willen nicht zu entdecken. Die Beatles hatten begonnen, das zu glauben, was

Leonard Bernstein über sie gesagt hatte – daß »And I Love Her« mit den Liedern Schuberts zu vergleichen sei. *Hey, Jungs, wir machen KUNST!* Und so packten die Songwriter und ihr Drummer (»Ringo Starr, Ringo Starr, nodding dog in the Beatles' car«, wie Martin Newell es so treffend ausgedrückt hat) ihr Dope ein und begaben sich unter das Kommando des mit Abstand überschätztesten Producers der Popgeschichte: George Martin, dem Joe Meek für Arme, der bis dahin als Toningenieur die Regler hin- und hergeschoben hatte. Etwas sensibleren Hörern war bereits aufgefallen, daß Martin als Arrangeur nicht viel zu melden hatte – hören Sie sich gelegentlich noch mal das Gesäge auf »Eleanor Rigby« an, ein Stück, das seinerzeit als »epochemachend« bejubelt worden war, von jenen Kritikern, die sich über die – von wem eigentlich? – lang erwartete Fusion von Pop und klassischer Musik echauffierten. In den Rang eines Visionärs befördert, entschloß sich George Martin kurzerhand, Englands Antwort auf Phil Spector und Brian Wilson zu werden. Und die Beatles sahen tatenlos zu.

Monatelang frickelte Martin herum, mit modernstem Multitrack-Equipment, was selbstredend als »technologischer Durchbruch« betrachtet wurde. Es waren die teuersten Sessions aller Zeiten – und dabei mußte schlichtweg auch große Musik herauskommen. Doch Martin, der Arno Breker des Pop, war davon überzeugt, daß »groß« mit »pompös« gleichzusetzen war. So entstand etwa das unerträglich unmusikalische Crescendo von »A Day in the Life« (ohnehin zusammengekleistert aus zwei Lennon/McCartney-Kompositionen, die bereits für sich allein nicht funktioniert hatten), dessen Bombast nur noch von den symphonischen Abstrusitäten Emerson, Lake & Palmers erreicht werden sollte. Den Kritikern wurde ermöglicht, Worte wie »atonal« und »aleatorisch« in ihre Laudationes einzuflechten. Und damit auch bloß keiner verpaßte, wie unglaublich fantabulös das Ganze war, hatte man auch noch Kameras in die Abbey-Road-Studios gerollt.

Alles an dieser Platte trug den Stempel »hip«. Das Coverdesign von Peter Blake, die affigen Zirkuskostüme, die Bärte, die so unglaublich außergewöhnlichen Klangeffekte. Und George Martin, das silbergraue Haar makellos über den hohlen Schädel gekämmt, übertraf sie alle an Hipness mit seinen aus den Radiosendungen der *Goons* – die legendäre Comedy-Truppe um Peters Sellers und Spike Milligan – geklauten Soundeffekten, und wartete in Ruhe ab, bis die Menge endlich rief, was ihm gebührte: Ein Genie! Er ist ein Genie!

Die Attribute, die ich in Plattenkritiken am meisten verabscheue, sind »wichtig« und »einflußreich«, da ihre Aussagekraft gleich null ist – Worte, gegen die man keine Chance hat, die einen immer wieder argwöhnen lassen, ob einem womöglich etwas entgangen ist an einer Platte, die einen von Anfang an kaltgelassen hat. Das hätte uns schon damals mißtrauisch machen sollen.

Aber alle fielen unisono auf den Hype herein, während allmählich blinder Haß in mir aufstieg. Weshalb fiel niemandem auf, daß Lennons »groteske« Texte reiner Blödsinn waren? *Newspaper taxis appear on the shore;* ja, leck mich fett. »With a Little Help from My Friends« – keine Einwände gegen Ringos Geleier? Kein Wörtchen über das billige Kulissen-Gelächter am Ende des schier nicht enden wollenden »Within You, Without You«? »When I'm 64«, »Being for the Benefit of Mr. Kite« – was für ein aufgeblasener Ramsch. Diese Musik wollte nicht gehört, sondern bewundert werden, ein Sound, der gleichsam ein widerwärtiges, überhebliches Lächeln mit sich trug, das humorlose Grinsen professioneller Bauernfänger. Vergessen wir nicht, daß im selben Jahr »She's a Rainbow«, »Heroes and Villains« sowie ein halbes Dutzend großartiger Ray-Davies-Songs herauskamen. Und wir sollten uns statt dessen mit diesem Schrott begnügen.

1967 geht in die Geschichte ein als das Jahr, in dem jede Beatles-beeinflußte Band besser war als die Beatles selbst. The Left Banke. The Zombies. The Beau Brummels. Wahrscheinlich sogar die Tokyo Beatles. Die Fab Four hingegen hatten ihre Unschuld verhökert und ließen es die ganze Welt wissen. Pop hatte sich einen Bart stehen lassen, und der wurde lang und länger. Um es mit den unsterblichen Worten Dr. Samuel Johnsons zu sagen: »Sie waren auf neuartige Weise belanglos, und das reichte, um die meisten zu überzeugen, wie großartig sie waren.« Ein schönes Beispiel dafür, wie prägnant es unsere britischen Klassiker auszudrücken wußten.

Louis Philippe

ALLES VON DER STANGE

Guns n' Roses, »Appetite For Destruction« (1987)

Ein essentielles Exponat sowohl des 80er-Jahre-Metal als auch des Rock 'n' Roll – so wird das Debutalbum der Guns n' Roses im allgemeinen gefeiert. Betrachten wir zunächst die Rückseite des Covers, wo die Bandmitglieder sich kunstvoll auf einem Orientteppich in Pose werfen, pittoresk flankiert von Bier- und Schnapsflaschen, einer akustischen Gitarre und ein paar Bongos: sorgfältig choreographierter Opiumhöhlen-Hokuspokus der pseudodekadenten Art, wie ihn etwa auch Keith Richards oder Led Zeppelin gern inszeniert haben. Die CD selbst erzählt eine etwas andere Geschichte.

Der Sound der Guns n' Roses definiert sich primär über Slashs Gitarrenarbeit und Axl Roses Markenzeichen, ein rauhes Kreischen, das sich zuweilen anhört, als hätte jemand seine Genitalien in einen Schraubstock geklemmt; dazu ist die Gitarre so ohrenbetäubend hoch ausgesteuert, daß man vom Baß quasi nichts mehr mitbekommt. Daß Slash mehr als bloß griffige Riffs spielen kann, bleibt unbestritten, doch die Songs sind so eintönig, daß die meisten Finessen schlicht in Axls Hyänengeheul untergehen; mit Ausnahme von »Sweet Child O'Mine« – der Riff übrigens schon damals keineswegs brandneu, sondern Rushs Prog-Metal-Opus »Xanadu« entliehen –, nicht zuletzt auch wegen des Textes, in dem sich der

Frauenverächter Axl von einer seltsam milden Seite zeigt. Ansonsten gibt es bewährt schlüpfriges bis zotiges Gegröle, und en passant wird durch die Blume Werbung für Heroin gemacht, ehe zum Abschluß noch die »Rocket Queen« besungen wird – ein Song, bei dessen Aufnahme es Axl der Legende nach im Studio wahrhaftig mit einer Nutte getrieben haben soll. Ein echter Romantiker!

Beharrlich wird auch die Straßen-Attitüde und angebliche Nähe der Band zum Punk angeführt – ein clevere Lektion, wie man Metal von der Stange durch die Hintertür aufwerten kann. Aber wie man etwa bei Shania Twain gesehen hat, macht einen der Aufdruck auf einem T-Shirt noch lange nicht zum Punk; weshalb Axls imponierende Kollektion von Ramones- und Sid-Vicious-T-Shirts auch nichts an seinem Status als Hair-Metal-Primadonna ändert. Pedanten mögen anmerken, daß zumindest Bassist Duff Kagan bei zwei Seattle-Postpunk-Bands gespielt hat. Das trifft zu. Ebenso trifft zu, daß sicher nie eine Punkband existiert hat, die ähnlich dick aufgetragene Balladen wie Guns n' Roses im Repertoire hatte. Und öfter als Axl hat wahrscheinlich auch niemand seine Bühnenkostüme gewechselt. Klar, Sie werden jetzt Prince oder Elton John anführen. Aber selbst da bin ich mir nicht so sicher.

1991 habe ich Axl im Village getroffen, kurz nachdem »Use Your Illusion I + II« erschienen waren. Zugegeben, *getroffen* ist nicht ganz das richtige Wort; ich war mehr als Zaungast dabei. Erst dachte ich, ich hätte mich verguckt, aber da stand er tatsächlich, in diesem T-Shirt-Laden gleich bei mir um die Ecke, und griff sich ein Baumwollteil nach dem anderen: UK Subs, Flipper, Dead Kennedys, The Damned. Es müssen an die zwanzig Shirts gewesen sein, die ein muskelbepackter Hilfsbursche per Kreditkarte für ihn bezahlte. Nichts Schlimmes dran; es gibt schließlich auch andere Leute, die es vorziehen, Stil und Attitüde in der Boutique zu erwerben. Meine damalige Freundin meinte später, ich hätte mich geirrt. Aber ich habe mit eigenen Augen gesehen, wie Axl sich ein Aerosmith-Shirt eintüten ließ. Besagte Freundin meinte auch, das sei doch kein Verbrechen. Worauf ich fragte, ob sie sich in aller Öffentlichkeit eine Gummipuppe einpacken lassen würde? Sie sah mich nur groß an. Und unter uns: Eigentlich hat sie mich nie verstanden.

Alex Smith

BOYGROUP MIT DICHTERFÜRST

The Doors, »Same« (1967)

> »Ich weiß nicht, was erbärmlicher ist: die Angehörigen meiner Generation, die sich standhaft weigern, die Jugendideale der 60er eines natürlichen Todes sterben zu lassen, oder die jungen Leute von heute, die nach jedem Fitzel, jedem Fetzen eines nun auch schon über zehn Jahre alten Traumes gieren.«
>
> Lester Bangs, 1980

»Unser Frontmann ist die Stimme Gottes«, merkte Doors-Gitarrist Robbie Krieger seinerzeit nicht ganz unbescheiden an. Die Stimme des Herrn war nur eine der abwechslungsreichen Inkarnationen Jim Morrisons, der sich wechselweise auch als *poète maudit*, Schamane, Eidechsenkönig, Nekromantiker und Boygroup-Märtyrer in Szene setzte. Einer mußte den Job schließlich machen, und eins stand fest: Die übrigen Doors hatten das Charisma einer Kollektion von Pappbechern.

Der offenbar von schweren Impotenzängsten geplagte Profilneurotiker lieferte den Vers-Baukasten für mehrere Generationen von Teen-Lyrikern, die der Welt schon immer das eine oder andere dunkel dräuende Wörtchen ansagen wollten: Mit ein bißchen malerischer Nocturne, Tier- und Traumsymbolik, Kristallschiffen*, Mahlströmen, Kreuzigung und Auferstehung läßt sich noch heute jederzeit ein faszinierend retardierter Seeleneinblick tischlern, und mit ein wenig Nudel-Poetry à la Morrison (»Ich opfere meinen Schwanz auf dem Altar des Schweigens«) verwandelt sich auch das von Möbel Brünninghaus eingerichtete Jugendzimmer in einen rauschtrunkenen Außenposten der Beat-Generation. Mein eigenes Cut-up-Großwerk – zusätzlich mit einem elaborierten Schuß Burroughs verfeinert – schickte ich anno 78 nach vier Wochen harter Arbeit an den Maro Verlag. Sie schrieben zurück, momentan seien leider keine Programmplätze frei, wenngleich ich es keinesfalls versäumen solle, auch bei meinem nächsten Roman an sie zu denken. Na also. Ha!

* Morrisons »Crystal Ship« inspirierte nicht zuletzt den deutschen Singer/Songwriter Bernd Clüver zu surrealen Höhenflügen: »Der Junge mit der Mundharmonika / singt von dem, was einst geschah / in silbernen Träumen / von der Barke mit der gläsernen Fracht / die in sternenklarer Nacht / deiner Einsamkeit entflieht«.

Der Eröffnungs-Rocker »Break on Through« täuscht nur kurz darüber hinweg, daß es sich beim Debut der Doors quintessentiell um eine Pop-Platte handelt. Wenn auch zuweilen mit einer Prise Dämmerungsmystik (»End of the Night«) eingefärbt, atmet das Album überwiegend den Geist von Bagatell-Lovesongs und Monkees-Bubblegum, stets in dieselben Arrangement-Korsetts gezwängt und mit Ray Manzareks Tastenkünsten dekoriert, die nie für eine Rockband, sondern für die Kellerbar im Dorint Hotel bestimmt waren, in der man an besonders trüben Abenden gelegentlich auch die Helmut-Zacharias-Version des Gassenhauers »Light My Fire« hören kann. Dichterfürst Morrison kommt erst gegen Ende des Albums mit »The End« so richtig zum Zuge, einer Aneinanderreihung tiefgründelnder Albernheiten, in der gestörte Kinder auf den Sommerregen warten und der blaue Bus ruft, bis der Vorhang weit aufgerissen und das berühmte ödipale Primanertheater gespielt wird – »Father? Yes, son? I want to kill you / Mother ... I want to ...« –, das im endlos monochromen Beat wenigstens für einen befreienden Lacher sorgt.

Danach war die Bahn frei für ersaufende Pferde, schreiende Schmetterlinge und noch reichlich mehr arkanes Geschwafel aus der Retorte, in der sich Morrison für die folgenden Longplayer je nach Bedarf T. S. Eliot, Nietzsche, Blake, Céline und Richard Fariña zusammenmixte: Versuchen Sie's selbst mal, und vielleicht kennen Sie ja noch ein paar andere Menschen, die gern schreiben. Das Gratisangebot nahm ein paar Jahre später dann Lizard-King-Jüngerin Patti »I am an American artist« Smith dankbar an, um ihren Rimbaud-Bauchladen in noch stolzerer Bedeutungsschwangerschaft vor sich herzutragen, nachdem ihr aufgegangen war, daß sich das, was ihr Seelenverwandter an den Mann gebracht hatte, mit ein bißchen feministischem Recycling gleich doppelt gut absetzen ließ.

Die Gnade des Schicksals ersparte es Jim – wie er unter Freunden genannt wird –, die nächste Phase der von ihm initiierten Do-it-yourself-Poesie und Smiths Selbstverwirklichungs-Deklamationen (»In der heutigen Zeit ist jeder Mensch ein Künstler!«) miterleben zu müssen. Seine letzte Inkarnation war die des feisten Bluesrockers, der bei Songs wie »Hyacinth House« im Gewohnheitstrinker-Stil ins Studio-Mikro leierte, bevor er in einem noblen Pariser Hotelzimmer tot in der Badewanne aufgefunden und im kühlen Underground des Père Lachaise zur letzten Ruhe gebettet wurde. Wo nun seit Jahrzehnten jeden Tag unzählige Bongs durchgezogen und zum Entsetzen welscher Witwen enthemmte Nummern auf den umliegenden Marmorplatten geschoben werden – weshalb sich die Behörden schon seit längerem hartnäckig mühen, die Gebeine des verstorbenen Bohemiens in die USA abzuschieben. Noch aber besteht Hoffnung für die dionysischen Wallfahrer, wie Monsieur Charlet von der Friedhofsverwaltung leicht entmutigt feststellt: »Die Amerikaner wollen ihn einfach nicht zurückhaben.«

GREISE MIT GITARREN
Buena Vista Social Club, »Same« (1997)

> »Die kleine achtjährige Ballerina, die Donata hinterhergelaufen kam, um ihr den Zwanzigdollarschein zurückzugeben, der ihr wohl aus der Tasche gefallen war. Wie viele Wochen ihr Vater dafür arbeiten müßte, das wußte sie bestimmt. Aber Donata hatte nicht einmal Zeit, ihr danke zu sagen, da war sie schon wieder davon, mit einem zufriedenen Lächeln. Und wir beide standen da, mit Tränen in den Augen.«
>
> Wim Wenders

Die Legende besagt, daß Ry Cooder in den güldnen 70ern auf einer Urlaubsreise quasi aus heiterem Himmel eine Cassette mit kubanischen Schlagern der 30er und 40er Jahre in die sprichwörtlichen Hände fiel. »Unglaubliche Musik, wunderschöne Lieder ... aber ich wußte damals nicht, was ich damit anfangen sollte. Also fuhren wir zurück, aber vergessen habe ich diese Episode nie.«

Gut 25 Jahre später erhielt Cooder einen Anruf seines Produzenten Nick Gold, der ihn fragte, ob er nicht eine Platte mit kubanischen und westafrikanischen Musikern aufnehmen wolle. Und da es sich bei Herrn Cooder bekanntermaßen um einen Allzweckmusikanten handelt, der bei jeder sich bietenden Gelegenheit sanft Hand an seine Klampfe legt, sagte er – »Tolle Idee!« – selbstredend zu. Das Schicksal aber wollte es, daß die Westafrikaner in Paris hängenblieben, und so begab es sich, daß Cooder und Co. sich plötzlich in einem Studio mit greisen, von Rheuma und Arthritis geplagten Sangesgrößen der glorreichen kubanischen Vergangenheit wiederfanden, die zweierlei gemeinsam hatten: a) kannte sie kein Schwein und b) waren sie weiland allesamt in einer inzwischen abgerissenen Kaschemme aufgetreten, die dem Ruhestift-Projekt zu seinem Namen verhelfen sollte – dem Buena Vista Social Club.

Cooder geriet über die Zusammenarbeit mit den Karibik-Pensionären derart aus dem Häuschen, daß er nicht anders konnte, als seinen alten Freund Wim Wenders – dessen unfaßbar fade Filme »Paris, Texas« und »Am Ende der Gewalt« er seinerzeit mit samtigen Slidegitarrenklängen veredelt hatte – anzurufen und ihm ein Tape der alten Herren vorzuspielen: »Ansteckend war diese Musik, gleichermaßen wehmütig und fröhlich, ausgelassen und weise. Wohltuend wie ein heißes Bad und erfrischend wie eine kalte Dusche. Nur entfernt konnte ich beim ersten Hören ahnen, wie süchtig machend diese Musik in meinem Leben werden sollte«, stammelt Wenders, kein noch so abgestandenes Klischee verschmähend, in seinem Vorwort zum Buch zum Film zur Platte – und entlarvt sich im armseligen Ausdruck seines vorgespiegelten Enthusiasmus von der ersten Zeile an als ausgemachter Heuchler. »Der Grund, diesen Film zu machen, war deswegen einzig und allein«: ein bißchen von der Kohle mitzunehmen, die Cooder und Konsorten abzugreifen sich anschickten, und so packte Wenders die Videokamera ein, klemmte sich seine standesgemäß ca. 20 Jahre jüngere Gattin unter die Achsel und machte sich auf ins Inselreich des auch nicht mehr taufrischen Castro.

Was er von dort mitbrachte, war letztlich genau das, was Wenders immer und von überall mitbringt: ansprechend fotografierte kinematographische Gemeinplätze, gesehen mit dem romantisch getrübten Auge des mitteleuropäischen Kulturtouristen. Geschmackvolle Postkartenansichten einer leicht verlebten Schönheit, die sich wenig daraus macht, daß hier und da bereits die Farbe blättert; schwüle Schnappschüsse von armen, aber kreuzglücklichen Kubanern, die, unangefochten von den Fährnissen der großen, weiten Warenwelt, den frugalen Genüssen ihres einfachen, aber erfüllten Lebens frönen. Das Ganze hübsch garniert mit den gefälligen Klängen der von Cooder angeführten Combo – behäbig dahinschunkelnde Neuaufnahmen schwerstbetagter *Son*-Nummern, die in ihrer sozialistischen Egalheit und einschläfernden Monotonie zur Beschallung jeder nur erdenklichen Veranstaltung und Räumlichkeit, vom FDP-Parteitag bis zum Frisiersalon, nachgerade wie geschaffen waren.

Kein Wunder, daß diese allzu bekömmliche Mixtur aus Melancholie und Hurtigkeit, aus südländischem Sentiment und Spielenachmittag im Altenheim – gepaart mit einem tiefen Blick ins Zentrum der reinen, vom säkularen und kapitalistischen Sündenfall scheinbar unberührt gebliebenen menschlichen Natur – insbesondere dem halblinken, im esoterisch parfümierten Multikultimief vor sich hin gärenden

Publikum runterging wie das extranative Olivenöl aus der Salumeria an der Ecke. Wo weiland Valente und Torriani des Deutschen Sehnsucht nach Mandolinen, Mondschein und einer Pizza auf der Piazza von Milano stimulierten, lockten nun Ferrer, Segundo und González ins Billigparadies der Rumbrenner und Stumpendreher, und so flog man eben nicht mehr mit der Chartermühle nach Apulien, sondern nahm den Mambo-Bomber nach Havanna und ließ sich im vollklimatisierten Reisebus durch die pittoresken Elendsviertel karren, um den lebensfrohen Cubanos ein wenig dabei zuzusehen, wie sie mit einem Monatslohn von 40 Dollar über die Runden zu kommen versuchen.

Inzwischen haben europäische und US-amerikanische Investoren die Altstadt Havannas von lästigen Anwohnern gesäubert und in pastellfarben getünchte, luxussanierte Bettenburgen umgewandelt, in deren weitläufigen Patios vor allem deutsche Urlauber grölend auf die Freiheit Kubas anstoßen, während eine aus drittklassigen Musikrentnern rekrutierte Kapelle lustlos die Greatest Hits des Buena Vista Social Club herunterschrubbt. Da steht plötzlich einer auf – wer weiß, vielleicht ein Studienrat aus Iserlohn oder ein *ZEIT*-Leser aus Baden-Baden? – und drückt dem Vorsänger glutwangig ein großzügiges Trinkgeld in die Hand. Der Alte dankt verhalten, stimmt sodann mit brüchiger Stimme »Chan Chan« an – und gibt so lange den Spaßneger mit Rhythmus im Blut und Sonne im Herzen, bis schließlich auch der letzte weltoffene Kulturbourgeois und Herrenmensch besoffen auf sein Zimmer wankt. Danke, Wim.

Thomas Mohr

KARSTADT, VIERTE ETAGE
Eric Clapton, »Unplugged« (1992)

Seit Mitte der Sixties, als jemand den berühmten Slogan auf Londoner Hausmauern verewigte, gilt Eric Clapton als Gott; als All- und Übervater der Gitarre, der Griffbrett und Saiten, Licks, Riffs und Hooklines exploriert hat wie vor und nach ihm kein anderer.

Seit jeher ist Privileg aller mythischen Entitäten, nichts beweisen zu müssen, und Clapton macht da keine Ausnahme. Sein legendärer Ruf gründet sich auf sein Mitwirken in megalomanischen – und ebenso gigantisch gescheiterten – Supergroup-Projekten (Cream, Blind Faith) sowie ein paar versierte Solo-Duelle mit dem früh verblichenen Duane Allman. Als Komponist ohnehin nie sonderlich produktiv, beschränkte er seinen Output an »großen« Songs auf üppig gezuckerte Schmuseballaden à la »Wonderful Tonight«; auch der Lovesong-Evergreen »Layla« zeugt deutlich davon, daß sich überbordende Gefühle und sparsames Talent nicht notwendigerweise ausschließen müssen. Etwa so stilprägend wie Manfred Mann, hat Clapton überdies kaum andere Musiker beeinflußt. Mit Ausnahme von Mark Knopfler natürlich.

Am seltsamsten für einen Gitarrengott aber mutet an, daß Claptons Telecaster seit seinem 74er Solo-Debut »461 Ocean

Boulevard« die zweite Geige spielt. Nicht daß er seinem Instrument ganz entsagt hätte; nur steht es nun ganz im Dienst ebenso kompetent gemachter wie durchweg dröger, ganz auf Airplay getrimmter Kuschelrock-Nummern. Probates, grundsolides und schlafwandlerisch sicher abgeliefertes Handwerk, vergleichbar der überlegenen Technik eines Sanitär-Installateurs, der einen neuen Schwimmer im Klosettkasten befestigt. Aber es soll ja Leute geben, die bei so etwas Bauklötze staunen.

Gegenüber denen, die ihm nach seinen per Synthesizer und Drum-Machines zugepappten Kollaborationen mit Phil Collins doch ein wenig gram geworden waren, leistete Clapton dann 1991 im Rahmen der MTV-Unplugged-Reihe Abbitte. Daß sein vierjähriger Sohn kurz zuvor beim Sturz aus einem Hochhausfenster ums Leben gekommen war, verlieh der akustischen Lagerfeuer-Performance eine besonders »intime«, »emotionale« Aura, die einen »tiefen« Einblick in die »nackte« Seele eines Künstlers zuließ – die üblichen frommen Attribute jener Schicksalsvoyeure, die soviel Tragik postwendend mit Grammys überhäuften.

Über »Tears in Heaven« sei der Mantel der Pietät gebreitet. Die übrigen Songs, vorbereitet mit dem fingerfertigen »Signe«, stellen Claptons Rückkehr zu seinen Wurzeln dar, dem Blues von Jimmy Cox, Robert Johnson, Bo Diddley und Jesse Fuller, relaxed, sachkundig und mit routinierter Hand auf Weißbrotformat zurechtgeschnitten. Man kann die schwüle Atmosphäre des Mississippi-Deltas schwingen hören – vom Panoramafenster der Karstadt-Möbeletage aus, für die dieser Sound auch maßgeschneidert ist.

Seinen wahrscheinlich besten Moment hatte Clapton im Sommer 68, als er das Solo auf »While My Guitar Gently Weeps« für seinen alten Vertrauten George Harrison spielte, dem es ums Verrecken nicht gelingen wollte, sein Instrument zum Weinen zu bringen. Ein Liebesdienst, den Clapton mit links erledigte, ehe er Georges Frau Patti mit der zarten Weise »Layla« als Troubadour umgarnte. Es war nicht das erste Mal, daß sich die Gattin eines Großen in den Klempner verknallte.

ENDLICH ENTSPANNEN

Marvin Gaye, »What's Going On« (1971)

Never meet your idols. In ihren Hollywood-Memoiren »You'll Never Eat Lunch in This Town Again« berichtet die Filmproduzentin Julia Phillips, wie sie Anfang der Achtziger zusammen mit einem Bekannten bei Marvin Gaye vorbeisah. Während man mehr oder minder angeregt plauderte, vertrieb sich der König des Erotik-Soul die Zeit mit dem an sich nicht besonders ungewöhnlichen Steckenpferd, unverklemmt unter der Bettdecke zu onanieren.

Ein gutes Jahrzehnt zuvor war der zwanghafte Masturbant nach einer schier endlosen Kette von Top-40-Sellern mit »I Heard it Through the Grapevine« endgültig in den Rang eines schwarzen Frank Sinatra aufgerückt – als künstlerische Speerspitze seiner Plattenfirma Motown, die den US-Markt seit den frühen Sechzigern mit perfekt gesüßtem, ganz auf weiße Besserverdiener zugeschnittenem Praliné-Pop à la Four Tops und Diana Ross überschwemmte. Gaye aber wollte mehr sein als nur eine weitere auswechselbare Crooner-Marionette. Das Konzeptalbum »What's Going On«, angeregt durch die Rückkehr seines Bruders aus Vietnam und komplett unter seiner Regie entstanden, sollte das Amerika der Nixon-Ära in einen scharfen sozialkritischen Fokus nehmen; was bei Labelbesitzer und Schwippschwager

Berry Gordy (Gaye war mit seiner Schwester Anna verheiratet), seit jeher enthusiastischer Anhänger des *Black Capitalism* und alles andere als ein Freund links angehauchter Weltverbesserer, auf wenig Gegenliebe stieß. »Das«, so sein Verdikt über das Titelstück, »ist der größte Dreck, der mir je zu Ohren gekommen ist.«

Nach dem bombastischen Erfolg von »What's Going On« – seinerzeit über ein Jahr in den US-Albumcharts – durfte man getrost Versöhnung feiern. Auch Gordys Befürchtung, die Kuschelfabrik Motown würde mit Gayes Zeitkritik in die unangenehme Nähe von Black Power und Antikriegs-Aktivisten gerückt, erwies sich bei etwas genauerem Hinhören als völlig unbegründet. Was im Gewand eines Protestalbums daherkommt, birgt den aufrüttelnden Effekt einer handwarmen Honigmilch: Wenn Gaye mit bewährt samtweichem Timbre von der Hölle des Krieges und der todgeweihten Welt singt, stellt sich schnell heraus, daß sich spirituelle Tiefe und geistiger Flachsinn, heiliger Ernst und heilige Einfalt keineswegs ausschließen; die Seelenbalm-Kurzoper »Save the Children« eröffnet dem Anliegenskitsch erbaulich säuselnde Dimensionen, in die selbst ein Michael Jackson (von Jacko höchstpersönlich komponiert, stellt USA for Africas »We are the World« einen weiteren Höhepunkt ästhetischen Kindesmißbrauchs dar) nie vorgedrungen ist.

Dazu zeitigte Gayes so hart erkämpfte künstlerische Emanzipation von Motowns Meterware einen unerreicht sahnigen Massenverführungs-Sound, verfeinert mit schwelgerischen Multi-Track-Vocals im genießerisch plätschernden Wellness-Bad von Geigen und Flöten, Zimbeln und Xylophon, fingerschnippenden Salsa-Beats und schmeichelnden Background-Chören – ebenso makelloser wie meisterlich durchgelackter Orchestral-Funk, der Generationen von *Brigitte*-Leserinnen dazu animiert hat, das Massageöl für ein entkrampftes Stündchen aus dem Allibert zu holen.

Endlich entspannen. Mal zu »unserem John Lennon« (Janet Jackson), mal zum Dylan des Sozial-Souls geadelt, beschränkte sich Gaye auf späteren Platten vorwiegend auf sinnlich angerührte Auszieh-Grooves wie »Let's Get It On«, die hauptsächlich musikalische Triebtäter wie Luther Vandross und Lionel Richie inspirierten. Mit seinem Spätwerk »Midnight Love« wechselte er vom Part des Mahners vollends in die Rolle des schwarzen Sex-Papsts, die er – ausgestattet mit Peitsche, umschnallbaren Dildos und Pyramiden von Koks und Angel Dust – auch in seinem Privatleben ausfüllte; mittlerweile erinnerte seine schlafzimmerliche Schmuseburg »nicht von ungefähr an *Der Exorzist*«, so David Ritz in seiner Gaye-Biographie »Divided Soul«. Gayes letzter Hit war die schwüle Porno-Nummer »Sexual Healing«. Zur selben Zeit verriet er dem *Blues-&-Soul*-Magazin, wie er der Nachwelt in Erinnerung zu bleiben wünschte: nämlich »als der vielleicht größte Künstler, der je auf Erden wandelte«. Sein größtes Problem hatte er bereits auf dem vorhergehenden Album in einen treffenden Songtitel gefaßt: Ego Tripping Out.

DINNER BEI BEKANNTEN

Coldplay, »Parachutes« (2000)

Eine Szene, wie man sie in Londons besseren Gegenden Tausende von Malen erleben kann: Kultivierte Mittelklassemenschen, die ein ruhiges Leben führen, nicht viel darüber reden und genug Cash verdienen, um ihren Wein im Weinladen kaufen zu können, treffen sich zum Dinner, um sich zum Sound von Coldplay gepflegt zu besaufen.

Vor zwei oder drei Jahren hätte der Gastgeber sicher die Buena-Vista-Social-Club-CD in den Player geschoben. Heute jedoch, während die Gäste es sich auf dem Sofa bequem machen und Cashewnüsse und Crostini knabbern, dringt eine unverkennbar englische Stimme aus den Boxen. Sie gehört Chris Martin, einem echt sympathischen Burschen, der wirklich etwas gemacht hat aus seiner elenden Existenz, jedenfalls seinem flehentlichen Ton nach zu urteilen. »Why me? Why Me?« winselt er. Nicht, daß Chris mit dem Tod ringen würde, er ist schließlich kein Siegfried; er klingt eher, als hätte er sich *schon wieder* Tee über die Hose geschüttet, selbst wenn er »Botschaften« von der Güteklasse absondert, daß das Leben zum Leben da und nichts verloren ist. Meine Tochter, die auf etwas rauheren Stoff steht, meint, er wäre fast so schlimm wie David Gray und Moby. Damit liegt sie sicher nicht falsch, doch bei Coldplay kommt mir noch eine Band in den Sinn. Coldplay sind die Gipsy Kings des Jahres 2003, und »Yellow« ist ihr »Bamboleo«. Man kann keine Kneipe mehr betreten, ohne daß einem unweigerlich das vertraute Falsett von Gwyneth Paltrows Gemahl entgegenschallt, dieses halb erstickte Jodeln einer hochsensiblen Künstlerseele. »Bamboleo« hat mir übrigens entschieden besser gefallen. Großartiger Song, Gitarrenkunst erster Güte, absolut mitreißend, ein echter Gassenhauer, der ein bißchen an »La Cucaracha« erinnert.

»Yellow« und die anderen sogenannten Melodien auf »Parachutes« peinigen mich – wie eine Infektion, deren man einfach nicht Herr wird. Egal, wo ich auch hingehe, stets scheint mir Chris Martin auf den Fersen, höre ich sein Gejammer, sein unablässiges Betteln: Bitte, Mann, hast du 'n bißchen Kleingeld übrig? »Such dir 'nen Job!« möchte ich am liebsten brüllen. »Mach dich vom Acker, aber dalli!« Keine Chance – er schrammelt eisern weiter auf seiner Gitarre. »Verpiß dich!« blase ich ihn an, aber es nützt alles nichts. Und so geht es immer weiter. Kaum habe ich den Fernseher angeschaltet, läuft wieder dieser Werbespot. Sonnenuntergang über Montego Bay, und während mich eine Stimme darüber informiert, daß eine Woche nur 599 Pfund kostet, höre ich ihn schon wieder. Selbst auf Jamaika ist man nicht vor ihm sicher! Und vor den Dinner-Einladungen beginnt mir langsam regelrecht zu grauen. Was, wenn ich den Gastgeber beim nächsten Mal frage: »Hast du eigentlich auch ›Parachutes‹ da?« Aber die Antwort kenne ich ja schon: »Na, klar! Fabelhafte Scheibe, oder? He, wo willst du denn hin?«

Ich behaupte: In den frühen Achtzigern – wohin die Platte soundmäßig gehört – wäre »Parachutes« kaum groß aufgefallen. »Yellow« wäre in den Charts vielleicht bis Platz 35 gekommen, und man hätte sich im nachhinein gar nicht mal ungern an das Stück erinnert; ein harmloser Lovesong mit einer hübschen Melodie, nicht gerade in derselben Liga wie »The First Picture of You« oder »Mary's Prayer«, aber durchaus erwähnenswert. Nun aber sind Coldplay allgegenwärtig – ein bißchen so wie Gap-Jeans, nur daß diese wohl kaum jemand als genial bezeichnen würde. Um so unfaßbarer, daß einige meiner Bekannten, gute Typen, die nie ein Tracy-Chapman-Album kaufen würden, plötzlich verhangene Augen bekommen, wenn unser Gespräch auf »Parachutes« kommt. Nun ja, Gespräch ist zuviel gesagt. Ich gebe bloß »Hmms« und »Aaahs« von mir, während ich mich gleichzeitig frage: Ist unsere Gesellschaft derart im Niedergang begriffen, daß wir nicht mehr wirklich fühlen, sondern nur noch auf ein Theater der Emotionen reagieren, in dem wir die Zuschauer sind? Dann hätten wir uns Coldplay redlich verdient, eine Stimulus-Response-Maschine, die unsere eigenen Unzulänglichkeiten bedient. »Parachutes« verdankt seine Dominanz der kompletten Abwesenheit jeglicher Reibungspunkte. Jede wirklich große Platte will es vom Hörer wissen, verlangt ein klares Bekenntnis; »Parachutes« besteht aus einer Reihe rhetorischer Fragen, gekleidet ins Gewand perfekt codierter, versiert produzierter und nicht weiter erheblicher Melodien – blutleerer, halbverdauter, wiedergekäuter Sound, maßgeschneidert für unsere gelähmte, energielose Zeit, farblose Songs voller pubertärem Pathos, die nicht bewegen, nur sedieren, während man sie gemeinsam im Einkaufszentrum oder bei einem opulenten Dinner genießt. Aber auf mich brauchen Sie nicht zu zählen. Mir ist der Appetit vergangen.

Louis Philippe

LETZTE AUSFAHRT BALINGEN

The Allman Brothers Band, »At Fillmore East« (1971)

Das ist immer noch schwer angesagt: auf dem Dorf. Sagen wir, irgendwo in der Nähe von Kornwestheim oder Horb am Neckar, wo es noch Männer mit ärmelloser Lederweste und Links-cool-rechts-schwul-Ohrringen, Cowboystiefeln und klötenenger Levis gibt, die noch mal einen gebefreudigen Schwall Gitarrensolo durchs Autofenster blasen, ehe sie drinnen am Tresen ihr Glaubensbekenntnis zum besten geben: »Des isch dr Oberhammer! Dr Duän un dr Gregg. Des goht ab wie'd Sau!«

Und wie. Die Allman Brothers sind eine Religion, der im Hinterland des Planeten in einer Liturgie gehuldigt wird, in der es noch »voll fetzt« und »gnadenlos reinknallt«, »beinhart« durch »bockstark« gesteigert wird und die Luftgitarre ein uneingeschränkt respektables Instrument darstellt, da die Bedienung ohnehin noch keinen Mann gesehen hat, der nicht alle paar Minuten spastisch vor seinem Hosenlatz herumwedelt. Hier tickt nach wie vor die Uhr von 1971, als nicht nur hierzulande vorsichtig die Freigabe der Pornografie diskutiert wurde; immerhin bewiesen die Statistiken, daß die Vergewaltigungsraten im liberalen Dänemark durch ebendiese Maßnahme nachhaltig zurückgegangen waren. Dabei hatte der Southern Rock das Thema längst erledigt.

Anfang der Siebziger war Duane Allman der größte Wichser – konservativ ausgedrückt: Slide-Gitarrist – aller Zeiten. Er hatte Eric Clapton das Riff zu »Layla« beigebogen, als Sessionmusiker für Aretha Franklin und Wilson Pickett gehobelt und den Swamp- und Bluesrock des Südens in die großen Arenen katapultiert. Da der geballte Starkstrom auf Konserve nicht so recht überspringen wollte, beschlossen die Allman Brothers – Rollenmodell: Butch Cassidys Hole-in-the-Wall-Gang als Stadionrocker – nach zwei allzu zahmen Studioplatten, der Dorfjugend die volle Packung in Form eines Live-Doppelalbums zu geben.

Eröffnet wird mit ebenso breitbeinigen wie kompakten Direkt-vom-Werk-Versionen zweier schwarzer Blues-Klassiker – ein verhaltenes Aufwärmen für die spektakulären Stunts mit der Handmaschine, die nach dem ersten Drittel mit der zwanzigminütigen (!) Version von Willie Cobbs' »You Don't Love Me« Form annehmen: Nachdem Bruder Gregg an den Keyboards vorgeglüht und Sidekick Dickey Betts gezeigt hat, daß auch er mit seinem Gerät zweifelsohne umzugehen weiß, holt der *Duän* höchstpersönlich den Prügel raus, um alle Register ehedem moderner Autoerotik zu ziehen, die Blues-Skalen vor und zurück, rauf und runter zu nudeln, während er sich noch das eine oder andere Mal in allerletzter Sekunde zu zügeln weiß, ehe er im Grande Finale alias »Whippin' Post« satte dreiundzwanzig Minuten lang* … äh, das Letzte aus sich herausholt.

Bei Cream klang die sogenannte Spielfreude immer akademisch ange-

* Noch getoppt von der viereinhalbstündigen »Mountain Jam« auf »Eat a Peach« (1972); so kommt sie einem wenigstens vor.

strengt, bei Grateful Dead nach mißglückter Penisverlängerung; bei den Allmans, stilistisch zwischen den beiden angesiedelt, klingt es nach der Erotik des achtundvierzigfach verstellbaren Drillbohrers und der im Stuttgarter Hi-Fi-Studio erworbenen Anlage, auf der irgendwo hinter der letzten Ausfahrt von Balingen in der Einliegerwohnung im elterlichen Reihenhaus noch eine Solo-Orgie mit Lederweste, Ohrring und den Brothers drangehängt wird. Der Duän. Hat auch nie geheiratet. Er nannte es Jammen.

GEHEIMTIPS FÜR ABONNENTEN

Tom Waits, »Rain Dogs« (1985)
Nick Cave, »The Boatman's Call« (1997)

Draußen steht ein verlorenes Mädchen, als würde um diese Zeit noch ein Greyhound fahren. Das Neonschild der Tankstelle flackert im Nieselregen, während drüben in der Bar die paar Männer am Tresen vor ihren Gläsern hocken und mit Augen wie Einschußlöchern in die Kanalschächte ihrer Erinnerungen starren. Und als der gelangweilte Blick der Bedienung die Registrierkasse streift, kommt ihr einmal mehr derselbe Gedanke: daß sie sich damals in Waxahatchie alles ganz anders ausgerechnet hatte.

Man kennt das Szenario nicht erst seit Chandler, James Crumley oder Sam Shepard, und in seltener gewordenen Momenten, etwa bei den Kadenzen Richard Hugos*, erkennt man noch einmal, daß das Amerika der Loner, Loser und stillen Ausschänke doch ein bißchen mehr darstellt als bloße Kulissenschieberei vor einer Edward-Hopper-Tapete. Der frühe Tom Waits mixt Barroom-Tristesse, Trinkermelancholie und jazzig angehauchten Beatnik-Style

* Hugos (1923–83) gesammelte Gedichte in »Making Certain It Goes On« (W. W. Norton Publishers) sind Pflichtlektüre für jeden, der etwas von Amerika verstehen will. Die Inschrift auf seinem Grabstein lautet: »Believe the couple who have finished their picnic and make wet love in the grass, the wise tiny creatures cheering them on. Believe in milestones, the day you left home forever and the cold open way a world wouldn't let you come in. Believe you and I are that couple. Believe you and I sing tiny and wise and could if we had to eat stone and go on.«

in dem Sinne, daß Americana immer auch Romantica sind. Die Nacht, die seltsame Dinge mit einem anstellt: »Martha« von seinem Debut »Closing Time« (1973) bleibt ein klassisches Beispiel für eine Piano-Ballade, die sich zu zeitlos ergreifender Einsamkeit verdichtet.

Etwas nüchterner besehen, stellt sich ebenso schnell heraus, daß Topless-Bars und Trailerparks, gefällig verteilte Autowracks, gefallene Engel und glücklose Drifter auch über die Kurzstrecke nur mäßig abendfüllend sind; in weniger duldsamer Stimmung mag einem sogar Truman Capotes Sottise über Jack Kerouac in den Sinn kommen: »Das nenne ich nicht schreiben, das nenne ich tippen.« Das im Laufe der Siebziger unabweislich zur Schluckerformel kristallisierte Hipstertum (»Standing on the corner of 5th and Vermouth«) degeneriert mit »Heartattack and Vine« (1980) endgültig zur gynäkologischen Großstadt-Unterleibsshow, die die immergleichen Nutten, Bullen und Desperados unters Mikroskop rückt; diesmal unterlegt mit landläufigem Bierlachen-Blues, der selbst hartgesottene Säufer ins Asyl mit dem doppelten A treibt, darunter offenbar auch den Urheber selbst. Jedenfalls sagt Waits der flüssigen Mitternachtssonne ade. Seither trinkt er nur noch grünen Tee.

Gut für ihn. Weniger gut für die Menschheit, daß er sich während des Entzugs als Dreigroschenoper-Leierkastenmann renoviert, der das Brecht/Weillsche Kabarett-Songbook mit halbassoziativer lyrischer Gymnastik aufmöbelt. Unter den Platten seiner Frau hatte er zudem das eine oder andere Werk von Howlin' Wolf, Dr. John und insbesondere Captain Beefheart entdeckt, dessen stimmliche Trademarks er bis ins Detail nachblaffte. Immerhin gab es ein paar vereinzelte lichte Geister, die dem Belfern von Gosse und Apokalypse nicht auf den Leim krochen: BBC-1-Discjockey John Peel hat es gut drei Jahrzehnte strikt abgelehnt, sich auch nur durch bloße Berührung mit einer Waits-Platte zu kontaminieren.

Zu Recht. Schon wenige Minuten »Rain Dogs« können schwere Geheimtip-Anfälle auslösen: das Sammelsurium ausgefallener Instrumente, das Underdog-Getue, die perkussive Dark-Carnival-Stimmung und der kunstgewerblich trötende Leichenzug-Blues, inklusive einigen gewohnt temperamentfreien Gastauftritten von Keith Richards und der Brooklyn-Elegie »Downtown Train«, mit der Waits zwischendurch darlegt, wie täuschend echt er auch Bruce Springsteen nachahmen kann – noch ein ebenso exzentrischer wie verstörender Schachzug der wohlarrangierten Freakshow, wie sie Frank Castorf nicht kongenialer inszenieren könnte. Hören wir mal rein ins Foyer-Gemurmel während der Aufführungspause: Beeindruckend, nicht wahr? Wie er die Abgründe der menschlichen Psyche seziert! Was für ein Wagnis! Sperrig! Archaisch! Morbidezza! Atavismus! Wie *unkommerziell*!

Wegen der anhaltenden Abonnentenverträglichkeit setzt Waits seit mittlerweile gut zwanzig Jahren unverdrossen auf Röcheln aus der Requisite und Schauspielhaus-Pandämonium. Auf demselben Spielplan gepflegter Endzeitstimmung steht seit ebenfalls gut zwei Dekaden Nick Cave, der schwarze Romantik, alttestamentarische Priesterpose und Delta-Blues zu gelgestylten Dark-Wave-Oden zusammenrührt –

und sich dabei ebensowenig wie Waits auch nur einen Zentimeter von der kreativen Stelle bewegt. Über die Jahre zu einer Art Gothic-Ausgabe von Norah Jones geworden, gilt Cave bei Menschen mit gesundem Dornröschenschlaf immer noch als Underground; und im Schlummer stört es auch nicht, daß er auf »The Boatman's Call« in besonders einlullenden Momenten (»Are You the One I've Been Waiting For?«) unverkennbar wie der dunkel eingefärbte Zwilling von Michael Bolton klingt.

Caves langjähriger Weggefährte und Gitarrist Blixa Bargeld, für die Einstürzenden Neubauten auch im Bereich Noise & Expressionismus tätig, hatte schon des längeren erkannt, daß der kultivierte Bürgerschock im Thalia- oder Metropol-Rahmen nicht nur den einen oder anderen Griff in die Subventionstöpfe der öffentlichen Hand ermöglichte. Ein guter Grund nicht zuletzt auch für Cave selbst, ein paar Jährchen am Standort Berlin zu verweilen, wo Kultur noch entsprechend gewürdigt wird. Vorerst letzter Höhepunkt der fortschreitenden Geschmacksverfeinerung war indes Bargelds avantgardistische Huldigung der teutonischen Häuslebauer-Riten, als er der dunklen Pop-Realität der Baumärkte in einer Reihe von Werbespots für den Sender *Viva* Ausdruck verlieh. Angesichts dieser Leistung geriet auch die *taz* völlig aus dem Häuschen: »Selbst der Claim ›Hornbach – es gibt immer was zu tun‹ und die abschließende Pointe ›Yippieyahyah, Yippie Yippie Yeah‹ werden bei ihm zu Ereignissen der darstellenden Kunst.«

Jetzt aber Beeilung, sonst verpassen wir noch den krönenden Abschluß des heutigen Abends: die 23-Uhr-Vorstellung des neuen Jarmusch. Jim Jarmusch, Sie wissen schon. Der amerikanische Ausnahmeregisseur mit all diesen »aus der Welt gefallenen« Charakteren. Und dem radebrechenden Roberto Benigni in »Down by Law«, der nicht richtig Englisch kann. Einzigartig hintergründige Komik, durch und durch subtil, da muß nicht gleich alles auf durchsichtige Pointen hinauslaufen. In »Coffee and Cigarettes« spielt Tom Waits auch wieder mit, nicht zu vergessen Iggy Pop, selbst Jack und Meg von den White Stripes lassen es sich nicht nehmen dabeizusein. Ist das Kult, oder ist das Kult, Leute?

»Im Kino des Jim Jarmusch ist alles möglich – und nichts passiert«, schrieb *FAZ*-Filmkritiker Michael Althen anläßlich der Deutschlandpremiere des Episodenfilms. Dabei hatte er außer acht gelassen, daß sehr wohl jede Menge passiert, nur eben *vor* der Leinwand: das verzögerte, verdruckste Kichern, das selbstvergewissernde Amüsement, ebenfalls den verborgenen Knalleffekt verstanden zu haben, die kluge, nein, *gebildete* Belustigung, die selbst die bärtigsten Witzlosigkeiten zu einem Bad im kollektiven Feinsinn macht. Den Kreis des Offkultur-Repertoires schließt, daß Waits auch eine bewährt blechern klöppelnde Komposition zum Soundtrack beigesteuert hat.

Bei seinen drei ausverkauften Gastspielen im Theater des Westens im November 2004 war freilich nur wenig studentisches Fußvolk zu sehen, das sich im beflissenen Verhalten geschlechtsreifer Langweiler übte. Bei 245 Euro Entree für einen Sitzplatz zweiter Kategorie traf man eher die Klientel aus der Berliner Beletage, die der Jockey-full-of-Bourbon-Revue mit Blick über die Bifokal-Brillen nicht enden wollenden Beifall spendete. Ein »Rain Dog« ist übrigens ein Hund, der nicht mehr nach Hause findet, weil der Regen seinen Geruch weggewaschen hat. Sein wölfisches Knurren mag einen Augenblick lang irritieren, aber keine Sorge. Dieses Tier hat schon seit Ewigkeiten keine Zähne mehr.

IM ENDDARM DES FUNK

Red Hot Chili Peppers, »Blood Sugar Sex Magik« (1991)

Von Gang-of-Four-Gründer Andy Gill, der Mitte der Achtziger als Produzent ihres Debuts verantwortlich zeichnete, waren sie eher weniger begeistert. Als die Stimmung im Studio nicht recht zünden wollte, verzog sich Chili-Peppers-Bassist Flea aufs stille Örtchen, ehe er dem leidigen Producer bei seiner Rückkehr einen Pizzakarton in die Hand drückte. Auch eine Möglichkeit, jemandem zu signalisieren, daß er einem stinkt.

»Wir fanden das witzig«, so Flea heute. Nicht ganz so amüsant gestalteten sich die Umstände, als Gitarrist Hillel Slovak es 1988 ein wenig mit der stündlichen Smack-Injektion übertrieben hatte, getreu dem alten Motto: Wer früher stirbt, ist länger tot. Immerhin wurde schnell vollwertiger Ersatz gefunden: in John Frusciante, der die Band damit beeindruckte, daß er mit gerade mal achtzehn Lenzen jedes Solo von allen 650 Zappa-Platten nachspielen konnte – eine anale Fixierung, die nicht nur mit den ausgelassenen Enddarm-Späßchen des federführenden Bassisten prächtig harmonierte.

Allein von seinen beiden letzten Alben hat das Quartett aus Hollywood mehr als 25 Millionen Einheiten abgesetzt. Der Durchbruch kam mit dem Megaseller »Blood Sugar Sex

Magik«, der 75 Minuten lang das Erfolgsrezept der Band zelebriert: ein protzfusionistisches Amalgam aus Aerosmith, Grandmaster Flash, Survivor, Sly Stone und den Beastie Boys in ihrer Gröl-Phase, fetten Heavy-Licks und modisch satten Funk-Brettern für die Mosher-Fraktion. Crossover nannte sich das Konzept, das auch das eine oder andere emotionale Entspannungsbad in Form eurovisionskompatibler Balladen plus Kinderchor (»Under the Bridge«) zu bieten hatte.

Klar, daß zur Oberknaller-Partymucke auch geistreicher Witz und unkonventionelle Hommagen gehören, so zum Beispiel das umwerfend originelle Coverfoto zur »Abbey Road«-EP, auf der die Peppers über den berühmten Beatles-Zebrastreifen traben, nur mit Socken bekleidet, die sie sich übers Gemächt gezogen hatten – ein Faß voll Bocklaune für alle Zwölfjährigen und Zwölfgebliebenen, die sich bei dem Wörtchen *Mitglied* vor Freude auf dem Teppich wälzen. Echt tierisch, Alter, so wie auch die Nu-Metal-&-Rap-Vertreter à la Limp Bizkit oder Linkin Park, die sich allesamt auf die sackkratzenden Blödiane aus L. A. berufen. Davon abgesehen, steht schon die nächste Generation bereit, um in Fleas 2001 gegründeter Musikschule den Baß bullern zu lassen und zu lernen, wie man den blanken Hintern beim Autofahren aus dem Fenster reckt. Wenn der Herr Lehrer dann grienend von seinen Zeiten als Pizzalieferant erzählt, fällt sonderbegabten Eleven sicher noch mehr Fäkalhumoriges ein, wie man den Ausdruck *funky shit* verdeutlichen kann.

LURCHIS ABENTEUER

Genesis, »The Lamb Lies Down on Broadway« (1974)

> »Die Siebziger waren eine sehr, sehr seltsame Zeit. Im Rückblick mag man kaum glauben, was sich die Leute – zum Großteil *intelligente* Leute – angehört haben.«
>
> Jonathan Coe, »The Rotters' Club«

Rael, ein junger Puertoricaner aus der Bronx, tritt am Broadway aus der U-Bahn, befindet sich plötzlich in einem Käfig, erkennt vor den Stäben seinen Bruder John, sieht eine Frau, die Traumpuppen feilbietet, bekommt von einem Stachelschwein erzählt, daß er sich die Sache selbst in die Schuhe zu schieben hat, sieht auf Teppichen Kriechtiere wimmeln und findet sich auf einem Jadethron wieder, ehe der übernatürliche Anästhesist eintrifft, der zumindest einen vorübergehenden Anhaltspunkt bietet, weshalb die Feuerproben unseres ethnischen Helden so überaus einschläfernd sind.

Soweit in groben Zügen die Story des siebten Genesis-Albums, die möglicherweise von Entfremdung und Selbstfindung handelt – nicht daß es irgendeine Rolle spielen würde. Irgendwo zwischen Franz Kafka nach zwei Wochen Oktoberfest und Lewis Carroll nach der Gripsentkernung angesiedelt, wird das nicht zuletzt auch von Pete Townsends »Tommy« inspirierte Konzeptwerk gemeinhin als komplex, surreal, absurd, experimentell, kreativ, mystisch, kryptisch, halluzinativ und apokalyptisch geadelt – obwohl das Wörtchen gaga komplett ausreichen würde. Oder, mit den Worten von Keyboarder Tony Banks: »Wenn Sie mich fragen, hing mir diese Geschichte eigentlich von Anfang an zum Hals heraus.«

Als Initiator des Rockoper-Allotrias zeichnete Vokalist Peter Gabriel verantwortlich, der mit Banks bereits an der rigide geführten Charterhouse School in einer Band gespielt hatte und beim Besuch der anstaltseigenen Theater-AG offenbar auf die Idee gekommen war, sich bei Gigs mit Fuchsmaske und Frauenkleid, federbebuschtem Römerhelm und anthrazitfarbenen Glimmerflügeln zu kostümieren, um en passant Lurchis Abenteuer und die Klappentexte von Fantasy-Romanen mit ein paar Löffeln keltischer und hellenischer Mythologie anzurühren. Ein beliebter Automatismus führt häufiger dazu, den oben angeführten Adjektiven noch ein beiläufiges »exzentrisch« hinzuzufügen, wie es sich für den Kenner britischer Lebensart gehört. In unserer Schwabinger Straße spricht man allerdings immer noch von »Kneipe und Kabarett«.

Während die Akademiker des sogenannten Prog-Rock – sagen wir, King Crimson mit »Larks' Tongues in Aspic« oder Gentle Giant mit »Octopus« – immer noch eine Herausforderung mehr im Programm hatten, gebührt Genesis die zweifelhafte Ehre, die großen Säle wieder in eine Kleinkunstbühne verwandelt zu haben, auf der Peter Gabriel den Slipperman gab: eine Art sexualisierte Mutantenknolle aus der Ed-Wood-Requisite, die Tony Banks wie gesamtwerküblich mit adäquat schröcklichem Synthie-Gewaber aufdonnerte. Nur einer fiel bei all dem Mummenschanz nicht recht auf: Drummer Phil Collins, der seine schüttere Maske erst ein paar Jahre später bei »We Can't Dance« abnehmen sollte, um dabei einen berüchtigten *Brigitte*-Redakteur zum Vorschein kommen zu lassen, der jahrelang seine eigenen Platten besprochen hatte.

Gabriel stieg nach der Promo-Tournee zu »Lamb« von heute auf morgen aus, weil »Exorzist«-Regisseur Billy Friedkin ihm ein paar Wochen zuvor schmackhaft gemacht hatte, als Scriptwriter nach Hollywood zu ziehen. Woraus aber nichts wurde, da Friedkin in der Zwischenzeit versuchte, sich den ersten anderthalb Seiten des Doppelalbums zu unterziehen. Eine zeitraubende Leistung. 1977 hat er dann seinen nächsten Film gedreht.

VOM HARTWERDEN DER BAGUETTE

Serge Gainsbourg, »Vu de L'Extérieur« (1973)

»Es ist einfach falsch, Franzose zu sein.«

John Cleese

Auf dem Höhepunkt seines Schaffens veröffentlicht Serge Gainsbourg 1972 das Konzeptalbum »L'Histoire de Melody Nelson« – ein sonisch atemberaubender Parforce-Ritt, der in unerhörter Klarheit Obsessionen zutage treten läßt, die seither praktisch synonym geworden sind mit der Vorstellung, die man sich gemeinhin vom französischen Künstler macht: der unrasierte alte Sack, der in larmoyanter Todessehnsucht wortgewaltig das Hartwerden der Baguette von gestern beklagt, dabei ins Philosophieren kommt, wie es denn mit dem Hartwerden der eigenen Stange aussieht, so seine Zweifel daran und an der Welt im allgemeinen hat und sich nach Abhilfe umsieht. Der rettende Engel erscheint in Gestalt eines selbstverständlich blutjungen Mädchens, dessen Entjungferung unserem Poeten neuen Lebensinhalt gibt, bis ihn die Erkenntnis überkommt, daß solche Perfektion in dem Augenblick, wo sie erlebt wird, dem Untergang geweiht ist. Ergo: Sie muß sterben – was sie auch tut, bei einem Unfall. Wir verlassen unseren Helden, der im nachlassenden Licht dem eigenen Untergang entgegendämmert.

Daß diese Psychopathologie hervorragend ins Raster eines Serienmörders passen würde, läßt sich nicht ganz von der Hand weisen – und gleich einem Getriebenen, der es einfach immer wieder tun muß, erzählt Serge in seinem späteren Album »L'Homme à Tête de Choux« die Story gleich noch mal, nur konsequenter: Diesmal erschlägt er sie mit dem Feuerlöscher und endet in der Gummizelle. Man kann sich des Eindrucks nicht erwehren, daß »Melody Nelson« in Gainsbourg einen inneren Verwesungsprozeß auslöste, dem er nicht mehr entkommen konnte.

Gainsbourgs anale Fixierungen waren schon zuvor notorisch gewesen: Davon besessen, ein kontrolliertes Umfeld zu schaffen, in dem sich kein Staubkorn ohne sein Zutun regte, terrorisierte er Frau und Kinder, die in der penibel in schwarzem Marmor gestalteten Wohnung in der Rue de Verneuil kein Platzdeckchen und kein Spielzeug verrücken durften.

Auf »Vu de L'Extérieur« brechen nun alle Dämme; Gainsbourg trägt das Anale auf eine neue Ebene. Diesmal ist sein Sujet der menschliche Hintern und alles, was er so hervorbringen kann.

Die britischen Studiomusiker, die er hierzu anheuert, haben unter anderem für Cliff Richard gespielt und sprechen kein Wort Französisch; man darf dennoch mutmaßen, daß der große Meister ihnen intuitiv vermitteln konnte, was ihn so umtrieb. Anders jedenfalls läßt sich der abgefuckte, minimalistische Porno-Rock nicht erklären, der jedem John-Holmes-Streifen der Ära zur Ehre gereicht hätte. Besonders hervorzuheben ist dabei ein unsagbar räudig klingendes Wah-Wah, bei dessen Einsatz mich immer das Gefühl beschleicht, mir wüchse plötzlich ein besonders fieser Oberlippenbart.

Die Songs bestehen im wesentlichen aus ca. zweieinhalb Akkordprogressionen, die sich leitmotivisch durch das ganze Album ziehen und nach Belieben durch schmierige Gitarrenlicks und verschiedene Perkussionsinstrumente variiert werden. Diesen Soundtrack für eine Swinger-Orgie verziert Serge mit grunzendem Sprechgesang und Texten, bei denen wahrlich kein Auge trocken bleibt.

Der Titeltrack besingt den unerquicklich tiefen Einblick, den Serge bei etwas zu ungestümem Analsex ins buchstäblich Innerste seiner Partnerin erhält, was ihn zu dem Schluß kommen läßt, daß sie menschlich völlig verrottet sein muß. Angeekelt wendet er sich ab, um nur ein paar Songs weiter davon zu träumen, in den Exkrementen einer vollbusigen Schönheit zu ertrinken: »Titicaca«, ein Songtitel, dem man wohl nichts hinzufügen muß. »Sensuelle et sans suite« besingt einen One-Night-Stand, der von einer Flatulenzorgie überschattet wird; »Des vents, des pets, des poums« ist eine Eloge des Furzens.

Der französischen Sprache Unkundige mutmaßten ja bis dato nur über den schweinischen Gehalt eines Großteils des Kulturgutes der Grande Nation; hier bestätigt sich dieser Verdacht Song für Song, Zeile für Zeile – von Lust und Befreiung findet sich allerdings keine Spur. Neben dem zwanghaften Tunnelblick und der düsteren Misogynie fällt vor allem der ungeheure, endgültige Selbsthaß auf, mit dem sich Gainsbourg der eigenen inneren Verwahrlosung ausliefert.

Die Besessenheit mit Körperwinden sollte später in seiner einzigen Novelle kulminieren: »Evguénie Sokolov«, die Geschichte eines pathologisch furzenden Mannes, der schließlich mit seinen Blähungen Kunstwerke schafft und damit berühmt wird, sich dann aber zugrunde richtet. Ohne Zweifel sah Gainsbourg sich selbst in dieser Figur; für ihn begann ein zerstörerischer Prozeß der Selbstauflösung, in dem er sich verpflichtet fühlte, den antizipierten Niedergang exemplarisch vorzuleben.

Dieser Selbsterkenntnis folgend, verbrachte er den Rest seines Lebens damit, dem eigenen Ende entgegenzudämmern, sediert von Ozeanen von Rotwein und beklatscht von einer gierigen Öffentlichkeit, die ihn so sehr als antibourgeoisen Agent provocateur feierte, daß niemand die eigentliche Tragik des Menschen Gainsbourg zur Kenntnis nehmen wollte.

»Vu de L'Extérieur« ist ein Paradoxon erster Güteklasse: eine als Klassiker gefeierte Platte, die die schlimmsten Vorurteile gegen welsches Kulturgut bestätigt, absolut unentschuldbar und gleichzeitig unentbehrlich für jeden distinguierten Haushalt.

E-Moll Jones

DER MESSIANISCHE HAMPELMANN

The Stone Roses, »Same« (1989)

Die einzige Erklärung für die Existenz der Stone Roses sind die Smiths – und zugleich das stärkste Argument dagegen.

Als das Debutalbum der Stone Roses im Mai 1989 erschien, war die britische Musikpresse verzweifelt auf der Suche nach dem nächsten großen Ding. Irgendeine Band mußte das Erbe von Morrissey, Marr, Rourke und Joyce antreten, die sich 1987 aufgelöst hatten. Aber schlechtes Timing bescherte *Melody Maker* und *NME* nicht etwa die neuen Smiths, sondern einen messianischen Hampelmann und seine Kellercombo.

Die Stone Roses waren die Band für die jüngeren Geschwister der Smiths-Fans. Zwischen ihnen und uns (ich war ein Erstgeborener) klaffte ein musikalischer Abgrund, der noch tiefer war als der zwischen Prog Rock und Punk.

Die Smiths standen für Witz, Melancholie, Intelligenz, sexuelle Ambivalenz, Englischsein, politische Radikalität sowie außergewöhnlich originelle Songs; die Stone Roses hingegen beeindruckten durch Protzerei, Hedonismus, Schnöselhaftigkeit, Potenzgehabe, Tribalismus, politische Apathie und schlecht geklaute Grooves.

Niemand verkörperte das Martyrium der Twentysomethings so betörend schön wie Morrissey, und niemand konnte es gleichzeitig so wunderbar verarschen: »I am the son and the heir, of nothing in particular.« Ian Brown nölte indessen, ohne jeden Funken von Humor: »I am the resurrection.«

Morrisseys Melodien schmiegten sich so zärtlich an Marrs Melodien, daß man hätte meinen können, beide seien in exakt demselben Augenblick entstanden. Brown hingegen mußte Vokale bis zur akustischen Belastbarkeitsgrenze zerdehnen, damit sie auf John Squires ewiggleiches Drei-Akkord-Geschrammel paßten: »Sometimes I-I-I fantasi-i-ize.«

Der anhaltende Ruhm der Stone Roses gründet sich jedoch auf zwei Ereignisse, die mit ihrem Debut nichts zu tun haben. Nämlich:

1. Das Erscheinen der Single »Fool's Gold«, die – zumindest für Leute, deren musikalischer Horizont über die Popszene des Jahres 1988 hinausreicht – ohne Frage eines der größten Verbrechen der Menschheit gegen James Brown darstellt. Nur weil sie den *funky drummer* gekidnappt und ihm einen Jah-Wobble-Baß übergebraten hatten, sagte man den Stone Roses nach, als erste Indie und Dance zusammengebracht zu haben. Vergessen waren The Slits, The Clash, Big Audio Dynamite, die Pet Shop Boys usw. Darüber jaulte Ian Brown den schwachsinnigsten Text seit den unseligen Zeiten von Tyrannosaurus Rex, eine Art Klippschulversion von Bob Dylans goldgeiler »Isis«.

2. Das Konzert auf Spike Island, wo ca. 20 000 jüngere Geschwister infolge des Konsums diverser Drogen nicht nur sich selbst und alle anderen ganzganztoll und irregeil fanden, sondern auch den Auftritt der Stone Roses, den sogar eingefleischte Fans für bestenfalls drittklassig hielten. Was jedoch

nicht etwa zu einer neuen Jugendbewegung à la Flowerpower führte, sondern zu dem bedauernswerten Umstand, daß die Headliner des Knebworth-Festivals heutzutage Oasis oder Robbie Williams heißen.

Live klangen die Stone Roses blechern und falsch. Getreu dem Titel seines Solodebuts »Unfinished Monkey Business« stapfte Ian Brown mit der leichtfüßigen Anmut eines gehbehinderten Schimpansen über die Bühne, eine unverstellt zur Schau getragene Arroganz, die einen jegliche moralischen Bedenken gegen die Prügelstrafe rasch vergessen ließ.

Morrissey eröffnete seinen Fans ein ganzes Kultur-Universum: Oscar Wilde, Shelagh Delaney, James Dean, die New York Dolls, Twinkle, Sandy Shaw, radikaler Feminismus, Vegetarismus etc. Ian Brown und Co. konterten damit, daß sie sich zur »Wiederkunft« des Herrn erklärten und ihr zweites Album folgerichtig »Second Coming« betitelten. Aber die Platte hat auch ihre guten Seiten.

Eins muß man ihr unbedingt zugute halten: Sie ist relativ kurz, und weil sie so kurz ist, ist sie ziemlich schnell vorbei, und weil sie so schnell vorbei ist, kann man sich schon bald wichtigeren Dingen wie der Reinigung des Backofens oder dem Entwurmen seiner Katze zuwenden, ohne allzuviel kostbare Lebenszeit zu vergeuden.

Das verdiente Ende ereilte die Stone Roses 1996 in Reading, wo sie einen so unfaßbar grauenhaften Gig hinlegten, daß selbst ihre debilen Fans begriffen, wie beschissen die Band von Anfang an gewesen war. Ian Brown sang schlechter als Linda McCartney.

Seitdem hat man von den Stone Roses nicht mehr viel gehört. Ian Brown bastelt ebenso hartnäckig wie erfolglos an einer Solokarriere. Gitarrist John Squire gründete die Seahorses, eine der unzähligen belanglosen Rockbands der Neunziger. Bassist Mani ist heute Mitglied jenes Zirkus der verpaßten Gelegenheiten und Keith-Richards-Verehrung, welcher da Primal Scream geheißen wird. Und Drummer Reni ist ... wen juckt's?

Toby Litt

DIE MUTTER ALLER FARCEN

Led Zeppelin, »IV/Four Symbols« (1971)

Immer wenn Terry Reid irgendwo liest, er sei ein interessanter, wenn auch letztlich unbedeutender Rock-Vokalist der Sixties gewesen, erinnert er sich daran, daß man telefonisch nichts vorschnell übers Knie brechen sollte. Als er anno 68 an die Strippe ging und von Jimmy Page gefragt wurde, ob er als Vokalist bei dessen neuer Band einsteigen wolle, lehnte Reid dankend ab; ebenso wie die bald darauf erhaltene Offerte, einer Combo namens Deep Purple beizutreten. Reids Debut hieß übrigens – einer dieser schauerlichen Scherze, mit denen sich die Vorsehung zuweilen amüsiert – »Bang, Bang, You're Terry Reid«.*

Während Reid sich noch heute in den Allerwertesten beißt, nimmt Robert Plant vermutlich nach wie vor gern ein morgendliches Bad im palasteigenen Geldspeicher: nach gut achtzig Millionen verkauften Platten, der Fama nach enormem Verbrauch von Fickfleisch und dreieinhalb Jahrzehnten Wikinger-Schlachtrufen und Falsett-Geheul, das mehrere Generationen von Hard-Rock- und Heavy-Metal-Riesenrössern inspiriert hat – eine zugegebenermaßen eher dubiose Großtat.

* Reids bestes, überaus hörenswertes Album bleibt »River« (1973), ein pastoraler Gegenentwurf zu Tim Buckleys »Greetings from L. A.«: Blues, Bossa und Country mit leicht entrücktem Westcoast-Touch und David Lindley an der Gitarre.

Aber buchstabieren Sie erst einmal in aller Ruhe das Wort »Testosteron«. Falls Ihnen der Begriff nicht vertraut sein sollte, greifen Sie auf bewährte Nachschlagewerke zurück.

»Nach ›Led Zeppelin III‹ waren alle Skalen nach oben hin offen« (Plant) – was sich auch nicht abstreiten läßt. Das dick ominös mit den vier Runen daherkommende Folgewerk vereint perfekte Boogie-Dynamik (»Rock 'n' Roll«), seismische Delta-Blues-Adaptionen (»When the Levee Breaks«) und Folk-Tradition (»Going to California«) ebenso wie unverdauten Mystizismus, Gigantomanie und Großkotztum. Alles an diesem Album will episch und epochal sein, um dabei unausweichlich in monströsen Unfug à la »The Battle of Evermore« abzugleiten, eine pathosgetränkte Tolkienade für den etwas bedürfnisloseren Hobbitologen – man darf sich getrost vorstellen, wie die anderen Bandmitglieder sich hinter Plants Rücken den Scheibenwischer gezeigt haben –, und natürlich das überlange »Stairway to Heaven«, die Mutter aller künftigen Metal-Balladen, schon immer monumentaler Firlefanz und nach ungezählten Jugendzentrums- und Fakultäts-Feten längst Zeit gewordene Prätention.

Prog-Folk und Heavy Rock, abgeschmeckt mit einer Prise Okkultismus – Jimmy Page bewohnte damals das ehemalige Anwesen des »Schwarzmagiers« Aleister Crowley am Loch Ness – und reichlich urgewaltigem Stuß von Lichtköniginnen und dunklen Lords: Mehr siebziger Jahre werden Sie, Yes und Uriah Heep ausgenommen, für Ihr Geld so schnell nicht wieder bekommen. Gar nicht schlecht angelegt für soviel Sauriertum, instrumentale Könnerschaft und die

Erkenntnis, daß die Quintessenz von Led Zeppelin mehr als nur ein bißchen Travestie enthält. »Heavy Metal ist doch größtenteils bloß Farce«, hat Robert Plant ein paar Jahre später festgestellt. Daß er den Grundstein dafür legte, ist allerdings keine andere Geschichte.

UNTER BRÜLLAFFEN

Black Flag, »Damaged« (1981)

Rollins Band, »The End of Silence« (1992)

Wer den lieben langen Tag nur Stevie Nicks, Journey und Jefferson Starship zu hören bekam, mußte zwangsläufig aggressive Tendenzen entwickeln; so geschehen an der amerikanischen Westküste, wo sich ein paar Jahre nach der New Yorker Punk-Welle der Mittsiebziger (Richard Hell & The Voidoids, Ramones, Dead Boys) eine Phalanx von Bands formierte, die eine entschieden gewalttätigere Gangart einschlugen. Während Agent Orange oder die Dickies für die kaum weniger rabiate, wenngleich deutlich melodieorientiertere Strand- und Surf-Variante standen, gelten Black Flag – benannt nach einem Insektenvernichtungsspray – als die Urväter des kalifornischen Vorstadt-Hardcore. »So wie Greg Ginn hatte ich noch nie jemanden Gitarre spielen hören«, sollte sich der spätere Vokalist Henry Rollins an einen der ersten Gigs erinnern, den er noch als Fan erlebte. »Es war ein derart mörderischer Sound, daß ich am liebsten jemanden umgebracht hätte.«

Der rüde Charme des rohen Treibens dokumentierte sich in einer Reihe ausgesucht rüpelhafter, ausnahmslos von SST-Labelchef Ginn geschriebener und ekstatisch dahergedroschener Anarcho-Hymnen à la »Nervous Breakdown« oder »No Values«, die sich durch die Bank anhören, als würden die Akkordfolgen der Sex Pistols durch einen Teilchenbeschleuniger gejagt. Die Grenzen des Konzepts offenbaren sich indes auf Black Flags Longplay-Debut »Damaged«, das einmal mehr den schlagenden Beweis führt, daß sich Reiz und Durchschlagskraft von Punk/Hardcore vornehmlich auf der Kurzdistanz erschließen. Was im 45-RPM-Format stupende Rasanz entwickelt, klingt auf prolongiertem Parcours rasant stupide, so daß selbst richterskaladefinierende Glanzpunkte wie »Sixpack« oder »Rise Above« im allgemeinen Beben zu Bedeutungslosigkeiten püriert werden. Einschlägige, nach wie vor zum guten Stil gehörende Sampler geben einen weit brauchbareren Eindruck davon, daß Hardcore durchaus seine Nuancen hat.*

Als größter Brüllaffe im Hardcore-Dschungel erwies sich Black-Flag-Shouter Henry Rollins, der ursprünglich aus DC stammte und sich seine Maximen in der dortigen Straight-Edge-Szene angeeignet hatte: kein Nikotin, kein Alkohol, keine wechselnden Geschlechtspartner. Die Abstinenzler-Prinzipien ergänzte Rollins durch die unablässige Kraftraumpredigt stählender Leibeserziehung, während er selbst im Habitus des Wehrsportgruppenführers die Muskeln spielen ließ – eine schwitzende, kahlrasierte Mischung aus He-Man, Dolph Lundgren und Kotzbrocken, die gegenüber allem und jedem den Rassehengst heraushängen ließ. Den Rapper Ice-T etwa ließ Rollins wissen: »Weißt du, weshalb

* Etwa »Hell Comes to Your House« (1981) mit der Crème des kalifornischen Beach-Punks: 45 Grave, 100 Flowers, Social Distortion, Red Cross u. a.; nichts für Sissies. Ebenso strandgeeignet: »Rodney on the ROQ Vol. 1 & 2« (1980/81), zwei Klassiker, die es seinerzeit für je eine Mark bei Hertie in der Ramschkiste gab. Bonus auf Vol. 1: Das legendäre Opening von Brooke Shields!

du nicht mit mir ins Fitneßstudio kommst? Weil du's nicht bringst! Weil deine Scheiß-DNA da nämlich nicht mitmacht!«

Der exhibitionistische Körperfaschismus verdankte sich einer grenzenlosen Selbstgefälligkeit, die Rollins nicht zuletzt beflügelte, seine Trainingsbotschaft auch als Schauspieler, Autor und Papst der politischen Über-Correctness zu verbreiten: gegen Drogen, Rassismus und Gewalt, für das Recht auf Abtreibung und insbesondere feinfühligen Umgang mit dem anderen Geschlecht (»Der weibliche Orgasmus ist mir ein echtes Anliegen«). Daß der so beispiellos empfindsame Kraftmeier seinen giftfreien Luxusbody mit martialischen Tattoos der Marke Jahrmarktsschausteller verunstaltete, fanden seine gleichermaßen ganzkörpertätowierten Bewunderer ebensowenig widersprüchlich wie das in seinen selbstverlegten Erbauungsbändchen notierte Primaten-Gewäsch, in dem sich keineswegs ein grundsensibler Pazifist, sondern der Führer der Weißen Arischen Bruderschaft zu erkennen gibt: »Es gibt nur eine Sünde: Schwäche. Um durchzukommen, müßt ihr vernichten. Lang lebe die Vernichtung. Sprecht mir nach.«

Ein einig Volk an Stumpfköpfen steht auch heute noch jederzeit stramm bereit, um sich von Drillsergeant Rollins von der Bühne aus begutachten und freudig sabbernd zur Sau machen zu lassen: »Ich sah mir den Skinhead an. Er war blaß und fett. In Hitlers Armee hätte er keinen Tag durchgestanden.« In der heimatlichen Kaserne können sich die wahren Masochisten dann noch die CD-konservierten Stentorpackungen des Brachialdeppen abholen: ein unablässiges

Bellen und Kreischen, Schreien und Einpeitschen, gegen das sich der Umgangston im sudanesischen Ausbildungslager der Fremdenlegion wie ein mönchisches Silentium ausnimmt, begleitet von unausgesetzten Heavy-Rock- und Funk-Metal-Garben, die sich nicht von ungefähr so anhören, als würde ein Bataillon Zweiter-Weltkriegs-Panzer die mexikanische Grenze niederwalzen, um die dortigen Untermenschen erst ins Tätowierstudio und anschließend zum kollektiven Workout zu zwingen. »Um zu überleben, muß man eine Kriegsmaschine werden«, so Rollins. »Klingt doch gut, und obendrein stimmt es auch.« Noch Fragen?

HALLO, FRÄULEIN ADORJÁN … HALLO?

Franz Ferdinand, »Same« (2004)

Frühjahr 2004. Warum sich unnötig mit Kleinkram aufhalten, wenn es auch richtig GROSS geht? Offenbar fragt man sich das zumindest bei der Redaktionskonferenz des *New Musical Express*. Die White Stripes sind auch nicht mehr ganz taufrisch, die Hives und Black Rebel Motorcycle Club haben den (vor)letzten Sommer nicht überlebt, und in Sachen Ryan Adams kann der Chefredakteur auch mittels Taschenrechner nicht mehr nachzählen, wie oft er ihm das Jubilate gesungen hat.

Tote Hose also, wie ohnehin schon seit Monaten. Aber, hey … da gibt's noch ein völlig unbekanntes Quartett aus Glasgow. Kunstszene – eigentlich öde, aber damit schon mal in der Nähe von Radiohead. Haben in den Gorbals in einem Art-déco-Lagerhaus am River Clyde geprobt, das sie das »Chateau« getauft haben.

Na, an was erinnert euch das? Logo, an Andy Warhols Factory! Shabby Chic im Glasscherbenviertel, da haben bestimmt sogar mal die Bullen vorbeigesehen. Franz Ferdinand – selten beknackter Bandname, aber bei Sigue Sigue Sputnik war das damals ja auch kein Hindernis. Die Musik? Unerheblich, Gitarrenrock mit Haargel, 80s Style, tut aber nichts zur Sache, die Hälfte unserer Leser ist sowieso nach

1980 geboren. Jetzt brauchen wir bloß noch die richtige Bezeichnung für den neuen Sound. Voll auf die Zwölf, das muß sitzen. Hmm, Art Rock gab's schon mal, aber wartet mal 'nen Moment ... logisch, wir nennen das Ganze »ArtWave«, wieso bin ich nicht gleich drauf gekommen? Bis siebzehn Uhr will ich die Arie auf meinem Tisch haben. Und dann knallen wir das Monstrum auf die Titelseite.

Pauken und Fanfaren: »This Band Will Change Your Life!« klotzten die Briten zum Jahresbeginn. Und da die Trendsetter vom *NME* schon mal so vollmundig vorgelegt hatten, wollte man auch hierzulande nicht hinten anstehen. Da sich der Bandname auf den gleichnamigen, anno 1914 ermordeten österreichischen Thronfolger bezieht, bot es sich quasi auf dem Silbertablett an, die Band allerorten als »Thronanwärter« auszurufen. Keine Frage, daß auch der *Spiegel* in der nächsten Ausgabe verlauten ließ, »die große neue Rock 'n' Roll-Hoffnung« erspäht zu haben.

»Was für ein wunderschöner Hype«, stöhnte Johanna Adorján abschließend in einem geradezu orgasmischen Aufsatz, um vorher befriedigt zu seufzen, hier könne man »endlich einmal zusehen, wie aus ein paar Jungs, die Musik machen, ein Mythos wird«, daß Franz Ferdinand »alles, was das Popstartum ausmacht ... gerade zum ersten Mal« erleben, und: »Sie werden groß werden, größer, als sie selbst gedacht hatten, und sie beginnen gerade, das zu begreifen.« Stand allerdings nicht in der *Bravo*, sondern in der *Frankfurter Allgemeinen Sonntagszeitung*, schon seit längerem Deutschlands führendes Pop-Organ.

Franz Ferdinand, so die verzückte Redakteurin, klängen

»jung und sexy, nach den Strokes und The Cure, den White Stripes und Blondie«. Nun ist es für den Rest der Welt sicher einzigartig aufschlußreich, darüber aufgeklärt zu werden, welche vier Platten neben dem CD-Player von La Adorján stehen; mit dem minimalen Unterschied, daß keine der genannten Bands auch nur entfernt mit Franz Ferdinand verwandt wäre.

Der Sound der Schotten zeichnet sich vor allem durch jegliche Abwesenheit inspirierter Ideen, griffiger Melodien oder cleverer Konzepte aus; ihr Debut, eine linkische Kreuzung aus Talking Heads, Joy Division und Hot Hot Heat, versetzt mit leicht affektierten Bryan-Ferry-Vocals, hat etwa den gleichen lebensverändernden Einfluß wie die neue Grillzangen-Kollektion im Baumarkt um die Ecke. Aber Obacht: »Wann hat es zuletzt junge Musiker mit einer solchen Attitüde gegeben?« (Adorján)

Einfach »sensationell«, um es mit Stefan Raab oder Rainald Goetz zu sagen. Wobei als noch sensationeller wohl gelten darf, wie Event-Journalisten mit bloßem Wortgeklingel noch den magersten Truthahn zum Phoenix befördern. Mit ein paar wohlfeilen Zeilen verwandelt sich der biederste New-Wave-Pottschnitt in den letzten Schrei, und nebenbei wird selbst aus ein paar Hemden aus dem Sonderangebot und den dazugehörigen Studienratsstrickjacken ein exklusiv modisches Ensemble, in dem Fräulein A. höchst angetan »das dandyhafte Styling der Band« erkennt.

»Krieg ist Frieden. Freiheit ist Sklaverei. Unwissenheit ist Stärke«, lauten die drei Leitsätze der allmächtigen Partei in George Orwells »1984«. Während unsere transatlantischen

Freunde weiter an der Verwirklichung der erstgenannten Losungen arbeiten, wird zumindest das Credo der Ignoranz im Pop-Feuilleton inzwischen perfekt umgesetzt, im Falle Franz Ferdinands gar in Gestalt eines neuen Fräuleinwunders, das die vielzitierte Mediendemokratie als Volksherrschaft der Absatzförderung entdeckt hat. Falls Ihnen die Erotik des Verkaufsgesprächs dennoch nicht so recht liegen sollte, können Sie es natürlich auch Produktfaschismus nennen.

DER LAUF DER WELT

Elvis Presley, »The Original Sun Sessions« (1954/55)

Der Rock 'n' Roll fegte wie ein Sturmwind durch das Bewußtsein Amerikas, als Elvis Presley 1954 seine ersten Stükke aufnahm. Sam Phillips, der diese frühen Aufnahmen für seine kleine Firma Sun Records in Memphis produzierte, hatte bereits ein paar andere heiße Nummern herausgebracht, die damals den Äther erfüllten. »Rocket 88« von Jackie Brenston and His Delta Cats, erschienen im März 1951, wird oft als die erste Rock-'n'-Roll-Scheibe überhaupt angeführt – auch wenn man das unmöglich mit letzter Bestimmtheit sagen kann, da sich die erste Rock-'n'-Roll-Platte genausowenig erforschen oder festlegen läßt wie die Wende in einem Evolutionsprozeß oder der genaue Punkt, an dem Indigo in Violett übergeht. Wie auch immer, »Rocket 88« war zweifelsohne purer Rock 'n' Roll, so wie auch viele der Howlin'-Wolf-Platten, die von Phillips in Memphis produziert und von Chess Records in Chicago auf den Markt gebracht wurden.

Was also war so neu oder anders an Elvis, der immer wieder als Wegbereiter und Schrittmacher des Rock 'n' Roll gefeiert wird? In erster Linie, daß er ein netter, wohlerzogener Weißer war; er panschte den puren Rock 'n' Roll, trimmte ihn auf Bekömmlichkeitsniveau für die weißen Mittelstandsmassen, auf deren Geldbeutel er es abgesehen hatte. Die weitverbreitete Ansicht, daß er ein origineller, spontaner Künstler war, der erst später kommerzielle Kompromisse einging, läßt sich durch seine frühen Aufnahmen keineswegs untermauern. Er handelte mit Ware aus zweiter Hand, die er für seine Zwecke aufpolierte; er war ein Blender, und das von Anfang an.

Auf »That's All Right«, im Sommer 1954 veröffentlicht, zensiert er den Text von Arthur Crudups Original, bloß um die Aufnahme akzeptabel, harmlos und unverfänglich zu machen: Das aber war Rock 'n' Roll nie gewesen und sollte es auch nie sein.

Seine ebensooft gerühmte, im Januar 1955 auf den Markt geworfene Version von »Milkcow Blues Boogie« läßt nur allzu deutlich durchblicken, daß er keineswegs ein Wegbereiter des Rock 'n' Roll war, sondern ein Pionier unverhohlener kommerzieller Heuchelei. Nach einem penibel eingeübten, nach allen Kalkülregeln verpatzten Einsatz hören wir Elvis, in einem Tonfall, der alle pseudo-hippen Beatnik-Streifen der späten Fünfziger vorwegnahm: »Hold it, fellas. That don't move. Let's get real, real gone.« Viel tiefer ist der Rock 'n' Roll selten gesunken.

»Baby Let's Play House«, veröffentlicht im Frühjahr 1955 und sein erster landesweiter Erfolg, war ein paar Monate zuvor von Arthur Gunter für Excello Records aufgenommen worden. Was Elvis aus dem Song macht, darf man in jeder Hinsicht als blassen Abklatsch des Originals bezeichnen; aber genau das war eben auch das Verkaufsargument. Dasselbe gilt für Junior Parkers 1953 für Sun Records aufgenommenes Original von »Mystery Train«; Elvis' Version von 1955 kann ihr aber auch nicht annähernd das Wasser reichen.

Elvis' Großtat besteht darin, dem Rock 'n' Roll vorsätzlich und mit nachgerade chirurgischer Präzision den Lebenssaft abgepumpt zu haben. Er machte niemandem angst. Er riß niemanden mit, und er bewegte auch keinen – abgesehen von den weißen Kids, die den echten Sound nie gehört hatten und, indem sie weiter seine Scheiben kauften, dafür sorgten, daß er endgültig in der Versenkung verschwand.

Zehn Jahre später, als sich ein unbezähmbarer weißer Rock 'n' Roll manifestierte – 1965: das Jahr, in dem »(I Can't Get No) Satisfaction« von den Rolling Stones und Dylans »Highway 61 Revisited« herauskamen –, gab Elvis das Tanznümmerchen »Do the Clam« zum besten.

Die einzigen Aufnahmen von Elvis, denen ich je etwas abgewinnen konnte, sind »Heartbreak Hotel« und »Don't Be Cruel« sowie eine selbstironische und sehr charmante Verarschung von »Are You Lonesome Tonight?«, enthalten auf dem Bootleg »Having Fun with Elvis on Stage«. In meinen Augen war er nie Anstifter, sondern von Anfang an Vernichter des Rock 'n' Roll; eine Demontage, die er nicht durch Gewalt, sondern schlicht durch Normierung auf dumpfes Mittelmaß bewerkstelligte. Aber natürlich wird man sich weiterhin an ihn erinnern statt an die schwarzen Männer, deren Musik er ein für allemal trockenlegte. Das ist der Lauf Amerikas, und, ja, der Welt.

Nick Tosches

GESTOHLEN AM 4. JULI

Bruce Springsteen, »Born to Run« (1975)

Darauf mußte jeder hereinfallen. »Ich habe die Zukunft des Rock 'n' Roll gesehen, und sie heißt Bruce Springsteen«, stand in meterhohen Lettern in jeder Anzeige zu »Born to Run«, und wenn ich mich recht entsinne, trug die Platte auch einen Aufkleber, von dem einem selbiges Zitat ebenfalls unübersehbar ins Blickfeld sprang. Der vollmundige Leitsatz stammte von einem gewissen Jon Landau, der die Eloge im Mai 74 für das Bostoner Szeneblatt »Real Paper« abgedrückt hatte und in der Zwischenzeit zum Produzenten Springsteens aufgerückt war. Jedenfalls ein einträglicher Stunt, den einen Job mit dem anderen zu verbinden.

In seinem Artikel hatte Landau darüber hinaus geschrieben, sein künftiger Zögling sei »eine Kreuzung aus Chuck Berry, dem frühen Dylan und Marlon Brando«. Wenn man die transpirationsglänzenden Muscle-T-Shirt-&-Schweißband-Auftritte des aus New Jersey stammenden Songwriters näher betrachtete, mußte man über kurz oder lang allerdings zu dem Schluß kommen, daß er wohl eher eine Mischung aus Wolfgang Niedecken und Sylvester Stallone darstellte.

Die Wagenheber-Ästhetik des »Boss« stieß in eine ausgesprochen vielversprechende Marktlücke: Wenn nur jeder zweiundzwanzigste Kfz-Mechaniker des Planeten seine

Platten kaufte, war er im Handumdrehen Milliardär. Dementsprechend speiste sich sein lyrisches Repertoire auch fast ausschließlich aus der Ikonographie röhrender Motoren, ausgebrannter Chevrolets, PS-satter Maschinen, schimmernder Chromfelgen und staubbedeckter Motorhauben, auf denen bereits barfüßige Friseusen warten. Selbst die prinzipiell grundneutrale »Great Rock Discography« kann sich da einer gewissen Ironie nicht enthalten: »Die Songs brummen nur so von Karren, Girls, Karren und … äh, noch mehr Karren.«

Springsteens Botschaft war – mehr noch als die zwei Jahre später folgende Punk-Welle – ein allzu logischer Reflex auf Prog-Rock-Exzesse und elitäre Underground-Umtriebe à la New York Dolls. Seit mehr als einem Vierteljahrhundert lautet sie immer noch: Fahr dich frei. Wenn dir der Scheffe mal wieder so richtig die Überstunden-Arschkarte gezeigt hat, gibt's gleich an der Highway-Auffahrt diese weit und breit leuchtende Einrichtung, die alle sozialen Probleme löst; die Exxon-Tanke, die eiskaltes Budweiser und frisches Benzin für dich bereithält – und anschließend mit dem Ford Fiesta in all die heißen Schuppen an den Boulevards, um mit einem blonden Babe endlich alles hinter dir zu lassen … jedenfalls bis zum Stadtrand, wo sie dir den Blowjob deines Lebens verpaßt.

Der hier besungene Ausbruch wird in Oktanzahlen gemessen. Es ist die epische, ins transatlantische Samstagnacht-Fieber verlegte Schmieröl-Freiheit der Michael-Schumacher-Fraktion, die den Dienstherren-Blues nach einer Spritztour auf den Jahrmarkt und zwei triefenden Royale mit

Käse im nächtlichen Drive-in spielend vergessen macht; dem Amerika-Bild eines Wim Wenders nicht unähnlich, der ja bekanntlich aus ein paar Bretterbuden-Motels, drei Neon-Schildern und einem ramponierten Dodge ebenfalls jederzeit reiseführerkompatible Sammelbildchen zusammenzimmert.

Kurbel das Fenster runter und laß den Wind durch deine Haare fahren: Die Penetranz dieser stiernackigen Trost-Poesie, die die von pferdeschwänzigen Mädels und heißen Reifen geprägten Pop-Lappalien der Fifties in die Montagehallen der Prä-Reagan-Ära überführt, wird problemlos übertroffen von einem um so revolutionäreren Produktions-Overkill, gegen den sich Led Zeppelin wie Meister des Understatements ausnehmen. Die ein ums andere Mal beschworene Magie der Nacht wird ununterbrochen zugekleistert von krafthubernden Piano-Garben, tosenden Saxophon-Schüben, bimmelnden Glöckchen und weithin donnernden Holzhämmern – ein Wall of Sound, den sich der »Boss« keineswegs bei Phil Spector, sondern beim alljährlichen Paraden-Tschingderassa zum vierten Juli abgeguckt hatte.

Von da war es nur noch ein Katzensprung zum schwieligen Patrioten-Arena-Rock von »Born in the USA«, hier vorbereitet durch einen Neuaufguß des alten Erlösungs-Glorias vom Gummigeben bei der fetten Feierabendsause. Bleibt hinzuzufügen, daß ich mir – vierzehn und leicht beeinflußbar – die Platte noch am selben Tag kaufte; und umgehend zum Flohmarkt trug, als mir aufging, worin Jon Landau die Zukunft des Rock 'n' Roll gesehen hatte. Offenbar hatte er die Operette gemeint.

GARGANTUA BEIM TUNTENBALL

Meat Loaf, »Bat out of Hell« (1977)

Diesmal geht Bruce noch einen schrecklichen, wenngleich nicht ganz unvorhersehbaren Schritt weiter. Er hat sich zusätzliche hundert Kilo angefressen, um den melodramatischen Malocher-Schwulst von »Born to Run« unter dem Künstlernamen »Fettschwein« zu einem monumentalen High-School-Musical aufzublasen. Man höre und staune: Soviel Humor hätte ihm kein Mensch zugetraut.

Stimmt ja auch nicht. Richtig ist allerdings, daß auf »Bat out of Hell« Pianist Roy Bittan und Drummer Max Weinberg von Springsteens E-Street-Band mitspielen, die ihr, nun, Bestes geben, um den Walzwerk-Sound von Stücken wie »Thunder Road« konsequent in den Dienst eines wahrhaft gargantuesken Spektakels zu stellen.

Das hört sich so feist, verschwitzt und klebrig an wie eine Horde Biker auf einem in die Geisterbahn verlegten Tuntenball; die weltweite Faszination an solch schaurigem Treiben belegen weit über 40 Millionen verkaufte Album-Einheiten; bei unseren britischen Nachbarn hielt sich das Werk fast neun Jahre in den Charts. Und die haben wir ja schon immer für besonders geschmackssicher gehalten.

Da kommt Freude auf, insbesondere bei Broadway-Komponist Jim Steinman, der die bonbonfarbene Arienlawine losgetreten hatte. Allerdings dürfte er sich schon vorher reichlich auf die Schenkel geklopft haben, als er gemeinsam mit Producer Todd Rundgren die leimige Mixtur aus heißen Öfen und Walkürenritt, Death Discs* und Alice Cooper, einer Albert-Speer-Inszenierung von »American Graffiti« und Andrew Lloyd Webber, Styx und Ritchie Blackmores Rainbow, Freddie Mercury und Jabba the Hutt zusammenschusterte. Daß Steinman und Vokalist Meat Loaf zwischenzeitlich auch Mitglieder der *National-Lampoon*-Comedy-Truppe waren, mag obendrein gewissen Aufschluß liefern.

So brunzdumm das daherkommt, bleibt »Bat out of Hell« doch eine postmoderne Freakshow, eine intertextuelle Bastard-Revue, in der die Mißgeburten am lautesten lachen. Springsteen nahm zur selben Zeit »Darkness on the Edge of Town« auf, eine Platte, auf der nicht mal ein so potentiell sachter und schöner Song wie »Candy's Room« ohne überdrehte Rachmaninoff-Glissandos, dröhnende Kesselpauken und an Peter Maffay gemahnende Preßgesänge auskommt. Und das macht den Unterschied: daß man darüber eigentlich nur heulen kann.

* Ein gar nicht mal so abseitiges Genre, das Klassiker wie »Leader of the Pack« von den Shangri-La's, Twinkles »Terry«, Frank Farians »Rocky« oder »Billy and Sue« von B. J. Thomas hervorgebracht hat, dessen Inhalt das höchst empfehlenswerte »New Book of Rock Lists« so zusammenfaßt: »Zwischen Billy und Sue war alles bestens, doch dann verfrachteten sie seinen Arsch nach Vietnam. Billy zog in den Krieg, Sue von einer Party zur nächsten. Monatelang schreibt er ihr Briefe, ohne eine Antwort zu erhalten. Dann, während eines gnadenlosen Kampfes im Feld (?), erhält er endlich einen Brief von ihr. Er beginnt mit den Worten ›Lieber John‹. Billy ist so von der Rolle, daß er sich unwillkürlich erhebt und vom Vietcong durchsiebt wird. Eine äußerst wahrscheinliche Story.«

MUTTER, MIR GRAUT VOR DIR

Patti Smith, »Horses« (1975)

Ein Möchtegern erster Güte, etablierte sich Patti Smith in New York City zunächst als Szenebraut mit einer ungesunden Fixierung auf Mick Jagger und Arthur Rimbaud; der pure Opportunismus, mit dem sie vorging, war eine Strategie, die später von ehrgeizigen Szene-Schlampen wie Courtney Love zur Perfektion getrieben werden sollte. Nachdem es ihr gelungen war, beim Abhängen mit der In-Crowd genug wichtige Leute um den Finger zu wickeln – darunter den Rock-Kritiker Lenny Kaye, der auch den »Nuggets«-Sampler zusammengestellt hatte – und sich selbst einen Namen als aggressive Geständnis-Literatin zu machen, hängte Smith ihre Karriere als Poetin und Malerin an den Nagel, um als Rockstar zu reüssieren. Ihr von John Cale produziertes Debut gilt bis heute als Pionierwerk des Punk. Hemmungslos dem Melodram verpflichtet, steht »Horses« dem in Unwürde gealterten Meat Loaf allerdings um einiges näher als den vergleichsweise spartanischen Alben von Smiths CBGB's-Nachfolgern wie den Dead Boys oder den Ramones.

»Jesus died for somebody's sins, but not mine«, intoniert Patti zu Beginn des Albums – ein Statement, das, insbesondere im zeitlichen Kontext betrachtet, einiges erhoffen läßt.

Leider sind die Thrills erstaunlich dünn gesät. Doch während ihre Affinität zu Jagger, Richards, Dylan und anderen Schnarchsauriern der Rockgeschichte auf der Hand liegt, ist es in Wirklichkeit Smiths Faible für den aufgeblasenen Pseudo-Schamanismus eines Jim Morrison, der jedem potentiellen Hörgenuß ein frühes Ende bereitet. Nachdem sie ein paar Verse ebenso gedanken- wie beziehungsreich gemeinten Unsinns abgehustet hat, vergewaltigt sie das durch Them berühmt gewordene »Gloria« (ein Song, den auch die Doors gecovert haben); spätestens, wenn wir hören, wie das Titelgirl in Smiths Version vor Geilheit Parkuhren bespringt, geht auch dem Ahnungslosesten jäh auf, was es geschlagen hat.

Nachdem »Gloria« entjungfert und endlich vom Tisch ist, geht es im Expreßtempo in ungeahnte Niederungen. »Redondo Beach« ist ein so schauderhafter, schmierenschauspielerischer Reggae, daß sich dagegen selbst Sting in seinen schlimmsten Momenten wie Peter Tosh höchstselbst ausnimmt. »Birdland« entwickelt sich zu einem neun Minuten langen, aus Masturbationspoesie und Wichtigtuerei gemixten Gestammel, das sich anhört, als hätten Jim und Van Morrison im Vollsuff eine retardierte Tochter gezeugt.

Smith-Apologeten werden nicht müde, den »ungeschliffenen« Sound der Band zu preisen; »blutleer« träfe es wahrscheinlich besser. Dafür gibt es reichlich nutzlose Filigranarbeit, etwa auf »Break It Up«, wenn Television-Frontman Tom Verlaine sich in wahren Classic-Rock-Exzessen ergeht und – auch er Steigbügelhalter auf Smiths Weg in das Pantheon – seiner Ex-Freundin zuliebe den Hals seiner Gitarre stranguliert. Die dreiteilige Nuschel-Suite »Land« ist schlagender Beweis dafür, Lyrik tunlichst auf den stillen Seiten eines Buches zu belassen und unter keinen Umständen durch Mikrophone zu verstärken. Zum Schluß läuft der lecke Seelenverkäufer dann endgültig auf Grund, mit dem schwer angesoffenen »Elegie« und den müden Licks von Blue-Öyster-Cult-Gitarrist Alan Lanier, die eigentlich nur eine Frage aufwerfen: Wer hat den eigentlich eingeladen?

Auf dem 1996er CD-Release von »Horses« gibt es als Bonustrack eine Live-Version von »My Generation«, auf der Pattis Kapelle eine entschieden ungezähmtere Gangart einlegt – eine rohe Ästhetik, von der auf dem Originalalbum so rein gar nichts zu spüren ist, einem Album, das letztlich keinen einzigen memorablen Song enthält. Auch wenn zu seiner Zeit für reichlich Leute eine Offenbarung, ist »Horses« das quintessentielle Beispiel für eine Platte, die man für »wichtig« hielt, auch wenn sie nie »gut« war. Ein paar Jahre später schrieb das No-Wave-Enfant-terrible Lydia Lunch in den *Soho Weekly News*, Patti Smith sei letztlich nichts anderes als eine barfüßige Hippie-Braut gewesen. Smiths unmelodiöses Gebell und hohles Gehabe beweisen das noch heute.

Alex Smith

FRÜHSTÜCK BEI MIR

R.E.M., »In Time« (2003)

Morgens halb zehn in Deutschland. Eben hat sich der Autor dieser Zeilen am Frühstückstisch niedergelassen, wie stets um diese Tageszeit die Rundfunkfrequenz gewechselt und den Hauptstadtsender »nur für Erwachsene« (Eigenwerbung) eingeschaltet. Der verklappt – seit einer Hörerbefragung zwecks Ermittlung der angeblich 100 besten Singles aller Zeiten, bei der ein Ballermannhit titels »Blue (Da Ba Dee)« knapp hinter dem unvermeidlichen »Satisfaction« und vor irgendeiner Beatles-Scheußlichkeit der Marke »Penny Lane« den zweiten Platz belegte – tagsüber zwar nur noch Musikmüll von der Industriehalde ins Hörsystem des Metropolenpublikums, aber was nimmt man nicht alles in Kauf, um den Aposteln von Staatskirche und Kirchenstaat im Deutschlandradio zu entgehen.

Da plötzlich seimen seidige Gitarrenklänge aus den Boxen, denen sich alsbald eine artig gezupfte Mandoline hinzugesellt, und kaum haben Bass und Schlagzeug eingesetzt, erklingt auch schon das knöternde Organ des Sängers. »Losing My Religion«, schnarrt es aus dem Äther, wahlweise auch »Shiny Happy People« oder »Orange Crush«, wer wollte das ernsthaft ent- bzw. unterscheiden, in jedem Falle: R.E.M. Michael Stipe, Mike Mills und Peter Buck. Nicht Trio, nein,

Triumvirat. Keine Band, um Himmels willen, sondern Heilsbringer, Sinnstifter und Seelentröster. Deren Platten ihren Jüngern wenn schon nicht Gott, so doch wenigstens die Welt bedeuten. Mit anderen Worten: Süßstoff für die bittere Existenz im Hier und Jetzt.

Dabei geht es weniger um die Musik des Südstaaten-Ensembles, denn die klingt seit spätestens 1988, als R.E.M. dem sogenannten Indie-Ghetto* den Rücken kehrten, mit wehenden Mänteln zum Erzfeind überliefen und bei Warner's unterschrieben, mehr oder minder gleich. Mal mit zäher Streichersauce übergossen, mal mit einem flauschigweichen Synthie-Teppich unterlegt, bleibt sie doch stets und immer nur das eine, was den aufrechten Anhängern des 33–1/3rd-Reich 'n' Roll seit je den Saft in die schon etwas lahmen Lenden schießen läßt: auf halber Strecke zwischen den Byrds und Post-Punk verendeter Gitarrenrock. Weiß, männlich, konsensfähig und stadionkompatibel.

* Indie-Ghetto? 1982–88 standen R.E.M. bei dem von Miles Copeland (dem Bruder des Police-Drummers Stewart) gegründeten Label I. R. S. unter Vertrag, das in den USA erst von A&M, dann von MCA und in Europa von CBS (heute: Sony Music) vertrieben wurde.

Vielmehr ist hier Rundumpflege mit Langzeitschutz gefragt; schließlich haben die drei Olympier aus Athens, Georgia einen zweifelhaften Ruf als Fachleute in Sachen Inneres, Umwelt und Soziales zu verteidigen. Weshalb die Herren Konzernchefs alle paar Jahre zur Vorstandssitzung eingeflogen kommen und ein neues Album aufnehmen, um den Wellnessdampfer R.E.M., Flaggschiff im seichten Fahrwasser des »alternativen« Mainstream, streng auf Kurs zu halten. Ist das neue Werk – Pardon, Kollegen: *Meister*werk! – schließlich palettenweise in die Läden expediert, schickt die Mannschaft ihren Kopf und Kapitän auf Pressetour, wo Michael Stipe handverlesenen Vertretern der Rock- und Popjournaille großmütig Audienz gewährt.

Und so sitzt der abgebrochene Kunststudent denn mies gelaunt und mit dem obligatorischen Dreitagebart im hageren Intellektuellenantlitz in Barockschlössern und Grandhotels herum, rührt versonnen aus dem Fenster starrend in einem Täßchen grünen Tee und läßt Wörter wie »Symbolismus« und »Dysfunktionalität« zu Boden tropfen, die von den versammelten Skribenten sogleich gierig aufgefangen werden. Auf schüchterne Anfrage erläutert er gar seine nach der bewährten *méthode Grönemeyer* gegorenen Texte: pseudoassoziativer, semantisch wie grammatikalisch meist nur schwer faßbarer Unfug aus den im Gutmenschenrock üblichen Themenbereichen Liebe, Leid und Lauf der Zeit, der von einem millionenstarken Heer willfähriger Exegeten wie das Wort des Herrn verehrt, studiert, gedeutet wird. Erdverbundeneren Mitmenschen hingegen gilt die Frühphase der Band, da der von Stipe zusammengeröhrte Quark mangels produktionstechnischer Finesse beim besten Willen nicht zu verstehen war, als die wesentlich erträglichere. Damals waren R.E.M. eine halbwegs sympathische Provinzkapelle, die Countryrock mit New-Wave-Attitüde paarte; heute sind sie eine monströse Adult-Pop-Fabrik zur Fertigung von Gernhörhymnen für den gehobenen Mittelstand, geschmacksneutralem Ohrenschmaus für Bedarfsträger mit Abitur.

Während ihre britischen Kollegen von den missionarisch wie thematisch nicht ganz unähnlich gelagerten U2 sich wenigstens zum Schein darum bemühen, irgendwie zeitgemäß zu klingen, und deren letzte Single »Vertigo« entsprechend tönt, als hätten die Libertines »You Keep Me Hangin' On« von den Supremes gecovert, folgen Stipe und Co. gänzlich unbeirrt längst ausgetretenen Pfaden. Auf »Leaving New York«, der ersten Auskopplung aus ihrem neuesten Longplayer »Around the Sun«, klingen sie verdächtig nach Marillion. Seltsam nur, daß die seit ca. 1988 keiner mehr hören will.

Thomas Mohr

SCHALL UND WAHN

Syd Barrett, »The Madcap Laughs« (1970)
Pink Floyd, »Dark Side of the Moon« (1973)

Alles wäre ganz anders gekommen, hätte Syd Barrett sich nicht jeden Morgen ein paar Eßlöffel Lysergsäure in den Hagebuttentee gerührt. Der feinziselierte, zwischen »2001 – Odyssee im Weltraum« und Kenneth Grahames »Wind in den Weiden«, astraler Vision und absurden Kinderliedern oszillierende Psych-Pop des ersten Pink-Floyd-Albums »The Piper at the Gates of Dawn« (1967) ging fast komplett auf das Konto des exzentrischen Gitarristen und Sängers, der sich bald darauf beim Brötchenschmieren in seinem Kopf verirrte und nicht wieder herausfand.

Nachdem Barrett ausgeschieden war, engagierten sich die anderen Floyd-Mitglieder so weit für ihren umnachteten Ex-Frontman, daß sie ihm als Sidemen bei seinem Solo-Debut »The Madcap Laughs« unter die Arme griffen – ein ebenso unschönes wie bedrückendes Lehrbeispiel für jene Art von historisch-kritischer Würdigung, die nur allzugern tragische Fälle als Kultfiguren, schwere Dachschäden als Genius, blamable Stümperei als Komplexität und zurückgebliebenes Gebrabbel als Poesie auszugeben beliebt.

Die Saga vom gackernden Hansdampf – manche Leute glauben immer noch, beim Subjekt des Titels handele es sich um eine Narrenkappe – präsentiert nichts anderes als eine

Gemüse gewordene Intelligenz, gegen die sich die Aufnahmen eines Hasil Adkins* wie Muster an Stringenz, klarer Melodieführung und lichtem Geist ausnehmen. Barretts klägliche Schreie auf Tracks wie »If It's in You« lassen die Kreaturen erahnen, die durch sein Oberstübchen streifen, aus dem gleichzeitig ganze Schwärme von Meisen und Grillen ausflattern. Selbst die ebenfalls im Studio anwesenden Avantgarde-Spezialisten von Soft Machine inklusive Robert Wyatt retten hier gar nichts mehr: Jeder verzweifelte Versuch, auch nur einen Hauch Struktur in die letzten vorhandenen Ansätze von Songs zu bringen, verhallt in einem alles erdrosselnden Dilettantismus, der sich in besseren Momenten anhört, als würde eine Gruppe von Nervenkranken zum Jubiläum des Klinikdirektors ein Sträußchen Kinks-Songs zum besten geben. Einen gewissen heilkräftigen Effekt kann man dem jammervollen Treiben allerdings nicht absprechen: Wer Barretts verstimmte Klampfe gehört hat, wird sich tunlichst hüten, so schnell wieder die alte Platte von Genie und Wahnsinn aufzulegen.

Das ins psychedelische All gegangene Mastermind wurde ersetzt durch den Diplom-Imitator David Gilmour, der nicht nur Barretts Timbre, sondern auch auf Stichwort alle möglichen Gitarren-Heroen nachahmen konnte – »Wir sagten

* Ein von Geflügel besessener und offenbar auch nicht ganz ungefährlicher Verrückter, der den sogenannten Psychobilly mit genau dem veredelt, nach dem der Name des Rockabilly-Subgenres verlangt: einer Art blecherner Dementia, die man gehört haben muß, um glauben zu können, daß es Plattenfirmen gibt, die Derartiges tatsächlich ins Preßwerk geben. Der Fama nach fängt Adkins in seiner Freizeit Klapperschlangen, die er nichtsahnenden Touristen durchs offene Autofenster wirft. Für Heldenmütige: Hasil Adkins, »Poultry in Motion: Chicken Collection 1955–99« (Norton Records).

immer: Komm, Dave, mach uns den Hendrix«, wie Floyd-Manager Peter Jenner es formulierte. Fürderhin federführend war indes Bassist Roger Waters, der sein defizitäres Kompositionstalent (sein erfreulicherweise einziger Debut-Beitrag »Take Up Thy Stethoscope and Walk« läßt sich nur als exkremental bezeichnen) durch ausgeprägten Machtinstinkt kompensierte und Pink Floyd durch die gähnenden Prog-Rock-Täler von »Ummagumma« und »Atom Heart Mother« zielsicher ins Reich des Ambitiösen lotste.

Seinen eigenen Worten zufolge wollte Waters »zurück auf die Erde« – genauer gesagt nach Hollywood, wo man die großen kosmischen Opern schon immer mit verschwenderischen Special Effects auszustatten pflegt. Für seine Zeit bahnbrechend vollfett produziert, mutet »Dark Side of the Moon« fast durchgehend an, als hätte George Lucas auf dem Rückweg durch die Sphären an den Studio-Reglern gedreht*: Unablässig pochen Herzschläge, klingeln Münzen und Registrierkassen, dröhnen Helikopter, ertönen Flughafenansagen und eilige Schritte; Gestaltungskraft wird stets durch Gimmicks, jeder Hauch von Subtilem durch den Odem des Spektakulären ersetzt, um die Experimente und Echo-Exzesse früherer Alben ins Zeitalter des Massen-Events zu überführen. Nur einmal, bei der orgasmischen Kitsch-Orgie »The Great Gig in the Sky«, klingt für vier Minuten durch, wie sich die Sensurround-Beschallung mit Nuancen füllen läßt; Clare Torry hat dafür gesorgt, eine unbekannt gebliebene, mittler-

* Tatsächlich war es Alan Parsons, Toningenieur des Grauens, der die Menschheit anschließend noch mit blubbernden Pop-Maschinenklängen à la »I, Robot« beglückte, die er auf »Dark Side« mit dem Synthie-Gewaber von »On the Run« vorbereitet hatte.

weile verstorbene Background-Sängerin, die man auch auf Alben von Kevin Ayers und Tangerine Dream hören kann.

Die Blaupause für alle späteren Großprojekte Pink Floyds, summiert »Dark Side of the Moon« ebenfalls die Symptome eines Wahns, der mit Waters' kommerzieller Totalkontrolle konstant zunehmen sollte: die fixe Idee, die globalen Hi-Fi-Anlagen und Arenen zum Veranstaltungsort breitwandiger Atmo-Olympiaden zu machen, um Kunstsinnigkeit und technischen Aufwand in immer höhere Dimensionen zu schrauben. Als Ende der Siebziger »Another Brick in the Wall (Part II)« herauskam, hatte Roger Waters eines jedenfalls längst bewiesen: daß man Rekorde auch mit leerem Kopf aufstellen kann.

UND WIE MÖCHTEN MADAME SICH MORGEN KOMPONIEREN?

Madonna, »Like a Virgin« (1984)

> »Mal stampfte sie als Latino-Transe mit Betonwaden über die Bühne; mal bog sie sich wie die Latexmutti von nebenan unter halbnackten Männern. Ihre Botschaft: Seht her, ich kann machen, was ich will, ihr Popidioten kauft es mir ab. Und tatsächlich, Deutschlands Jubelperser waren jedesmal völlig aus dem Häuschen.«
>
> Feridun Zaimoglu

Dieser Liederreigen dreht sich ums Geschäft, und zwar von der ersten Zeile an: »Some boys kiss me / some boys hug me / I think they're okay / If they don't give me proper credit / I just walk away.« So weit, so witzig, und viele schätzen ja das Album »Like a Virgin« gerade wegen dieser seinerzeit als so erfrischend neu beklatschten Unverblümtheit – wobei arbeitslose Kultursoziologen gelegentlich mal nachforschen könnten, ob die kokette *Material-Girl*-Haltung 1984, immerhin am Ende der ersten Reagan-Amtsperiode und der vierten Staffel »Dallas«, tatsächlich so bahnbrechend neu war.

Der Rest der Platte kann die vermeintliche Lässigkeit dieser Eröffnungsnummer leider nicht einlösen. Zu hören ist vielmehr eine Chanteuse, die ihre eigentlich ganz sexy klingende Altstimme – die Spoken-word-Splitter in den Intros zu »Angel« und »Into the Groove« machen hier die besten Momente aus – unermüdlich in eine plärrende Sopran-Lage hinaufquält. Aus diesen Höhen kommt tatsächlich sogar einmal ein hübsches Kinderlied (»Angel«), was die Vergewaltigung von Rose Royces ergreifender Ballade »Love Don't Live Here Anymore« allerdings auch nicht zu entschuldigen vermag. Ansonsten inszeniert sie sich vorrangig als Macherin (»I'm never gonna stop until I get my fill«), die sich im speziellen als Ware begreift (»I'll create a look that's made for you«) – ein Selbstverständnis, das sich durch jeden einzelnen Song des Albums zieht.

»I've seen things and been places«, schwadroniert in einem Mae-West-Film einer ihrer Kavaliere prahlerisch, worauf Mrs. West kontert: »Well, I've been things and seen places, too.« Womöglich hatte Madonna mit »Like a Virgin« ähnliches im Sinn – doch die Maske Westscher Vamp-Ironie wird ständig von ihrem verkrampften Machertum verdrängt. Zu diesem gehören folgerichtig auch die vielgepriesenen »Rollen«, in die sie hier und erst recht in der Folgezeit schlüpfen sollte, von der wahnsinnig schwülen Bad-Chick-Pose auf »Erotica« über den Ethno-Mystizismus von »Ray of Light« bis zur Cowgirl-Nummer auf »Music«.

Immerhin scheint Madonna mit ihrer Einschätzung maskuliner Rezeption richtig zu liegen, da das penetrant ködernde Image-Sampling den einen oder anderen Herrn derart verwirrt, daß etwa *ZEIT*-Kritiker Thomas Groß das Erfassen einer so immens verrätselten Persönlichkeit als »Intellektuellensport« begreift, um nebenbei auf ihr »intuitives

Experimentieren mit Geschlechterrollen im Sinne der *gender studies*« zu verweisen. Vielleicht läuft er bei den nächsten MTV-Awards zu weiteren geistigen Höchstleistungen auf.

Auch das macht »Like a Virgin« in der Retrospektive zu einem alles andere als upliftenden Erlebnis. So vielseitig begabt wie, pardon, ein gut funktionierender Schließmuskel – der Britney und Christina zugegebenermaßen das eine oder andere sogenannt stilbildende Zucken gelehrt hat –, ist Madonna zwanzig Jahre danach exakt das amtliche Identitätsmodell, das uns Medien und Wirtschaft fürs neoliberale Zeitalter anbieten: Ich ist eine Sache der Nachfrage – also halte dein Angebot besser billig.

Unter einem solchen Credo kann selbst bei Beteiligung von Nile Rodgers und Chic, der schneidigsten Discoband aller Zeiten, nur ein Sound herauskommen, der so flach, so höhen- und tiefenlos ist, daß selbst der billigste Handy-Klingelton dagegen wie ein satt pumpender Groove wirkt. Aber um noch einen letzten Blick in die Vergangenheit zu werfen: Morrissey hat ja seinerzeit zur allgemeinen Befremdung der Pop-Presse Gift und Galle über Madonna gespuckt und sie, leicht hysterisch, der Propagierung der Prostitution beschuldigt. So weit würde ich nun nicht gerade gehen. Propagierung der Ich-AG reicht aber auch schon. Und das ist letztlich vielleicht noch viel deprimierender.

Claudia Kaiser

KURZE WERBEUNTERBRECHUNG

Lenny Kravitz, »Mama Said« (1991)

Wie die Medien zu berichten wußten, war Babs Becker-Feltus schon a bisserl enttäuscht, als ihr alter Freund Lenny Kravitz nach seinem Open-Air-Konzert am Münchner Königsplatz im Juni 04 – das die Lokalpresse sinnigerweise in Woodstock-Nähe rückte – kein lauschiges Stündchen mehr für sie erübrigen konnte. Zu schade, denn sonst hätte sie sich womöglich nach ein paar Fläschchen Piper Heidsieck die Riemchentreter abgestreift und barfuß auf dem nächsten Tisch »Fly Away« angestimmt; eine Neuauflage ihrer legendären Darbietung in einem Münchner Nobelschuppen, bei der sie weiland das zur Kaffeeröster-Hymne aromatisierte »Night and Day« mit reichlich feltöser Erotik und ebenso charismatischem Timbre veredelt hatte. Geiler Song, den sie ebenfalls aus der Werbepause von »Gute Zeiten, schlechte Zeiten« kannte.

Genau das ist das Lässige, um nicht zu sagen, das »Tolle« am vierzig Millionen Verkaufseinheiten schweren Weltstar, Frauenschwarm, selbsternannten Supersoulfighter und *sexiest man alive*: daß jeder seiner »Songs« dieses unnachahmlich sinnliche Starbucks-Feeling transportiert – und mit sanftem Schmuse-Sound all die überbordenden XXL-Gefühle, die sich umgehend auch beim Ausprobieren der verbesserten Nivea-Body-Milk, der Probefahrt mit dem aktuellen Familien-Van, der nächsten Tüte Crunchips und der Lektüre der neuesten *Gala* einstellen. Einfach rührend, wie Seal sich um Heidi Dumm und ihr Baby kümmert!

Diese beispiellose Fusion aus Soul, Pop & Rock wurde neulich von der Powered-by-Emotion-Göttin Anastacia zum Kürzel »Sprock« zusammengezogen – eine Umschreibung, die die Kravitzsche All-in-one-Mimikry ebenso leichthändig wie lautmalerisch auf den Punkt bringt: Hier ein bißchen Al Green und Minnie Ripperton, dort ein bißchen Sly Stone und Smokey Robinson, dazu ein paar schamlos plagiierte Prisen Lennon, Prince und Brotherhood of Men, coiffiert mit dem Studio-Line-Esprit der Fashion- und Society-Magazine, denen ein Lifestyle-Hendrix gerade recht kommt, wenn es zur Abwechslung darum geht, die People-Spalten neben Babs und Heidi mit ein wenig schwarzer Luxusrock-Exotik aufzumöbeln. Das perfekte Umfeld für einen durch und durch talentfreien, als Soulbrother verkleideten Modeschwengel, der den Pop der Sechziger und Siebziger über die Laufstege stöckeln läßt, und für die ganzseitig beworbene Epilationscreme, mit der sich kleine Unebenheiten auch in intimeren Bereichen ausmerzen lassen. Lenny Kravitz hat es gleich genreübergreifend getan.

DIE ALLERTRAURIGSTE GESCHICHTE

The Velvet Underground & Nico, »Same« (1966)
Lou Reed, »Transformer« (1972)
Nico, »Chelsea Girl« (1968)

> »Always the same old shit. Berlin … The Velvet Underground … Who fucking cares? I don't.« Nico

In seinem Buch »Songs They Never Play on the Radio« schildert James Young, Keyboarder der letzten Nico-Tournee Anfang der achtziger Jahre, folgende denkwürdige Szene zwischen einem italienischen Promoter und Echo, einem weiteren Mitglied der Band.

»Nico … ich dachte, die wär blond«, sagte Pasquale.

»Nee«, sagte Echo, »da meinst du wohl eher die Beach Boys.«

»Aber auf den Fotos ist sie doch blond«, beharrte Pasquale.

»Auf welchen Fotos?« fragte Echo.

»Na, auf den Bildern aus der Factory, mit Andy Warhol und den Velvet Underground.«

»Jetzt kapier ich … Du meinst Nico von den *Velvet Underground.* Aber da verwechselst du was … Die Lady, die mit uns unterwegs ist, das ist *Narco* aus dem *London* Underground.«

Im Paralleluniversum der Sixties war die ältliche, an eine Pennerin erinnernde Frau mit den kaputten Zähnen tatsächlich einmal eine Schönheit gewesen, die für Chanel gemodelt und für Fellini vor der Kamera gestanden hatte. Sie hatte in London sogar bereits eine Single (»I'm not Saying«) für Andrew Loog Oldham eingespielt, als sie 1966 von Andy-Warhol-Adlatus Paul Morrissey für eine neue Band rekrutiert wurde, die – will man Morrisseys Version Glauben schenken – damals noch The Velvet *Underwear* hieß.

Gitarrist Lou Reed war derart hingerissen von der stets etwas abwesend wirkenden Schönen, daß er ihr eine ganze Reihe von Songs auf den makellosen Leib schrieb. Dennoch gab Reed zu denken, daß sich die tonlose Alt-Stimme der neuen, zudem auf einem Ohr tauben Diseuse stets anhörte, als würde sie nicht in ein Mikro, sondern in eine moosbewachsene Gruft hineinsingen, weshalb er den eigentlich für Nico bestimmten Opener des VU-Debutalbums lieber selbst zum besten gab.

Nicht nur zum Unmut des schwarzen Producers Tom Wilson, der die Band ausschließlich wegen der deutschen Vokalistin unter Vertrag genommen hatte. Morrissey etwa bezeichnete den Eröffnungstrack nicht ganz zu Unrecht als »sirupsüßes Stück Scheiße«; fest steht, daß das glockenspielkandierte »Sunday Morning« auch gut die Weihnachtsbescherung einläuten könnte. Trotzdem stellt sich die Platte mit der berühmten Cover-Banane als zwar höchst disparates, aber keineswegs reizloses Unterfangen dar: Neben den seltsam unbeteiligt vorgetragenen Cabaret-Kantaten Nicos, die einen spontan an Marlene Dietrich auf hochdosiertem Valium denken lassen – die liturgische Katerstimmung von »All Tomorrow's Parties« wird indes niemand übertreffen –, finden sich Pop-Lappalien à la »Run, Run, Run« sowie die »avantgardistischen« Viola-Übungen John Cales, die wohl nur ernst nehmen kann, wer sich auch einbildet, daß der als »Produzent« ausgewiesene Andy Warhol im Studio irgend etwas anderes als die Kaffeemaschine bediente.

Der sagenhafte Ruf von »The Velvet Underground & Nico« verdankt sich gleichwohl zuvorderst Reeds Fixer-Hymnen »I'm Waiting for The Man« und insbesondere »Heroin«; einer kompositorischen Nullnummer, die Selbstverachtung und Selbstzerstörung als Glamour ausgibt und die Nadel als Initiationsinstrument und Reifeprüfung (»It makes me feel like I'm a man«) preist – ein Machismo-Mythos, den die weltweiten Musikmagazine ebenso turnusmäßig wie unverdrossen feiern, wenn es wieder einmal darum geht, das Leichenregister des Rock als Gefallenenliste zu romantisieren und die Überlebenden als Mitglieder eines Kommandos hinzustellen, in dem nur der Härteste besteht.

Reed selbst sah seine Drücker-Weisen eher von der prosaischen Seite, sprich als Verkaufsargument: »Na ja, es war albern und kindisch von mir, aber da mich alle in diese Richtung drängten, dachte ich: ›Scheiß drauf, dann machen wir's halt auch so, ein bißchen Straßentheater eben.‹ Ich habe das Spielchen einfach mitgespielt, auch wenn ich nicht glaube, daß es meine vorteilhaftesten Charakterzüge zur Geltung brachte.« Auf späteren Werken wie »Transformer« präsentierte er sich ebenfalls als Rinnsteinpoet, wenngleich sich der »Lügner und Trickbetrüger« (Lester Bangs) zusehends auf den Lowlife-Chic von Kommerzgefälligkeiten wie »Walk on the Wild Side« beschränkte, die den Unterleib New Yorks als malerische Projektion für Alternativtouristen vorführten.

Nico hatte sich schon ein paar Jahre zuvor von ihrem ehemaligen Geliebten verabschiedet, der Fama nach mit den Worten: »Ich habe keine Lust, es länger mit einem Juden zu treiben.« Eine weitere Liaison (Dylan, Alain Delon, Jim Morrison und Brian Jones hatten sich schon vorher eingereiht) mit Jackson Browne führte zu dessen Beiträgen auf ihrem Solo-Erstling »Chelsea Girl«, einem mit Grabesstimme verfeinerten Potpourri von Nänien und Gramgesängen, mit denen sich vermutlich schon mancher beim Aufschlitzen der Pulsadern verlustiert hat; so passiv, interesse- und emotionslos vorgetragen, wie sie sich als gelernte Menschenbenutzerin auch späterem Bandpersonal gegenüber verhielt – »Sie hätte nicht mal auf uns gepißt, wenn wir in Flammen gestanden hätten«, wie es James Young in seinem Buch formuliert.

Immerhin kann man Nico keine Scharlatanerie vorwerfen – wiewohl man anmerken darf, daß Nihilismus und seelische Verkrüppelung noch nie eine Kunstform darstellten; Nicos einzige Trumpfkarte blieb, daß ihre komplett talentfreien Performances zu dunklen Riten umgedeutet wurden. Fernab jeglicher moralischer oder ästhetischer Anhaltspunkte, war es für die Brigitte Bardot der vernarbten Venen vielleicht nur konsequent, wenn sie ihren Sohn Ari als Säugling in den Kleiderschrank sperrte, weil sie die Schreie eines Kindes nicht ertragen konnte, und erst recht, als sie ihren erwachsenen Sprößling schließlich selbst mit dem ersten Schuß auf jene Via Dolorosa schickte, die sie für den einzigen Weg durchs Leben hielt.

Zu jenem Zeitpunkt war sie längst die hirn- und herzverbrannte *Belle Dame Sans Merci*, die durch italienische Discos von Mailand bis Bari tingelte, um dort noch einmal wie auf Autopilot ihre alten Velvet-Underground-Hits zu exhumieren, wohl wissend, daß jeder Grave Rave auf ihrem Harmonium eine Verspottung der Vergangenheit bedeutete, wenn die nächste Nacht der lebenden Toten begann. Nach ihren Gigs ließen sich dann die Fans der Goth-Queen sehen, die sie keineswegs nach Autogrammen, sondern nach gebrauchten Spritzen fragten – »Every toilet tells a story«, so James Youngs lapidarer Kommentar, der zusammen mit Paul Morrisseys knappen Bemerkungen über den Zusammenhang von Zeitgeist und innerer Leere ein gestochen scharfes Bild ergibt: »Sie hatte Dylans Hippie-Heuchelei von wegen ›Everybody must get stoned‹ für bare Münze genommen, die Botschaft, daß niemand auch nur irgendeine Form von Verantwortung zu tragen brauche.« Und das ist wohl die allertraurigste Geschichte.

KLEINES ABC DES NICHT-GEBURTSTAGS
Bob Dylan, »Blood on the Tracks« (1975)

»Man darf es wohl durchaus paradox nennen, daß Bob Dylan als größter amerikanischer Songwriter gilt, ohne je eine Platte gemacht zu haben, die seinen Ruf rechtfertigen würde.«
Jon Landau

Das Land des Bob zu besuchen heißt übersinnliches Terrain zu betreten. Hier wird von beredten Herolden ehrfürchtig von einem Mann mit tausend Masken berichtet, einem enigmatischen Rätselmeister, der die Schlüssel zu einem Reich besitzt, hinter dessen metaphorischen Pforten elementare Wahrheit und transzendente Erkenntnis warten. Mit den Jahren ist »The Bob« zu einer mystischen Erscheinung geworden, und wie bei jeder Verkörperung des Unfaßbaren haben sich seine Hagiographen längst geeinigt, daß sich seine Wesenheit jedem rationalen Zugriff entzieht; daß, wer das auratische Wirken des Meisters nicht unmittelbar *erfahren* kann, ihn sowieso nie verstehen wird.

Seit Mitte der Sechziger läuft Bob Dylan seine Gefolgschaft hinterher, daß man zuweilen meinen könnte, es handele sich um Szenen aus dem »Leben des Brian«. Er gilt als Bewahrer amerikanischen Kulturerbes wie als revolutionärer Erneuerer, spätestens seitdem er die Folk-Puristen anno

65 beim Festival in Newport mit elektrischer Gitarre aus der akustischen Stasis schreckte. Daß »der Prophet« (Greil Marcus) als Solist seit jeher in der Klampfenliga spielt, wiegt er als wegweisender Poet wieder auf; wenn ihn als Dichterfürst einmal mehr nur die Muse des einfachen Gemüts geküßt hat (»Blowin' in the Wind«), wird stets auf seine *Vision* verwiesen. Verbreitet er mit Bierernst dick aufgetragenes Pathos (»Masters of War«), ist das *integer*, *aufrichtig* und *unbequem*, bringt er den nächsten Drei-Griffe-Blues, ist das *tradiert* und *unverfälscht*. Dylan ist von *so immenser Bedeutung*, daß sich der Kosmos seiner Schriftgelehrten schon vor Äonen in eine Märchenwelt verwandelt hat, in der wie in Carrolls »Alice im Wunderland« nicht mehr Geburtstag, sondern das ganze Jahr über Nicht-Geburtstag gefeiert wird. Ziemlich genau ins Bild paßt, daß »der Erklärer« (Greil Marcus) seine Memoiren wie im Fantasy-Bereich üblich gleich auf drei Bände angelegt hat – und mit dem Titel »Chroniken« noch ein Stückchen näher an Mittelerde heranrückt.

Bereits mit Mitte Zwanzig zu Gandalf dem Grauen geworden, zog sich Dylan nach einem Motorradunfall ins rurale Woodstock zurück, um sich seiner Familie zu widmen. Nachdem er sich zuvor als Reinkarnation von Woody Guthrie, singender Hobo, Postsymbolist, Beat-Poet, Existentialist, Dandy und amerikanischer Vetter von Peter Bursch inszeniert hatte, dümpelte er nun mit The Band im Keller herum, lieferte ein paar Country-Alben ab, die ihm als leichte, sowie »Self Portrait« und »Planet Waves«, die ihm als schwere Verirrungen auf dem Pfad zur Erleuchtung ausgelegt wurden. Wenn man den Exegesen des Kritikers Nick

Kent glauben will, handelte es sich dabei um einen genau ausgeklügelten Schlachtplan, um den Prozessionen seiner Jünger zu entgehen: »Mit unsäglich ranzigen Machwerken wie ›Self Portrait‹ hatte er versucht, die Luft aus seinem Mythos zu lassen, aber er wurde einfach nur immer größer.«

Um so mehr wurde »Blood on the Tracks« bejubelt, das große, nur unmaßgeblich verschlüsselte Beichtwerk, mit dem der einstige Folk-Rebell zu den so lange geschmähten Wurzeln zurückkehrte und seinem Publikum nach der Trennung von seiner Frau Sara bitteren Einblick in die wunde Seele gewährte. Nun war auch klar, weshalb der Meister zwischendurch seiner schöpferischen Kraft verlustig gegangen war: Das Domestikentum am heimischen Herd hatte ihn das kreative Fluidum gekostet. Die Alte war schuld! Und doch hatte er Läuterung erfahren, um sein Innerstes nach außen zu kehren und den Moment der Katharsis mit den Verständigen zu teilen.

Das geht mit »Tangled Up in Blue« und dem schön lakonischen »Simple Twist of Fate« zwar verhalten, aber gar nicht schlecht los. Doch so autobiographisch und reflexiv, so intim und persönlich sich das therapeutische Psychodrama geben mag: Monotonere Strukturkorsette und vorhersehbarere, hmm, Arrangements hat es – abgesehen von dem traditionsschändenden Scheppern und Wabern der »Basement Tapes« (1967), das dem Terminus »Americana« im Gewand einer abgekämpften Kirchweihband den Rest zu geben versucht – in Dylans Œuvre selten gegeben, bis hin zu den obligatorischen, durchweg uniformen Mundharmonika-Soli am Ende *jedes* Songs, die den ohnehin hohen Erschöpfungsfaktor seiner selbstfinderischen Bekenntnisse noch zusätzlich verschärfen.

Aber wir befinden uns ja auf nebelumwalltem Gebiet, wo die Eintönigkeit zur *Geschlossenheit* wird, die hingeschluderte Produktion zum *Statement gegen das Unwesen des Perfektionismus*, die manierierte Phrasierung zu *rauher Expressivität* und die Formelhaftigkeit der Songs zu *unerreichter thematischer Dichte*. Es ist das Land, in dem das leise Echo eines konventionellen, lausig eingespielten Songwriter-Albums schon lange nicht mehr klingt, sondern nur mehr die »Wurlitzer-Orgel des Geistes«. So nannte Adorno das Instrument, auf dem der ewige Gassenhauer von Vollendung und Begnadung geleiert wird.

EIN UNBEDINGTES VERBRECHEN

Fehlfarben, »Monarchie und Alltag« (1980)

Zur Frankfurter Buchmesse 2001 erschien »Verschwende Deine Jugend«, Jürgen Teipels 70er/80er-Jahre-»Doku-Roman über den deutschen Punk und New Wave«; später folgte die gleichnamige Sampler-Doppel-CD bei Universal. Selbst konservative Blätter wie »Die Welt« bescheinigten Teipels grauen Interviewauszügen eine »Gegengeschichtsschreibung der BRD« zu Florian Illies' Rückblicksversuch der »Generation Golf«. Teipel hielt das Nostalgiemonopol besetzt, Tour und Film folgten. Ende Oktober 2002 erschien das Fehlfarben-Album »Knietief im Dispo« – als beinahe nahtlose Fortsetzung von »Monarchie und Alltag«.

Warum dieser 11-Track-Mythos auf »Monarchie und Alltag« seit 1980 Bestand hat, bleibt eines der letzten Rätsel musikbeflissener Menschheit. Fragt man Fehlfarben-Sänger Peter Hein danach, zuckt er selbst ungläubig mit den Schultern. Und Gitarrist Thomas Schwebel behauptet: »Ich kann das nicht nachvollziehen, daß beispielsweise ›Monarchie und Alltag‹ so 'n Heiligtum ist.« In einem meiner Interviews mit der Band ging er noch einen Schritt weiter. Auf den Ansatz: »Mitte der 80er tauchten im Osten des Landes die ersten weiterkopierten Kassetten von ›Monarchie und Alltag‹ in übelster Qualität auf«, lachte er nur trocken: »Das klingt sehr nach dem Original.«

Nichts ging voran, als »Monarchie und Alltag« erschien. Bis zur industriellen »Feindübernahme« als Neue Deutsche Dauerwelle war das ZickZack-Label für das Projekt Fehlfarben zuständig gewesen. Nun war ein Major-Deal mit der EMI unterzeichnet worden und die aufstrebende Band beim Publikum »unten durch«. Das Zigarrenkistendenken des sogenannten Undergrounds sieht für solche Fälle die Höchststrafe vor. Selbst Punkinstitutionen wie The Clash durften das nach dem Gang zur »Rillenmafia« am eigenen Leibe erfahren.

Im Oktober 1980 kaufte die EMI ihre fehlfarbenen Schützlinge als Support der Brit-Punks 999 ein. Die Tour: eine gnadenlose Tortur. Band wird mittels Glasbruch von der Bühne geadelt, Saalschlacht in München etc. Im Jahr darauf verließ Peter Hein die Band, Thomas Schwebel übernahm den Gesang, weitere Platten folgten – nur eine blieb »die Erscheinung«: Monarchie und Alltag. Besonders Track 8 hatte es, angestochen durch den NDW-Hype, plötzlich freudiger Kaufkraft angetan. Das unsägliche, das furchtbare, das nicht zu ertragende, das richtungweisende, stadion- und kneipentaugliche »Ein Jahr (es geht voran)«. Ein Muß für jeden Demo-Lautsprecher bis mindestens heute. Denn: Keine Atempause, Geschichte wird gemacht (...). Das klang bereits vor zwanzig Jahren, als hätten sich Extrabreit und die Toten Hosen zum Gassenhauern getroffen. Und irgendwie verdächtig nach »Fiesta Mexicana«.

Ohne die Neue Deutsche Welle wären die Fehlfarben

nicht das, was sie jetzt wieder sind: eine seltsam virulente Legende. Und zwar allein aus dem Grund, weil Peter Hein die Band früh verließ. Das machte ihn aus: Flippern, Karneval, Kölsch und Fortuna Düsseldorf – wie im Song »Paul ist tot«. Gewiß, Hein war ein einzigartiger Alltagsprosaist, doch aus heutiger Sicht wirken seine Texte wie verblaßte Stempel auf vergessenen Postkarten im Schuhkarton einer armseligen Zeit. Da können noch so viele Revivals gefeiert werden.

Es gibt viele gute Gründe, auf »Monarchie und Alltag« zu verzichten. Der zwingendste ist vielleicht, daß wir älter geworden sind. Hören wir einfach ein letztes Mal zu: Track 10, »Das war vor Jahren«, fährt mit einem äußerst bedenklichen, bedrohlichen Grusel alle Zweifel an die Wand, daß immer alles bereits zu spät ist, daß man rein gar nichts in der hohlen Hand hat, was bleibt, was ist, was sein wird. Nichts wird bleiben, außer Vergangenheit und Nostalgie. Und statt tanzender Herzen wird es eines Tages nur noch Schrittmacher vom Himmel regnen. So einen Text dann auch noch in fröhliche Mitgröl-Reime zu mogeln, das ist schon ein großes, unbedingtes Verbrechen.

Frank Bröker

DIE MEGAGEILE GEGENWART

Oasis, »Definitely Maybe« (1994)
Benjamin v. Stuckrad-Barre, »Soloalbum« (1998)

»Der eine singt ein Lied, der andere schreibt ein Buch.«
Franz Beckenbauer

Ganz plötzlich war sie da, »unsere Generation der Lebensästheten« (Florian Illies), der »denkenden Menschen« und »Stilgötter«, wie Alexander v. Schönburg sich und Gleichgesinnte im Büchlein »Tristesse Royale« (1999) zu labeln beliebte. Man suhlte sich ein wenig in wohliger Weltverachtung und rümpfte den olfaktorischen Apparat über »Prolls« und »Aldi-Menschen«, während man sich im Derek-Rose-Hausanzug im globalen Wohnzimmer fläzte und den lebenslangen Flirt mit sich selber pflegte. Popkultur nannte sich das erhebende Lebensgefühl, mit dem auch der imbezilste Konsumhansel zum intellektuellen Überflieger avancierte.

Popkultur speiste sich aus der Ekstase über das eigene tolle Leben, ein durch die Helmut-Kohl-Brille erlerntes Wohlstandswahrnehmen, dem in einer Genuß-Prosa gehuldigt wurde, die den Gedanken so selbstverständlich entwich wie die warme Luft dem Kaufhausschacht. Auch etwas ältere Berufsjugendliche zückten da umgehend die Feder, speziell der damals bereits stramm auf die Fünfzig zugehende Rainald

Goetz, um das Uraltprogramm der subjektiven Befindlichkeiten mit megageilem Energy-Drink-Groove zu kreuzen und frei von der Leber weg auf den Monitor zu quasseln: von seinen Ansichten zum Privatsender-Spätprogramm bis hin zu der überraschenden Erkenntnis, daß er »noch viel mehr Frauen kennenlernen« müsse, »dann wird alles besser«. Der »ganze, enorme Zauber dieser Literatur« (Dietmar Dath) erschließt sich erst so richtig, wenn Goetz etwa in »Abfall für alle« seinen Après-Betrachtungen zu einer Lesung Alexa Hennig von Langes nachhängt: »Ich denke die ganze Zeit lauter superinteressante Sachen über Rave, ausgelöst durch die gestrige RELAX-Geschichte. Relax ist einfach so viel – ja: relaxter eben, als Rave, das ist so wahnsinnig angenehm.«

Die Brunch-Gegenwart, die sich in diesem supergenialen, Lätta- und E-Plus-induzierten Feeling manifestierte, war eine Art Realityshow, in der jeder sein eigener Star sein durfte, solange er nur genug Produkte aufzählen und das Pro-7-Programm von gestern herbeten konnte. Während Goetz seine Dachschadenformen, Modern Talking, Jenny Elvers und Jürgen Fliege in die Lall-Wirklichkeit goß, schwadronierte das popkulturelle Quintett über Guildo Horn und Lady Di, Käfer-Buffets und Daily Soaps. Superschick, superlocker und superangesagt: Ein paar Folter-Fotos aus dem Bagdader Abu-Ghraib-Zuchthaus hätten garantiert zu einem angeregten Party-Diskurs über die Qualität brandaktueller Digicams und die Marketing-Aussichten des US-Military-Looks geführt.

Zu diesem »Allgemeinindividualismus« (Florian Illies), der bevorzugt aus so avantgardistischen Leidenschaften wie dem Wegglotzen der Harald-Schmidt-Show bestand – »habe ich wirklich tonnenweise auf Video«, wie Rainald Goetz den Erzählprozeß der Gegenwart weiter voranzutreiben wußte –, gehörte insbesondere die Beschallung durch Oasis, einer nur der Elite bekannten britischen Rockband, mit der die eingeweihten Stilgötter das »Gesamtkunstwerk Ich« (Illies) noch konsequenter vom Mainstream abgrenzten; nicht zuletzt mit Hilfe der Oasis-Sonnenbrillen-Kollektion, mit der eine neue Ära christlich-sozialer Dekadenz eingeläutet wurde. Der »große Humorist« (*Frankfurter Allgemeine Sonntagszeitung*) Benjamin v. Stuckrad-Barre schrieb gleich ein ganzes Buch über seine Helden, die er schlicht »supersuper« fand, um en passant Alfred Biolek, Karin Tietze-Ludwig, Frank Elstner oder Günther Jauch in den tiefenscharfen Fokus »seiner flackernden Intelligenz« (ebd.) zu stellen. Das letzte Wort gebührte aber wie üblich Herrn Goetz höchstpersönlich:

»Was für eine WOHLTAT … noch die schwächste Nummer von Oasis ist. Wie einen das hebt, wie einem das sofort gute Laune macht. Weil man von der Kunst Informationen über die Gegenwart erwartet, zu Recht … Ganz einfach.«

In jedem Falle. Die megageile Gegenwart des Hard-Rock- und Fashion-Cafés darf wohl zu Recht als Hort der zeitgenössischen deutschen Intelligenzia bezeichnet werden, eine Wirklichkeit, in der so königliche und seltene Spezialitäten wie der Hamburger Royal endlich ihr musikalisches Äquivalent gefunden haben – »denn die Spice Girls sind gut und Pop, da gibt es gar nichts« (Stuckrad-B.). Genau wie Oasis eben, deren irgendwo zwischen Bryan Adams, dem Bowie der »Heroes«-Phase, feist produzierten Cheap Trick und einem lauen Lüftchen Mott the Hoople* zusammengestückelte Champions-League-Hymnen eine vorzügliche Untermalung zum Verzehr von Knoppers und Magnum, zum Funsport und zum Einzug ins Big-Brother-Haus abgeben. Wie der Ich-Erzähler von Stuckrad-Barres »Soloalbum« informiert, kann man sogar Sex dazu haben. Und nichts paßt besser auf den Refrain von »Live Forever« als »Einer geht noch, einer geht noch rein«. Vielleicht wollen Sie es gelegentlich selbst ausprobieren. Aber vergessen Sie nicht, vorher Ihren Verstand an der Stadiongarderobe abzugeben.

* Speerspitzen des britischen Prolo-Hardrocks, deren Authentizität ihnen den besonderen Kick gab und sie den Punks sympathisch machte. Frontman Ian Hunter betrachtete die Welt mit einer gewissen abgekühlten Distanz: Auf »Mott« – erschienen 1973, einem durchaus unterschätzten Jahr der Rockgeschichte – liefert seine Band neben brachialer Energie mit »I Wish I Was Your Mother« das überwältigende Pendant zu Dylans »I Want You« ab; getreu ihrem Charakter natürlich als Break-up-Song.

Während Goetz sich die Informationen über die Gegenwart weiter aus der Fernbedienung holt, arbeitet Stuckrad-Barre unermüdlich an der *Bravo*isierung des Kulturbetriebs, beklatscht von seinen Liebedienern auf dem Pop-Karussell, die er in »Tristesse Royal« so prägnant beschrieben hat: »Und deshalb ist es auch kein Zufall, daß die Arbeit im Journalismus von allen hier Anwesenden nur in einer Slapstick-Form betrieben wird ... die aus einem Mangel an Handwerk, oder besser gesagt, aus der Weigerung, überhaupt ein Handwerk zu erlernen, resultiert.«

Nur über Oasis schreibt er nicht mehr, seit er seinen überragenden Geschmack mit Udo Lindenberg und Peter Maffay verfeinert, sich für den »Sprachreichtum« (*Frankfurter All-*

gemeine Sonntagszeitung) dieser Giganten einsetzt und seinen »Wirklichkeitshunger« (ebd.) damit krönt, daß er sich von Jeanette Biedermann beim gemeinsamen öffentlichen Tête-à-tête Herzchen auf die Wange malen läßt; ein temporärer Ausflug in die Extravaganzen der Körpermalerei von jemandem, dessen Literatur unübersehbar »in der Beatnik-Tradition stand« (ebd.). Alles in Echtzeit, so supergenial und supersuper wie auch Jeanettes generationsübergreifendes Motto, das die Erfahrungen der Gegenwart wohl zusammenfaßt wie sonst nur Oasis selbst: »Mein Leben ist halt Rock 'n' Roll.«

JENSEITS DER VIERZIG

Lucinda Williams, »Car Wheels on a Gravel Road« (1998)

In einem Interview mit der Zeitschrift *Esquire* sagte Lucinda Williams einmal: »Einige meiner besten Freunde sind Musikkritiker.« Was, offen gestanden, nicht weiter verwundert. Die meisten Musikkritiker sind weiße Männer mittleren Alters, die der urbanen bürgerlichen Mittelschicht entstammen, aufgeblasene Windbeutel, überzogen mit einem ekligen Zuckerguß aus Selbstgefälligkeit und pseudointellektuellem Dünkel. In ihren müden Augen ist Lucinda Williams eine rätselhafte, nachdenkliche, überaus produktive und perfektionistische Geschichtenerzählerin, die sich ab und zu auch mal besäuft oder mit dem nächstbesten Kerl ins einsame Hotelbett steigt. Sie ist ihrer Heimat tief verbunden und kleidet sich betont leger. Vor allem aber hat sie einen gewaltigen Sprung in der Schüssel. Sie ist, in einem Wort, der feuchte Traum jedes Rockkritikers, die Freundin, die sie alle schon mal hatten oder gehabt zu haben glauben oder doch zumindest gern gehabt hätten: die tragische Schöne, die sich erst mit Whiskey vollaufen läßt, ihnen sodann den besten Sex bietet, den man als Mann jenseits der 40 noch erwarten darf, und schließlich ohne ersichtlichen Grund aus dem Haus stürmt. Wochen später schickt sie ein ebenso brillant wie kryptisch formuliertes Gedicht, das ihr Verhalten »erklärt«.

Williams' Biographie, die ihre liebestollen Interviewer sämtlich ungefragt herunterbeten, ist das Fleisch am dürren Skelett ihres Mythos. Als Tochter eines Lyrikers und einer Konzertpianistin in den Südstaaten geboren, verbrachte sie ihre Kindheit in Gesellschaft literarischer Genies wie Robert Frost und musikalischer Größen wie George Jones. Ihre Kunst ist, nach eigenen Angebereien, die perfekte Fusion von Musik und Literatur, was sie, um es mit den goldenen Worten nicht nur eines Kritikers zu sagen, zu »Amerikas größter Songwriterin« macht. Aber Lucinda Williams ist auch und vor allem ein Scheidungskind und darum – klarer Fall – selbst furchtbar unglücklich verliebt. 2001 bekannte sie in einem CNN-Interview: »Ich glaube, genau darum geht es in meinen Texten, um diese unerfüllte Sehnsucht. Und die daraus resultierende Enttäuschung, ja, Verzweiflung, ein Gefühl, das wir wahrscheinlich alle kennen.«

Zumindest die Kritiker kennen es offensichtlich sehr genau, dieses Gefühl der Sehnsucht, denn sie scheinen sich förmlich zu verzehren nach dieser kämpferischen Powerfrau, die kein Blatt vor den stets leicht verkniffenen Mund nimmt und sich nicht scheut, sensible, stimmungsvolle Bilder vom wahren, waschechten Amerika zu zeichnen. Sie sehnen sich nach ihren poetischen Schilderungen eines ländlich-idyllischen, von den Unbilden der großen Politik weitgehend unberührten amerikanischen Südens voller »authentischer« Details wie: »Cotton fields stretching miles and miles / Hank's voice on the radio.« Sie sehnen sich nach einer Welt, in der sich zerbrochene Beziehungen im Handumdrehen kitten lassen durch eine Fahrt nach Baton Rouge, wo trinkfeste, männermordende Mittdreißigerinnen zu einem »sweet Cajun song« tanzen und die Hüften schwingen, bis der Arzt kommt.

Theoretisch liegt eine solche Welt in den unteren Breitengraden der Vereinigten Staaten durchaus im Bereich des Möglichen. In Louisiana gibt es sowohl Cajun Music als auch jede Menge Baumwollfelder. Aber mit ihrer Darstellung bedient Williams zuvörderst ihre Fans und Kritiker, die überwiegend oberhalb der Mason-Dixon-Line zu Hause sind und die Südstaaten bestenfalls vom Hörensagen kennen. Wollte man der Wahrheit die Ehre geben, müßte man wohl oder übel das eine oder andere Wort über die Stripmalls verlieren, die sich entlang der Ausfallstraßen erstrecken, so weit das Auge reicht, über die vollformatierten Countrysender, die keineswegs Hank Williams spielen, sondern den erzreaktionären Toby Keith, und über die Frauen, die um sechs Uhr morgens zur Arbeit gehen und abends nach den Lokalnachrichten todmüde ins Bett sinken. Aber wen interessiert das schon?

Gerechterweise muß man sagen, daß die Musik gar nicht so übel ist. »Car Wheels on a Gravel Road« und »Essence« sind die perfekte Beschallung für eine Yuppie-Dinner-Party oder einen luxussanierten Countryschuppen. Auch würde ich nicht ganz so weit gehen wie der Kritiker Greil Marcus, der Williams als »die manierierteste Sängerin der Popgeschichte« bezeichnet. Verglichen mit Country-»Künstlerinnen« vom Schlage einer Faith Hill oder Shania Twain ist La Williams Maria Callas.

Aber ich stimme Marcus vollauf zu, wenn er Williams'

Songs »verlogenen Gefühlskitsch« nennt und ihrer Interpretin »exzessive Selbstbeweihräucherung« bescheinigt. Sie gibt der männerdominierten Musikpresse genau das, wonach diese verlangt: eine halbwegs passable Heimatdichterin, die zwar irgendwie feministisch ist, aber trotzdem unheimlich verletzlich, weich und zart. Wenn Sie das für den Ausdruck einer komplexen Persönlichkeit halten, sparen Sie wahrscheinlich schon für einen Trip nach Baton Rouge. Den haben Sie sich aber auch redlich verdient.

Neal Pollack

APOCALYPSE NOW

Sly & The Family Stone, »There's a Riot Goin' On« (1971)

Einen solchen Sound hatte die Welt noch nicht gehört: ein wildes Stilgemisch aus psychedelischem Rock, allen Spielarten afroamerikanischer Musik und Latino-Einflüssen, dargebracht von der ersten »voll integrierten« Gruppe der Hippie-Ära. Ebenso spektakulär war die Bühnenshow von Sly & The Family Stone, ein groovendes, farbenfrohes Happening, bei dem Schwarze und Weiße beider Geschlechter und verschiedener ethnischer Provenienzen gleichberechtigt zusammen spielten und ein soziales Utopia vorlebten, das die euphorische Aufbruchsstimmung der Zeit auf den Punkt brachte.

Neben Hendrix, der allerdings kaum als Vertreter des schwarzen Amerika und der schwarzen Musik wahrgenommen wird, war Sylvester »Sly Stone« Stewart der einzige afroamerikanische Superstar der ausgehenden Sixties – ein Brückenbauer zwischen »weißer« psychedelischer Rockmusik und dem harten Funk der Ghettos. Wie kein anderer verkörperte er den Geist der Zeit: ein Schamane mit einer Vision von Harmonie und Freiheit, in Woodstock auf der Höhe seines Schaffens – zu einem Zeitpunkt, als Hendrix und Morrison sich bereits auf dem Weg nach unten befanden und Dylan sich zurückgezogen hatte.

Das vierte Album der Band sollte ihre optimistischste Scheibe werden. Zwei Jahre nach Woodstock erschien »There's a Riot Goin' On«, ein abgrundtief nihilistischer Abgesang auf die Ideale der Bürgerrechtsbewegung und den Glauben an soziale Veränderung, die Alptraumvariante all dessen, wofür Sly & The Family Stone standen: das »Apocalypse Now« des Funk.

Selbst auf dem Höhepunkt der Euphorie waren bereits dunkle Wolken am Horizont zu erkennen gewesen. Sly, dessen Texte immer auch Ausdruck einer starken »black consciousness« waren, konnte nicht umhin zu registrieren, daß die Toleranz, die nach außen hin in der Hippie-Szene zelebriert wurde, in der Wirklichkeit allenfalls rudimentär vorkam – und nur solange er sie nicht einforderte. Als er in Las Vegas mit der Tochter eines weißen Nachtclubbesitzers ausgeht, dauert es nicht lange, bis ihm jemand eine Knarre an den Kopf hält und ihn samt Band aus der Stadt jagt.

Dazu kommen Berge von Drogen, vor allem Kokain und PCP, der sogenannte »Angel Dust«, ein Sedativum, das in der Veterinärmedizin dazu benutzt wird, Elefanten und andere Großtiere zu betäuben. Er kapselt sich ab, von der Welt, von der Band. Statt in ein reguläres Studio zu gehen, mietet er sich im Haus von John und Michelle Phillips von den Mamas & Papas ein. Die Band bleibt außen vor; an ihre Stelle tritt der gemeingefährliche Pitbull »Gun«, der alsbald die Fauna der Nachbarschaft drastisch dezimiert, und eine Horde von bewaffneten Leibwächtern, angeführt von Slys Kumpel »Bubba« Banks, der soeben eine mehrjährige Zuchthausstrafe wegen diverser Gewaltverbrechen verbüßt hat.

In diesem Umfeld wird der gesamte Lebensrhythmus durch die Einnahme chemischer Substanzen bestimmt: Koks, um hochzukommen, PCP, um runterzukommen, und reichlich Pillen für die Nuancen dazwischen. Hier macht sich Sly an die Aufnahmen zu seinem neuen Album. Anstelle eines Drummers verwendet er eine Rhythmusmaschine, den Baß übernimmt er selbst, ebenso den Großteil der Gesangsparts, eine furchterregend desolate Ansammlung von murmelnden Klagelauten, wahrscheinlich eine ziemlich genaue Wiedergabe der Stimmen in seinem Kopf. Wann immer sich eines der Bandmitglieder in die Villa in Bel Air verirrt, ergreift es entsetzt wieder die Flucht, spätestens wenn Sly damit droht, sein Schoßtier von der Kette zu lassen. Andere Musiker erscheinen auf der Bildfläche, darunter Ike Turner und Bobby Womack, Männer, die zeit ihres Lebens immer dort zu finden waren, wo die Kacke wirklich am Dampfen war. Mit dem Grundgerüst an Tracks, die so entstehen, zieht Sly nach mehr als anderthalb Jahren schließlich nach Hollywood in die Record Plant Studios, um die Aufnahmen fertigzustellen. Augenzeugen berichten, daß er sich wochenlang kaum vom Mischpult fortbewegt – entweder an den Knöpfen drehend oder bewußtlos mit dem Schädel auf den Reglern liegend.

Obwohl das Album ein Riesenerfolg war und mit »Family Affair« Slys bis dato größten Hit enthält, stellt es gewissermaßen den Negativ-Film einer Funk-&-Soul-Platte dar. Jeder einzelne Klang wirkt skelettiert, ausgezehrt, in Auflösung begriffen; geisterhafte Stimmen flirren durch die einzelnen Tracks, ein Chor von Zombies auf dem Weg in die

Schattenwelt. Die Rhythmusmaschinen verleihen den einzelnen Songs eine metronomische Starrheit, die wie eine makabre Karikatur fetter Funkbeats wirkt. Man glaubt förmlich zu spüren, wie das Mark aus Slys Knochen gesogen wird – so müssen die seelensaugenden Dementoren aus den Harry-Potter-Romanen klingen. Und auf eine perverse Art scheint Sly im eigenen Verfall zu schwelgen; immer klingt auch eine groteske Lust durch, wenn er Hoffnung durch Zynismus ersetzt, Enthusiasmus durch Mattigkeit und Sex durch Pornographie. Durch Songs wie »Just like a Baby« und »Luv 'n' Haight« zieht sich eine Sehnsucht nach der Rückkehr in den Mutterleib, in die Sorglosigkeit des Nichtgeborenseins, den einzigen Zustand der Erleichterung von der zersetzenden Entropie des Lebens.

Man kann »Riot« wahrnehmen wie Francis Ford Coppolas Vietnam-Epos, sich fasziniert zeigen vom Bild des Ikarus mit den verbrannten Flügeln oder eines Spartakus, der nach gescheiterter Revolte wieder in seine Eisen geschmiedet wird. Dann aber muß man sich auch die Frage gefallen lassen, ob das nicht eine sehr »weiße« Betrachtungsweise ist: Die Freude an der Dekonstruktion gebiert sich häufig aus der sicheren Position des bürgerlichen Elfenbeinturms. Für Sly Stone jedenfalls war es ein Trip mit Never-come-back-Ticket und die psychologische Spirale von »There's a Riot Goin' On« ein verhängnisvoller Blueprint für die Hiphop-Generation.

E-Moll Jones

QUALITÄT UND FAHRSPASS

Nick Drake, »Pink Moon« (1972)
Nirvana, »Nevermind« (1991)

> »Ich empfinde die Realität, in der wir leben, wie eine militärische Okkupation. Wir sind besetzt wie Frankreich und Norwegen im Zweiten Weltkrieg von den Nazis, diesmal jedoch von einer Armee von Marketingfachleuten.«
>
> Ursula Franklin, University of Toronto, 1998

Schon gehört? Shell und BP, die tun was. Für unsere Umwelt. Vodaphone und IBM arbeiten unermüdlich daran, die Menschen zusammenzubringen, während Apple das Querdenken fördert, Nike ganze Generationen zu Athleten trainiert und McDonald's Wohlbefinden und Widerstandskraft mit handverlesener Rohkost fördert.

Bei soviel aktivem Einsatz, sozialem Ethos und gesunder Ernährung steht auch der Volkswagen-Konzern in erster Reihe. Und selbstredend hatten die Blechverkäufer aus Wolfsburg ebenfalls nie etwas anderes im Sinn, als das Leben auf dem blauen Planeten noch lebenswerter zu gestalten und dem Konsumentenspektrum echte Alternativen aufzuzeigen. So nicht zuletzt geschehen im Werbespot für das 99er Golf-Kabrio: Vier Twens cruisen durch eine laue Sommernacht, in der die blaue Cockpitbeleuchtung vorzüglich zur

Geltung kommt; vor einem Haus angelangt, in dem gerade eine Party steigt, beschließt das Quartett durch Blickkontakt, dem schnöden Amüsement zu entsagen und statt dessen in kontemplativer Ruhe unter dem Sternenhimmel weiterzugondeln.

Untermalt ist die Szenerie mit dem melancholischen, halb gemurmelten Song »Pink Moon«, der dem Werbestreifen erst die richtige atmosphärische Weltabgewandtheit verleiht. Kein Wunder, daß sensibilisierte Jung-Individualisten dem Automobilhersteller für den Idealismus dankten, der nächsten Generation einen fast vergessenen Songwriter der frühen Siebziger in Erinnerung gerufen zu haben.

Daß er einmal Hunderttausende von CDs verkaufen und versonnen von der Titelseite des britischen *Mojo* lächeln sollte, wäre Nick Drake zu Lebzeiten nicht im Traum eingefallen – einem Außenseiter der britischen Folkszene, dessen Solipsismus neben einer ausgeprägten künstlerischen Kompromißlosigkeit auch merklich psychische Probleme bedingte. Das Desinteresse der Öffentlichkeit an seinen beiden ersten Alben »Five Leaves Left« und »Bryter Layter« machte seinem Selbstwertgefühl den Garaus – »Irgendwie wollte die Welt seinen Erwartungen nicht genügen«, wie es sein Labelmate John Martyn* in lakonische Worte faßte. Ob Drake, mit 26 Jahren in der elterlichen Dachkammer an einer Überdosis Antidepressiva gestorben, tatsächlich Suizid verüben wollte, ist zweifelhaft. In jedem Fall

* Der Titeltrack von Martyns »Solid Air« (1973) versteht sich als posthume Annäherung und Hommage an einen unverstandenen Freund. Zum Vergleich Robyn Hitchcocks adäquat schattenhaftes »I Saw Nick Drake« – auf: »A Star for Bram« (2000) – mit den Schlußzeilen: »I Saw Nick Drake / I Saw Him Wave«.

hatte er mit seinem dritten Album kommerziellen Selbstmord begangen.

Die elf knappen, in zwei Tagen aufgenommenen Songs von »Pink Moon« offenbaren eine introvertierte Seele, deren fragiles Timbre vor allem eine umfassende Schwermut transportiert; selbst die optimistischeren Noten (»From the Morning«) schleppen ein drückendes Gewicht, das Drake nie zur freien Entfaltung seiner Fähigkeiten gelangen läßt. Zu psychiatrischen Krankheitsbildern gehört seit jeher die eingeschränkte Bandbreite emotionalen Erlebens, was auch die auffällige Gleichförmigkeit des Albums erklärt; der Vorgänger »Bryter Layter« offeriert eine ungleich variantenreichere Frequenzfülle – inklusive der fabelhaften Improvisationen des südafrikanischen Pianisten Chris McGregor und der hinreißenden Background-Vocals der zu selten gewürdigten Doris Troy –, die Drakes Kompositionen deutlich nuancierteren Ausdruck verleiht. »Pink Moon« dagegen, beileibe keine zweitklassige Platte, bleibt ein Dokument klanggewordener Dünnhäutigkeit, eines Weltverzweifelns, das unabweislich zur Selbstaufgabe führte.

Selbst die schon immer etwas trägere, sogenannte Kulturredaktion des ZDF hat – mehr als fünf Jahre nach Erstausstrahlung des Spots – den »wiederentdeckten« Songwriter inzwischen unter dem Kürzel »Kult« bejubelt. Daß Drakes Musik nicht mehr dieselbe ist, verdankt sich indes weniger der salbungsvollen Mimik von »Aspekte«-Moderatorin Luzia Braun, die jede Empfehlung raketenartig ins Reich der Geschmackshuberei befördert, sondern der ausgeklügelten Perfidie der Volkswagen-Warenpsychologen, die Tristesse und Verlorenheit zu Produkterleben und Fahrspaßerfahrung deformiert haben. Was einmal genuines Ringen im Angesicht des Scheiterns war, hat sich in »stimmungsvolle«, »verträumte« und »Emotionen weckende« Resonanzen verwandelt, mit dem die Sinne jener Riesenrösser abgerichtet werden, die womöglich vor Freude ejakulieren, wenn sie ihr Kundenvergnügen in spürbar speichelnden Hörerrezensionen bei Amazon verewigen: »Ein Muß für jede lange Autofahrt!«

Nick Drake verkörperte universelle Eigenwilligkeit, Scheu und Undurchdringlichkeit. Jeder originalen Bedeutung entkleidet, steht seine Musik nun für einen jener globalen Player, die sich ausdauernd befleißigen, weltweit Bedürfnisse und Gefühle zu homogenisieren. Jeder Stil, jede Idee wird von den multinationalen Markengiganten gerodet und planiert, jedes scheinbar noch so entfernte Stückchen Alternativ- und Gegenkultur geplündert und verwurstet, um die Verbraucher auf ihre Produkte zu konditionieren. Mark Hosler von der Audiocollagen-Band Negativland hat es so ausgedrückt: »Sie absorbieren nicht mehr nur Randerscheinungen – das war schon immer so. Heute absorbieren sie den Kern und geben damit zu verstehen, daß jeder Widerstand zwecklos ist.«

Sei am Rande erwähnt, daß die Musikindustrie parallel stets das übrige tut, um jedes Milchvieh zu Tode zu melken: Ebenso gut wie ungern erinnert man sich an Nirvanas »Nevermind« und den heiliggesprochenen Kurt Cobain, dessen grindiger Habitus den Gebrauch von Heroin auf Jahre diskreditierte. Eine Nanosekunde lang atmeten der nihilistische

Impact, der paranoide Zorn und die durchaus an Drake erinnernde Apathie Cobains (»I Hate Myself and Want to Die«) wirkliches Leben, bevor Massenproduktionslakaien à la Butch Vig und Steve Albini Myriaden von Bands gleichschalteten und den Seattle-Sound in »eine internationale Fabrik für Wohlbefinden« (Naomi Klein) ummodelten. Wobei davon auszugehen ist, daß »Smells Like Teen Spirit« als Orchestrierung für Tütensuppen, Dosenwürstchen und andere hundertprozentig individuelle Spaßgaranten auferstehen wird. Was allerdings noch ein wenig dauern kann. Niemand weiß besser als die Coolness-Jäger in den Werbeagenturen, daß es seit wenigstens einem Jahrzehnt nichts Uncooleres als Nirvana gibt.

Nirvanas letzte Aufnahmen entstanden im Rahmen der »Unplugged«-Reihe von MTV, einem weiteren weltweiten Konzern, dessen CEO Tom Freston sich hinsichtlich der Vielfalt seines Senders glaubwürdig geäußert hat: »Wir bieten wenig Existenzangst, nur ungehemmtes Konsumdenken.« Von Angst und innerem Aufruhr, von Lähmung, Phobien und Verstörung aber handeln die Songs von Cobain und jener kontaktarmen Existenz namens Nick Drake, dessen stille Songs einmal das genaue Gegenteil der kommerziellen Kakophonie waren, in der sie nun aufgegangen sind.

Dafür darf man sich jetzt ein bißchen entrückt und gedankenvoll fühlen, wenn man den Sound of Golf in die Anlage schiebt – ganz im uniformen Lifestyle der neuen Werbezeit, der sich gern auch als »Popkultur« ausgibt. Als Markenbotschafter reanimiert, steht Nick Drake für das besinnlich groovende Fahrgefühl einer ganzen Generation. Mit zart weltschmerzstillenden Melodien und einem sanft geraunten Text, den man mit jedem Hören noch ein bißchen besser versteht: Willkommen bei Ihrem Volkswagen-Händler.

DIE HÖRNER DER HUNNEN

MC5, »Kick Out the Jams« (1969)

Gruppensex-Orgien, Revolution und Gewaltbereitschaft: Das Programm der 1968 gegründeten White Panther Party hatte einige reizvolle Alternativen zur Blumenkranz-Binderei der kalifornischen Hippies zu bieten. In seinen Communiqués forderte Parteigründer und Informationsminister John Sinclair, es Gott »richtig von hinten zu besorgen« und Frauen zu »nageln, bis sie nicht mehr stehen können«. Der sexistische Scheißdreck sollte in eine Ära der »paläokybernetischen Kultur« münden, in der sich ganz Amerika auf den Straßen durchvögeln und das kollektive Gehirn in Acid marinieren würde. An den neuen Nationalhymnen arbeiteten bereits die MC5 – Hausband von Sinclairs Trans-Love-Energies-Kommune –, die der in Detroit beheimatete Revolutionsführer nebenberuflich auch managte.

Die fünf aus der Motorstadt glaubten nicht nur an die frohe Botschaft des LSD-Evangelisten, sondern lebten die Libertinage auch selbst, wenn sie sich etwa beim Hotelzimmer-Gangbang mit bedröhnten Girls fürs WG-Fotoalbum verewigen ließen; ein damals noch alltäglicher Teamgeist, den etwa auch Led Zeppelin selten vernachlässigten. Ebenso »resensibilisierend« (Vokalist Rob Tyner) sollte ihre Spielart des Rock 'n' Roll auf die Massen wirken, die sie bereits unter anderem während des Chicagoer Demokraten-Konvents in der für Demonstranten verbotenen Zone zum besten gegeben hatten – unter den Augen des baß erstaunten Pulitzer-Preisträgers Norman Mailer, der anschließend im *Harper's Magazine* einigermaßen benommen fragte: »Schallten die Hörner der Hunnen auch nur halb so laut?« Ihr bald darauf eingespieltes Live-Debut »Kick Out the Jams« war noch mal ein kurzer Aufwasch jenes elektrifizierten Putschversuchs, getreu dem subversiven Motto: Stell dir vor, es herrscht Bürgerkrieg, und du läßt richtig derbe die Sau raus.

Eine angenehme Vorstellung für all diejenigen, die sich schon länger sinnlose Scharmützel mit der häuslichen Obrigkeit lieferten – in jenen dunklen Zeiten, als es noch nicht opportun war, bei seinen Erzeugern rund um die Uhr zu liebedienern, um Garagenstellplatz und Handyrechnung bezahlt zu bekommen. Demzufolge sprach schon das aus heutiger Perspektive leicht einfältig anmutende Ihr-seid-das-Volk-Intro (»Are you going to be the problem or are you going to be the solution?«) den vom Kapital erpreßten Massen direkt aus der Seele; die beiden Einstiegsnummern »Ramblin' Rose« und »Kick Out the Jams« sind Ikonoklasmen erster Güte, rabiat und essentiell elternschreckend, während der komplette Rest der Platte mit demselben Rollkommando-Impact daherkommt, nur leider auch mit erheblich schwächeren Songs. Die militante Übung gipfelt in einer achtminütigen Version von Sun Ras »Starship«, die sich kaum anders anhört, als würde eine Horde Troglodyten einen Turm von Marshall-Verstärkern bespringen.

Kurz: Alle wesentlichen antisozialen Augenblicke des

Gigs hätten mühelos auf eine Single gepaßt. Zudem teilt »Kick Out the Jams« das große Manko so gut wie aller konservierten Live-Performances, meist dazu verurteilt, in Zeit und Wiederholung zu gerinnen: Spätestens bei der dritten Reprise wirkt der möglicherweise tatsächlich spontane »Motherfuckers«-Kickoff des Titelstücks ebenso albern wie der extremistische Humbug ihres Managers Sinclair, der weiter davon schwadronierte, »die LSD-bedröhnten Totalverrückten des Universums« an die Macht zu bringen.

»Wenn ich das Rad der Geschichte zurückdrehen könnte«, so Wayne Kramer, ehemaliger Gitarrist der Band, »würde ich zuallererst John Sinclair das Gehirn wegblasen, und glauben Sie mir, das meine ich todernst.« Politisch und monetär mißbraucht von ihrem Strippenzieher, lösten sich MC5 nach zwei weiteren Platten auf, darunter »Back in the USA« (1970), eine hochkompakte Lektion in purem Rock 'n' Roll inklusive einer Reihe echter Klassiker wie »Lookin' at You«, »The American Ruse« und der grimmigen Vietnam-Parabel »The Human Being Lawnmower«. Von Altersdemenz geschüttelt, faselt Kramer inzwischen gern davon, Eminem sei »der rechtmäßige Erbe der MC5«, während sich Neo-Popper wie die White Stripes auf das legendäre Quintett aus Detroit berufen. Selbst Boygroup-Star Justin Timberlake trug ein T-Shirt mit MC5- und White-Panther-Logo, als er sich kürzlich für das Cover von *Vibe* ablichten ließ. Eine coole Sache, wie der heute in Amsterdam lebende John Sinclair befand. Sein politischer Aktivismus beschränkte sich mittlerweile allerdings auf die Frage, wieso er von der Bekleidungsfirma keinen müden Cent gesehen hatte.

BELFASTER PASTORALE

Van Morrison, »Astral Weeks« (1968)

Wieder mal Pein und Schmerz. Für den Rock-Großkritiker Lester Bangs klang Van Morrisons »Astral Weeks«, als leide der irische Tenor »schreckliche Qualen«. Der Seelenjammer, der Bangs so außerordentlich anrührte, speiste sich aus den bruchstückhaften Jugenderinnerungen Morrisons, die das impressionistische Fundament der acht versammelten Songs bilden; der Schweiger aus Belfast hatte sein Herz geöffnet, um es im gereiften Soul seines Timbres überlaufen zu lassen und »die Menschen« (Guido Westerwelle) im tiefsten Inneren zu ergreifen.

Nach der Trennung von seiner Band Them (»Gloria«) – eine Art Lenor-Version der Pretty Things und der frühen Stones – und seinem Solo-Debut ging der ebenso kurzgeratene wie zugeknöpfte Ire in ein New Yorker Studio, um dort in nicht mal einer Woche die Tracks für sein chef d'œuvre einzuspielen. Seit jeher eine Kreuzung aus Primadonna, Graf Arsch und Freizeit-Autist, sah Morrison davon ab, seine musikalischen Begleiter, die zuvor nur mit Stümpern wie Charlie Mingus, Sarah Vaughan und Eric Dolphy gearbeitet hatten, mit allzuviel menschlicher Wärme oder Ansprache zu behelligen. »Er redete kein Wort mit uns«, so Bassist Richard Davis. »Wenn wir ihn mal zu sehen bekamen, lief er nur mit ausdrucksloser Miene an uns vorbei.«

Die mythische Mischung aus Jazz- und Folk-Elementen, die Davis & Co. anschließend separat einspielten, läßt reichlich von der überschäumenden Stimmung im Studio durch die Lautsprecher schwingen. Sollte tatsächlich einmal ein Ansatz von Spielfreude durchklingen, wird er unmittelbar erstickt in den immer noch einen Tick verstiegeneren Arrangements: Pausenlos tiriliert die Flöte, zärtelt das Glockenspiel, wohltönt die Triangel, säuselt das Saxophon und schwirren die Geigen, als handele es sich um eine Persiflage auf Vaughan Williams' Pastoralen. Den Rest des emotionalen Overkills besorgt Morrisons unnachahmlich geschraubter Gesangsstil, der kein Gefühligkeitsregister ungezogen und schnell durchblicken läßt, daß nicht der Performer die schrecklichen Qualen erleidet, sondern die Noten und Vokale, die drakonisch zur Streckbank geführt, durch die Kunstliedmühle gezwungen und aufs Wehmutsrad geflochten werden. Wimmernd und stammelnd, nölend und pressend, plärrend und greinend geht es in einer wahren Tour de Force quer durch das Poesiealbum der Adoleszenz – unter Führung eines Hybriskranken, der meinte, seine Vorbilder Ben E. King, Bobby Bland und Solomon Burke per gemixter Rollenprosa kurzerhand an die geweißte Wand knödeln zu können.

In einer Hinsicht immerhin behielt Morrison recht. »Irgendwie klingt das alles gleich«, befand er über den fertigen Songzyklus, um mit seinem nächsten Album seine Allüren und Affektiertheiten ganz in den Dienst jener mundgerechten Melange aus Rock-, Blues- und Soul-Balladen zu stellen, mit der noch heute Abend für Abend Myriaden westlicher 68er-Kneipen beschallt werden. Und auch wenn man unter sich bleiben will, verirren sich doch manchmal Jungspunde unter Sechzig hierher, um den Barkeeper nach einem kennerhaften Blick auf die CDs neben dem Player in ein kurzes Gespräch zu verwickeln. Irre, was Sting früher so gemacht hat. Ich nehme noch ein Weizen, Chef. Wie sind denn eure Frikadellen?

HERR SUMNER UND DER NEUE GOEBBELS

Police, »Synchronicity« (1983)

Sting, »The Dream of the Blue Turtles« (1985)

»Erhitzt und ausgepumpt wie erschöpfte Liebende« fühlen sich der vom Finanzbeamten zum Lehrer umgeschulte Gordon Sumner – Nenn mich einfach Sting – und der Schlagzeuger Stewart Copeland, nachdem sie zum erstenmal miteinander gejammt haben. Im postkoitalen Stupor verrät Copeland dem angehenden Studienrat auch, wie man ein wenig Schwung in die stockende Karriere als Musiker bringen kann, während er ihm einen Leserbrief aus der Musikpostille *Sounds* unter die Nase hält: »Wer ist der neue großartige Drummer?« Wenn gar nichts mehr geht, muß man sogar die Fan-Zuschriften selbst verfassen.

Aber a bisserl was geht doch noch in diesem Frühjahr 77, in dem man mit drei Akkorden in die Charts kommen kann. »Die Idee, daß wir beide eine Punkband gründen könnten, hat etwas herrlich Subversives.« Vor allem insofern, als Sting sich bis dato in Jazzrock-Combos über Wasser gehalten hat, Copeland bei den Prog-Rockern Curved Air. Der ein paar Monate später dazustoßende Gitarrist Andy Summers paßt als ehemaliger Mitstreiter von Soft Machine und Kevin Coyne bestens ins Raster. Während die Kollegen von The Clash, Gen X oder den Pistols noch mit »No Future« agitieren, machen sich The Police daran, in den Charts die Kleinbürgerruhe wiederherzustellen.

Pop-Ditties wie »Roxanne« oder »Message in a Bottle« legten den Grundstein für eine Mischung aus putzmunterem Phil-Collins-Seim und lieblich leicht belegten Reggae-Kanapees, deren Authentizität sich zwischen BAPs Jamaika-Schunkeliade »Müsli Man« und den Rhythmen des bajuwarischen »Rastafari« Hans Söllner bewegt (»Edeltraut, ja Edeltraut / du host a sauguats Gros a'baut«), mit dem Sting nicht zuletzt das Anliegen, »mehr Liebe zwischen den Menschen« schaffen zu wollen, sowie der unermüdliche Einsatz für das Wohl des blauen Planeten verbindet. Songs wie »De Do Do Do, De Da Da Da« gelingt es spielend, selbst das sackdümmste Radiofutter zu unterbieten, während routiniert eingeölter Gewissenstrost wie »Walking in Your Footsteps« nicht nur die seelischen Gratismassagen, sondern auch die Reim-dich-oder-ich-freß-dich-Nöte des platinblonden Superstars vorwegnimmt, wenn er darüber sinniert, was wohl die Brontosaurier der nächsten vom Aussterben bedrohten Spezies mit auf den Weg geben würden: »If we drop the atom bomb / would they say that we were dumb?«

Daß Stings Solo-Alben, allen voran »The Dream of the Blue Turtles«, für gewöhnlich unter der Rubrik »Adult Pop« gehandelt werden, ist eine Beleidigung für jeden Erwachsenen. Während die sacht säuselnde Fahrstuhlmusik diskret ins Ligne-Roset-Studio dirigiert, erfährt der aufmerksame Hörer von teuflischen Kraftwerken, endgelagertem Atommüll und verseuchtem Grundwasser, darf im plätschernden Depeche-Mode-Groove darüber grübeln, ob auch die Russen ihre Kinder lieben, wird aber en passant sanft im Hollywoodschaukel-Reggae beruhigt, daß Gier und Blutvergießen sich am Ende doch der größten aller Mächte beugen müssen.

Solch gefühlig gefütterte Betroffenheitslyrik, die noch die banalsten Floskeln als genuine Einsichten, die abgedroschensten Phrasen als soziopolitisches Engagement verkauft, erinnert nicht von ungefähr an die Erbauungshymnen Herbert Grönemeyers, der ähnlich professionell die Sinnentleerung deutscher Sprache vorantreibt – trendverfeinert mit geschmackvoll angejazztem Synthie-Pop, mit dem die Tranquilizer-Klänge von »The Lady in Red« und »Ebony and Ivory« endlich auch den *ZEIT*-Leser erreichen. Niemand hat das Verlangen nach Sting präziser in Worte gefaßt als der britische Klassensprecher Nick Hornby* in seiner Altherren-Pop-Fibel »31 Songs«, der bei der nächsten Auflage womöglich das unentbehrliche »Bitte-nicht-stören«-Schild beigelegt wird: »Es ist wichtig, daß wir uns ab und an … von Gemälden schockieren und vielleicht sogar von Musik aufrütteln lassen. Aber muß das denn immer so sein?«

Um so deprimierender, daß ein übelmeinender Geist namens Howard Hampton sich nicht so recht mit den Werken des kultivierten Engländers anfreunden mochte. Unter der Headline »Bringt mir den Kopf von Gordon Sumner« veröffentlichte Hampton 1987

* Wenn der sogenannte »Adult Pop« ein Gesicht hätte, würde er aussehen wie der glatzköpfige Flughafenlektüre-Spezialist, der sich als Lebenshilfe-Onkel unverdrossen für den Gitarrensound der Um-die-Fünfzigjährigen stark macht: Sorge dich nicht, rocke; das Mittelstands-Credo für alle, die Popkultur als familienfreundliches Premiere-Paket verstehen. Im November 04 rückte er – in der *Frankfurter Allgemeinen Sonntagszeitung*, wo sonst? – Springsteen in eine Ahnenreihe mit Charles Dickens und John Ford; bei soviel »gesunder Ignoranz« (E. Reents/*FAZ*) wird ihn auch niemand aufschrecken wollen.

eine kleine Polemik in der New Yorker *Village Voice*, in der er Sting unterstellte, »Gefühle, Politik und Hoffnungen in Waren verwandelt« zu haben. Als Alternative zum klanggewordenen Plastilin empfahl er nicht ganz unironisch den amerikanischen Psychobilly-Bürgerschreck Hasil Adkins, der in seinen Songs gelegentlich auch von abgehackten Mädchenköpfen kreischt, die seinen Gartenzaun in den Backwoods zieren. »Wenn Sting die Krankheit ist«, so Hampton, »dann stellt Adkins das Gegenmittel dar. Hasil Adkins hat mehr Leben in sich, als Sting je hatte oder jemals haben wird.«

Während sich der Höhlenmensch aus West Virginia auf Nachfrage nur mäßig interessiert am Feuilleton-Treiben zeigte (»Hab ich von gehört, Mann, aber ich komme eigentlich nie zum Lesen«), reagierte der »Englishman in New York« doch ein wenig ungehalten. »Ihr Geschreibsel entlarvt Sie als Eunuchen, der sich auf Bilder von Kriegsgreueln einen runterholt. Für Sie gibt es keine Toleranz gegenüber dem Schönen, weil Sie der Perversion frönen und das Leben verachten«, antwortete er dem impertinenten Journalisten in einem Leserbrief, um nach diesem verbalen Kavalierstart jene dialektische Multifunktionskeule herauszuholen, mit der man unliebsamen Nörglern bewährt den Scheitel zieht: »Wenn Oliver North erst Präsident ist, dann können Sie ihm als neuer Goebbels zur Hand gehen. Sie wären die perfekte Besetzung – Ihre Schmiererei offenbart nichts anderes als den Geifer und den Selbsthaß eines Kinderschänders, die widerwärtige rhetorische Gewalt des typischen Neo-Nazis.«

Man staunt gelinde, daß diese Worte aus der Feder eines

Mannes stammen, der laut seiner Autobiographie versucht, »aus der grauen Prosa meines Lebens eine Art transzendentales Gedicht zu schaffen«. Doch wenn auch nicht ganz gentlemanlike, atmet hier jede schmähende Silbe mehr Leidenschaft als all die wohlfeile Leere des emotionalistischen Pharisäertums, das der feine Herr Sumner weiter mit distinguierter Geste veredelt. Die zart-harmonische Simulation von globaler Verantwortung, Solidarität und Altruismus, gefiltert durch den blendenden Lichteinfall von ökologischem Chic und wiegende World-Music-Beats, verfolgt seit jeher die totalitäre Ideologie der Komplettsedierung. Die gewiß noch besser funktioniert, wenn man sich beim Wegdösen noch ein bewußtseinsstärkendes Produkt der deutschen Brauindustrie (»Handeln und genießen! Ein Kasten Krombacher = Ein Quadratmeter Regenwald!«) gönnt. Bei doppelter Verbraucherfreundlichkeit steht eines fest: So ruhig haben Sie garantiert noch nie geschlafen.

DER MESSIAS-REFLEX

Johnny Cash, »American Recordings« (1994), »Unchained« (1996), »American III: Solitary Man« (2000), »American IV: The Man Comes Around« (2002)

»It's The Singer, Not The Song« – daß ein Mann wie Mick Jagger eine solche Behauptung aufstellt, versteht man. Falsch ist sie dennoch. Im Country-Genre sowieso, hier galt schon immer Parität: Der Sänger ist nichts ohne Song, der Song nichts ohne Sänger.

Was unter anderem auch dazu führte, daß sich in der Country-Musik nie eine Album-Kultur entwickelt hat. LPs dienten lediglich dazu, aus dem Ruhm eines Künstlers oder dem Erfolg einer Single Kapital zu schlagen. Noch heute sind Country-Alben höchst standardisiert und bestehen aus zwei, drei Songs, denen die Plattenfirma Hit-Chancen gibt – und ansonsten Füllmaterial. Da die Mehrzahl der Country-Interpreten selbst nie oder nur gelegentlich Songs schreibt, gab es früher auf Country-LPs drei Sorten von Füllmaterial: Interpretationen von aktuellen Hits anderer Country-Stars, Cover-Versionen von Klassikern (Hank Williams etc.) und einen Rest von Songs, mit deren Aufnahme Musikverlegern oder befreundeten Songschreibern ein Gefallen getan (oder zurückgezahlt) wurde. Genau so ist auch die Mehrzahl der ca. siebzig Originalalben von Johnny

Cash zusammengestellt. Cash war immer ein großartiger Sänger, das Problem der Platten war deswegen nie *the singer*, oft aber *the songs*.

Die vier »American Recordings«-Alben machen da keine Ausnahme. Auch der wunderbarste Sänger wird niemals Material von Sting, U2, den Eagles oder Depeche Mode retten können. Und die Beiträge von Nachwuchsautoren aus dem Alternative-Bereich wie Josh Haden, Will Oldham oder Beck zeigen, daß diese Herrschaften noch viel trainieren müssen, um auch nur in der zweiten Liga des Songwritings mitspielen zu können.

Der Schuldige ist aber weniger Cash selbst. Er war es gewohnt, daß bei der Titelauswahl Produzenten oder A-&-R-Leute ein gewichtiges Wort mitsprechen. Diese Rolle übernahm bei den »American Recordings« Produzent Rick Rubin, der offenbar auch bei der Bestimmung der Begleiter seine Hand im Spiel hatte: Don Henley, Nick Cave, Tom Petty und Sheryl Crow bittet nur ins Studio, wer auch vor »Bridge Over Troubled Water« nicht zurückschreckt, einem der größten songschreiberischen Verbrechen der letzten fünfzig Jahre, das es in seiner Grausamkeit ohne weiteres mit »Don't Cry For Me Argentina« oder »In The Air Tonight« aufnehmen kann.

Aber auch bessere Songs funktionieren nicht unbedingt, wie etwa das live mitgeschnittene »The Man Who Couldn't Cry« beweist, ein großartiges, vertracktes Werk von Loudon Wainwright III, der darin eine an das Buch Hiob angelehnte Geschichte in den urbanen USA des ausgehenden 20. Jahrhunderts ansiedelt. Cash scheint nicht so recht zu wissen, was er mit einem Song anstellen soll, in dem es keinen Gott gibt und die Bibel nur noch rätselhafte Poesie ist.

Kurz: Nicht jeder tolle Song paßt zu jedem tollen Sänger. Rick Rubin muß man vorwerfen, daß er Cash nicht mit passendem First-class-Material zusammengebracht hat, etwa Songs der großen Texaner wie Townes Van Zandt, Willie Nelson oder Butch Hancock – warum nicht auch Dylan, Tim Hardin oder Fred Neil? Aber Rubin entschied sich lieber für Neil Diamond.

Als ich mich in den siebziger Jahren für Johnny Cash zu interessieren begann, galt es in Deutschland nicht nur als völlig abwegig, Country zu hören. Eine geschlossene Front, die sich quer durch alle musikalischen Lager zog, sah speziell in Cash die Verkörperung des spießigen, engstirnigen, rassistischen Redneck-Amerika. So kenntnislos und absurd einem diese Einschätzung heute erscheint, so nicht minder ungerechtfertigt kommt mir Cashs Überhöhung in eine gottähnliche Gestalt vor, die sich in den letzten Jahren vollzogen hat.

Aus der tiefsten Tiefe zum höchsten Gipfel: In den »American Recordings« finden seine Adepten den Helden Cash (guter Mensch, weil geläuterter wilder Mann, der aber immer Haltung bewies), einen alten Mann (Mitleidsfaktor, hat viel mitgemacht, deswegen größte Autorität), *powered by emotion* (das Gebot der Stunde; auf dem Ticket von Leidenschaft und Überschwang reitet selbst der kapitalste Kitsch an allen noch so wohlbegründeten Einwänden vorbei), einen eher akustisch gehaltenen Sound (Authentizität, »handgemacht«), das Ganze gepaart mit einem drei Generationen jüngeren Produzenten und dessen Freundesschar als Gastmusikern und Songlieferanten (also nicht pur nostalgisch, nicht retro, jung geblieben). Daß die Substanz der Platten dennoch eher bescheiden ist, scheint da ein Erkenntnisschritt zuviel zu sein. Aber daß auch intelligente Menschen Fakten, die der Erschaffung eines Heilsbringers entgegenstehen, schlicht und einfach ignorieren, wird ja nicht zum ersten Mal beobachtet.

Detlef Diederichsen

ONKEL FRANKS UNTERHOSE

Frank Zappa & The Mothers, »Over-Nite Sensation« (1973)
Bob Dylan, »Blonde on Blonde« (1966)

»Das ist doch lachhaft«, gab der Mann mit dem »fabelhaftesten Schnäuzer der amerikanischen Geschichte« (Matt Groening) kund, als er vom Plan des Parents' Music Resource Center erfuhr, daß CDs mit unerwünschtem oder auch nur verdächtigem Inhalt künftig mit warnenden Aufklebern versehen werden sollten. »Das hört sich an wie eine Kampagne, die sich irgendeine blasierte Politikergattin beim Sommer-Barbecue ausgedacht hat.«

Damit hatte er voll ins Schwarze getroffen. Initiatorin des Feldzugs gegen die künstlerische Freiheit war Senatoren-Ehefrau Tipper Gore, die an der Seite ihres Gemahls Al* später zur stellvertretenden First Lady aufrücken sollte. Immer noch erschüttert über den »haarsträubenden Dreck«, den sie auf einer Prince-CD gehört haben wollte, zog Gore gar vor den Senat, um die nationale Audio-Kultur wieder auf Doris-Day-Format zurückzutrimmen. Der Rest ist Geschichte: Die Musikkonzerne leisteten vorauseilenden Gehorsam und führten

* Der nicht gerade für seine zerebralen Kapazitäten berühmte Vizepräsident, über den zu seiner Amtszeit eine Unzahl durchaus zappaesker Witze kursierte: »Die Clintons und die Gores beschließen, ihr Sexleben übers Wochenende mit Partnertausch auf Vordermann zu bringen. Am Sonntagabend sagt Al zu Bill: ›Ich frage mich, wie's so bei den Mädels läuft.‹«

den Parental-Advisory-Sticker ein, der seit 1990 die gefährdete Jugend auf besonders saftiges Textmaterial aufmerksam macht. Frank Zappa wurde dabei die besondere Ehre zuteil, das Schmutz-&-Schund-Etikett für sein Instrumental-Album »Jazz from Hell« zu erhalten – offenbar hatte der Songtitel »G-Spot Tornado« bei Tippers Anstandswächtern die Alarmglocken schrillen lassen.

Der von Kalifornien aus operierende Agent provocateur arbeitete zu diesem Zeitpunkt bereits seit gut zwanzig Jahren intensiv daran, nicht nur den gleich im ersten Stück von »Freak Out!« (1966, noch unter dem Bandnamen Mothers of Invention) adressierten Lügenbold namens Mr. America vor den Kopf zu stoßen. Zuvor in einer Werbeagentur tätig, sorgte er für einen akribisch ex negativo inszenierten Personenkult – das Plakat mit ihm selbst auf dem Donnerbalken war seinerzeit so bekannt wie die in denselben WGs hängenden Che-Guevara-Poster, und die in der dritten Person verfaßten Liner Notes des Debut-Doppelalbums richteten sich an exakt die Klientel, die sie angeblich abschrecken wollten: »Er besitzt einen derart abstoßenden Charakter, daß seine häufige Abwesenheit bei Konzerten nur zum Besten jener leicht beeinflußbaren jungen Menschen ist, die seine Präsenz wohl kaum verarbeiten könnten.«

Weshalb die womöglich innovativste Platte des Jahres 66 in keiner Kanonliste vorkommt, läßt sich wohl am ehesten erfassen, wenn man zum Vergleich Dylans parallel erschienenes Album »Blonde on Blonde« heranzieht: Wo der chorgepriesene Folk-Rebell mit einer massenkompatiblen Mischung aus Balladen, generischem Blues und scheinheiliger (aus heutiger Sicht zudem lächerlich zopfiger) »Everybody-must-get-stoned«-Zeitgeistigkeit daherkommt, verschmilzt »Freak Out!« beißenden Spott und antisozialen Gestus mit einer extravaganten Lust am Pastiche sowie einer spielerischen Könnerschaft, die nicht nur austeilt, sondern sich dabei stets selbst ironisiert – vielleicht ein bißchen viel Ambivalenz für jene Lobredner, die seit jeher restlos eindeutige Konvergenzen von Stil und Message bevorzugen. Die klare Botschaft vermittelten die Mothers anschließend mit »We're Only in it for the Money«, einer halb satirisch, halb launig reaktionär angehauchten Flowerpower-Polemik, die, wiewohl selbst schon lange eingestaubt, immer noch um einiges frischer und erheblich intelligenter wirkt als Dylans krakeelte, im Lauf der Zeit zu Opas Selbstpersiflage erstarrte Kifferlosung, die heute selbst ein Daniel Cohn-Bendit einigermaßen kompromittierend finden dürfte.

Der Geist von Parodie, Experiment und Irritation zieht sich – von »Lumpy Gravy« (1968) bis »The Grand Wazoo« (1972) – leitmotivisch durch Zappas Œuvre, in Form von *musique concrète*, Psychedelia, Anti-Rock, Atonalität, Arthouse-Vignetten, Big-Band-Späßen und Fusion Jazz; mal interessant, mal interessant mißlungen, oft schlicht überkandidelt, öfter mal voll daneben und ebenso häufig auf dem Niveau des erpichten Dorfdeppen, der auch den gröbsten musikalischen Rülpser (und noch mal zwei Dutzend Dreifach-CDs mit lebenszeitverkürzenden Gitarrensoli) als progressives Orakel bestaunt – eine Art zweiter Bildungsweg für Menschen, die mit ihrem ausgefallenen Geschmack beweisen wollen, daß ihnen das fehlende Abitur doch keine Komplexe bereitet.

»Overnite Sensation« markiert indes einen Wendepunkt: Songtechnisch um einiges konventioneller als alle vorhergehenden Alben, tritt in den Texten nun nicht nur Zappas Obsession mit Zahnseide zutage, sondern auch ein gesteigertes Faible für Schweinkram und Flegeltum. Misogyner Unfug wie »Dirty Love« oder »Dinah-Moe Humm« (»So I pulled on her hair / Got her legs in the air / an' asked if she got any cooties in there«) suhlt sich mit unverhohlen bäurischer Freude im Schlüpfrigen – ähnlich geistreich wie etwa die Zwangsvorstellungen der deutschen »Autorin« Alexa Hennig von Lange, deren Muschi-Fisch-Witze und Intimrasur-Manien im Debut »Relax« die *ZEIT* immerhin zu dem naheliegenden Vergleich mit Salingers »Fänger im Roggen« animierten.

Wo früher Sarkasmus und ätzender Humor regierten, obsiegt ab »Overnite Sensation« jene anzügliche und stetig forcierte Grobianik, die schließlich auf Werken wie »Joe's Garage« noch deutlicher vor Augen führt, daß Zappa zusehends – inzwischen auch kompositorisch meilenweit von seinem Zenit entfernt – Provokation mit Penetranz verwechselte; Songs wie »Bobby Brown Goes Down«, »Crew Slut« oder »Catholic Girls« zeigten am Ende nur noch die feixende Grimasse eines Mannes, der Kontroverse und Revolte durch Frivolitäten aus der Unterhose ersetzte. Der einstige Exzentrik-Club der Mothers of Invention hatte sich in eine College-Toilette verwandelt, der Bürgerschreck in einen schenkelklopfenden Zotenclown, der die immergleichen öden Herrenwitze riß.

Nicht ganz. Frank Zappa vertrat die Gegenseite, als Tipper Gore im September 1985 bei den Kongreßanhörungen zum Thema »Porn Rock« die alte Leier von Verantwortung, Moral und Elternpflicht anstimmte, um der staatlichen Zensur das Wort zu reden. »Und demnächst fällt dann vielleicht ein paar Washingtoner Hausfrauen ein, Werke von Juden mit einem großen gelben ›J‹ zu kennzeichnen, um ihre Kinder vor versteckten zionistischen Botschaften zu schützen?« fragte Zappa in die Senatorenrunde, um abschließend das Wort an Frau Gore zu richten. »Mögen Sie ersticken an dem Bockmist, den Sie angerichtet haben.« Ein frommer Wunsch. Wir hoffen noch.

DICHTUNG UND WAHRHEIT

Rolling Stones, »Exile on Main Street« (1972)

»Yeah, sie haben diesen Tommy-Hilfiger-Sound. Wie cool.«
Thurston Moore

Im Sommer 71 quartierten sich die Rolling Stones in Keith Richards' Chateau auf einem Hügel über Villefranche-sur-Mer an der Côte d'Azur ein, um dort ihre Querelen mit den britischen Steuerfahndern zu vergessen. Kein allzu großes Problem im Ambiente mondänen Chics, gepflegter Parkanlagen, williger Gespielinnen und schier endloser Ströme von Champagner, die man gelegentlich auch auf Keiths (für Stonesianer: Keef) Luxusjacht mit dem schönen Namen Mandrax genoß – übrigens nicht nach einem James-Bond-Schurken benannt, sondern nach einem schwer breit machenden Barbiturat, das bereits in geringen Dosen zu gravierenden Vokalverschleppungen führt: *Heee, Miiick, Aaalter ...*

Supercool. Nebenbei fanden die Stones heraus, daß die Villa auch ein geräumiges Untergeschoß hatte. Mann, komm mal 'nen Moment runter. Wir haben 'nen Keller. Wie Dylan in Big Pink! Quatsch, Mann, hör mir bloß auf mit Anitas Muschi. Ich rede von den Basement-Tapes. *Der* Klassiker. Und jetzt sind wir am Zug.

Um die in ebendiesem Gewölbe entstandenen Aufnahmen rankt sich reichlich mythischer Efeu. Schließlich handelte es sich nicht um irgendein Studio, sondern um ein ehemaliges Gestapo-Hauptquartier im Lande der *poètes maudits*; so wurde aus Keiths pompösem Feriendomizil ein dem Exzeß geweihter Garten Eden, durch den der Hauch der Boheme und der Geist dekadenter Comtes wehte, ein auratischer Ort, an dem sich so manch lyrische Phantasie entzündete.

»Schnatternder Blues in weitläufigen Schloßparks«, dichtet etwa Karl Bruckmaier in »Soundcheck«, »klappernde Gerippe mit diamantenem Gebiß … Verkaterte Sünder heulen den lieben Gott um Vergebung an, während ihre Hände minderjährige Mädchen befingern. So tönt das für mich beste Album der Rockgeschichte.«

Daß auch weniger fromme Legenden das selbständige Denken stark beeinträchtigen, ist nun kein sonderlich großes Geheimnis. Zum Stones-Urglauben gehören auch die Suren über Keiths Faible für Nadel und Löffel, das zwar sein martialisches Image als »böser Bube« zementierte, ansonsten aber vornehmlich für die rapide Reduzierung seiner grauen Zellen sorgte. Zusammen mit seinem ewig bedrogten Kumpel Gram Parsons hing er meist an der Hausbar ab, mit nebligen Blicken, als würden sie in die Asche ihrer kreativen Kapazitäten starren. Tatsächlich war Parsons so von der Rolle, daß er von einer Mitarbeit an »Exile« notgedrungen absehen mußte; seine zwei Jahre später im Verbund mit den Flying Burrito Brothers entstandene Version von »Honky Tonk Women« läßt mehr als deutlich ahnen, wie fatal sich eine solche Performance ausgewirkt hätte – nur die deutsche Mitklatsch-Version »Die Mädchen zuhaus'« (1969) von Schlagerproduzent Jack White stimmt noch nachdenklicher.

Auch das gern und oft bemühte Bild des maroden, feuchten Subparterres war von Anfang an eine pseudoromantisch verbrämte Fotomontage. Mit all den Annehmlichkeiten ausstaffiert, derer sich Multimillionäre auch sonst für gewöhnlich erfreuen, war das Villensouterrain über Fernsehmonitore und modernstes Equipment mit einem technisch hochgerüsteten, mobilen Soundlabor verbunden, in dem Produzent Jimmy Miller die Regler verschob.

Der so originäre, dabei minutiös ausgetüftelte Kellerklang verdankt sich dem Plan, Geschichte zu machen, die »Basement Tapes« des Rock zu schaffen und sich den Platz zur Rechten Dylans zu sichern. Daß ein britisches Quintett an der französischen Riviera die Essenz uramerikanischer schwarzer Musik auszuloten versuchte, mutet indes nur halb so grotesk an wie die jahrzehntelang kolportierte Fama, es hier mit Vinyl gewordener Authentizität zu tun zu haben.

Mit »Sweet Virginia« sind die Stones vorübergehend sogar nahe dran, auch wenn der Song – ein Überbleibsel der Sessions zu »Let it Bleed« – im nachhinein dazugemogelt wurde; auf »Torn and Frayed«, einer kompetenten, wenn auch textlich weit über die Kitschgrenze hinausschrammenden Country-Nummer, kann man den Geist des sonst nur noch als Gespenst existierenden Gram Parsons klingen hören.

Der Rest besteht aus mehr vom selben limitierten Format, das die Stones bereits auf den Vorgängern »Beggars Banquet«, »Let It Bleed« und »Sticky Fingers« vorexerziert und durchgenudelt hatten – drei Alben, die bis Mitte der 80er als klare Kritiker-Favoriten galten, bis man sich auf den Trendkonsens einigte, »Exile« sei ein Statement gegen den aufkommenden Steril-Rock der Frühsiebziger gewesen. Von der Frische des 64er Debuts ist hier nichts zu spüren, geschweige denn von der Geschlossenheit von »Aftermath« oder der Experimentierfreude auf »Their Satanic Majesties Request«*; statt dessen gibt es das übliche Allerlei aus Roots-Panade und abgehangenem Blues, abgerundet mit einer Prise Gospel und ein paar makkerhaften Rock-Nummern à la »All Down the Line«, die durch die Bank anmuten, als seien sie für zukünftige Geländewagen-Spots geschrieben worden.

Was wiederum nahtlos ins Bild einer Band paßt, deren Sound spätestens seit Anfang der Siebziger auf genau den Massenfraß getrimmt war, den sie dann in den Neunzigern als Mietmusiker an die Konsumenten brachten: etwa als Markenbindungs-Gehilfen für Microsoft oder die 97er »Rock 'n' Roll Collection« des Designers Tommy Hilfiger, der bei der von ihm gesponserten Bridges-of-Babylon-Tour sowohl Mick Jagger als auch Opening Act Sheryl Crow als Kleiderständer für seine Schleuderware unter Vertrag nahm – wahrhaft ein weiterer Meilenstein auf dem Weg ins weltweite Shopping-Dorf der multinationalen Markenprodukte, Markenmedien und Markenmenschen, die das atemberaubende

* Ein treffliches Beispiel für die negative Seite der Kanonisierung: von Kritikern und Keef-Aposteln über die Jahre kontinuierlich als gescheitertes Experiment abqualifiziert, da nicht ins übliche Raster passend; nicht nur vom Songwriting her die mit Abstand interessanteste und kurzweiligste Platte im Stones-Katalog.

Rolling-Stones-Feeling gern auch im gleichnamigen VW Golf auskosteten. Und sollte ich mich nicht ganz getäuscht haben, trat George W. Bush nach seinem Wahlsieg 2004 zu den euphorisierenden Klängen von »Start Me Up« vor seine rockenden Anhänger. Nichts Besonderes eigentlich, da Bill Clintons Königsmacher das Stück schon ein paar Jahre früher bei ähnlichen Gelegenheiten genutzt hatten.

Bleibt noch Keith, der sich auch mit sechzig noch gern mit Totenkopfring und Nietenjacke ablichten läßt – nach wie vor Rollenmodell all jener Republikaner mit hoher Stirn und etwas schlichterem Anspruch, die sich weiter die Fantasy-Saga vom dunklen Prinzen erzählen und staunend davon raunen, was er alles überlebt hat; zweifellos nicht übel für einen, »dessen Talent sich unwiderruflich in Scheiße verwandelte« (Nick Kent). Doch so außergewöhnlich man dieses Kunststück finden mag, so gering nimmt es sich aus gegen die Leistung, mit »Exile on Main Street« das Wiener Schnitzel der Rockgeschichte geschaffen zu haben. Da weiß man, was man hat.

MONEY FOR NOTHING

Dire Straits, »Brothers in Arms« (1985)

»Money for Nothing« ist, genau wie »Sultans of Swing«, ein Song über Musik. Und doch wäre die bloße Feststellung, daß beide Hits im Abstand von sieben Jahren von demselben Mann geschrieben wurden, eine grobe Vereinfachung. »Sultans« stammt aus der Feder eines halbprofessionellen Gitarristen und handelt vom Auftritt einer halbprofessionellen Jazzband in einem verrauchten Pub – ein Schnappschuß, der den Blick auf »Guitar George« lenkt, einen mit allen Wassern gewaschenen Musikhandwerker, dem auf seinem Instrument buchstäblich *niemand* etwas vormacht (»he knows all the chords«). Es war der Song einer Band, »Money for Nothing« hingegen die Platte eines Produzenten, eingespielt mit hochbezahlten Sessionmusikern. Kein Wunder, denn »Money«, eine grantelige Boogie-Nummer, war weitaus komplizierter – textlich, gesangstechnisch und musikalisch. Trotz seiner epischen achteinhalb Minuten Länge und des hypnotisch anschwellenden Openings, bevor die Drums und der Gitarrenriff einsetzen, kletterte der Song binnen weniger Wochen auf Nr. 1, nicht zuletzt dank eines animierten Videoclips, der auf MTV rund um die Uhr rotierte.

In dem Hit von 1978 schildert ein junger Musiker einen Kollegen, der artig damit vorliebnimmt, die Rhythmusgitarre zu traktieren, sich aber leider nur eine Uraltklampfe leisten kann. Sieben kurze Jahre später ist aus dem Halbprofi ein Multimillionär geworden und aus seinem Song der ironische Kommentar eines Rockstars zu den Gepflogenheiten in der Popbranche: »Now that ain't workin', that's the way you do it / you play the guitar on the MTV.« Die Uraltklampfe hat sich in eine edle Antiquität verwandelt, die mit Geld kaum zu bezahlen ist.

1977 war Mark Knopfler ein angehender Englischlehrer mit ebensolcher Glatze, der sich im Hammersmith Odeon Konzerte von J. J. Cale oder Ry Cooder ansah. Der Durchbruch des Punk verschaffte notorischen Außenseitern wie Ian Dury oder Elvis Costello die langersehnte Chance, endlich eine Platte aufzunehmen, und so packte 1978 nach etlichen Absagen auch Knopfler die Gelegenheit beim Schopf, unterschrieb bei der Phonogram und nahm zwei Alben mit eigenen Songs auf, unter tätlicher Mithilfe der Dire Straits, einer Pub-Band, die kalorienreduzierten J. J. Cale und dazu den einen oder anderen Schluck Bob Dylan light servierte. Leider war das Ensemble, das auf »Dire Straits« zum Einsatz kam, nicht halb so professionell wie Cales Kapelle, und die Texte besaßen nicht annähernd die Schärfe oder gar Resonanz Dylanscher Reimereien.

Da er als Songwriter nie sonderlich produktiv war, finden sich auf »Making Movies« (1980), der mit Abstand besten Dire-Straits-LP, lediglich sieben Songs aus seiner Feder, auf der schwachen »Love Over Gold« (1982) sogar bloß fünf. Auf »Brothers« sind es neun, von denen aber nur zwei halbwegs etwas taugen. »Walk of Life« ist ein beschwingter

Cajun-Shuffle, der wie eine Jukebox-Single aus den Fünfzigern klingt. Der Titeltrack ist ziemlich genau das, was sich ein Filmkomponist unter einem Rocksong vorstellt: wenige Ideen, unnötig auf Überlänge ausgewalzt. Die übrigen sechs Tracks sind reines Füllmaterial – durchweg witzlos und fad. Nie zuvor in der Geschichte der elektrisch verstärkten Musik ist mieses Songwriting durch musikalische Virtuosität derart raffiniert kaschiert worden. Kein Wunder, hatte Knopfler doch die Soundtracks zu den Filmen »Comfort and Joy« und »Local Hero« beigesteuert.

Inzwischen strahlte MTV, das 1981 als New Yorker Kabelsender angefangen hatte, sein Programm in alle Welt aus. Aber das war nicht das einzige, was das Musikbusiness einschneidend verändern sollte. Im England des Jahres 1985 zog eine ganze Generation junger, unverheirateter Paare zusammen, und kleine, neumodische Compact-Disc-Player hielten Einzug in ihre frisch renovierten Wohnungen. Die erste CD vieler Leute war »Brothers in Arms«. Den Jungs gefiel die Gitarre, ihren Freundinnen gefielen die Texte. Knopfler verfügt über das einzigartige Talent, banalsten Kitsch wie Poesie klingen zu lassen. Appetitlich angerichtete Schonkost für geistige Normalverbraucher.

»Brothers in Arms« war also keineswegs eine Sammlung toller Songs wie, sagen wir, »Moondance«, »Highway 61« oder »This Year's Model« – eher der im wahrsten Sinne phänomenale Sproß einer Zufallsehe von Technik und Demographie. Die Dire Straits eroberten einen bislang unbekannten Markt. Als der Markt nach einer Jazzplatte für Leute verlangte, die keinen Jazz mögen, schlug die Stunde von George

Benson und Sade. Als der Markt nach einer Rockgruppe für Leute verlangte, die keine Rockmusik mögen, schlug die Stunde der Dire Straits. Sie konnten es selbst kaum fassen, das meistverkaufte Debutalbum seit den Beatles gemacht zu haben.

Als später der CD-Player erfunden wurde, verkaufte das Produkt CD die Platte »Brothers in Arms« und umgekehrt das Produkt »Brothers in Arms« Paletten von CDs. Der Elektronikkonzern Philips, der den CD-Player entwickelt hatte, sponserte die 85er Welttournee der Dire Straits. Eine Platte mit durch und durch banaler Musik war genau das Richtige für Leute mit Kleinkrediten und Hypotheken, und das clevere Cross-Marketing trug reiche Früchte. Das fünfte Studioalbum der Dire Straits war die erste CD, die sich über eine Million Mal verkaufte.

Myles Palmer

MUSIK, DIE DIE WELT NICHT MEHR BRAUCHT

Brian Wilson, »Smile« (2004)

Mein erster Tagebucheintrag in dieser Sache datiert vom 3. Oktober 1967. Ich war drei. Ein Seufzer mit Ausrufezeichen: »Ach, wenn doch ›Smile‹ erscheinen würde!« Seither ist ein halbes Leben vergangen, aber kein Tag, an dem sich nicht ein ähnlicher Eintrag findet. 7. Juli 1974: »Wir sind Weltmeister. Jetzt fehlt nur noch ›Smile‹!« 9. November 1989: »Alles mögliche passiert, aber ›Smile‹ ist immer noch nicht erschienen. Schweinerei!«

Ach, »Smile«.

»Smile«, liebe Nachgeborene, ist jenes von Brian Wilson komponierte Beach-Boys-Album, das 1967 – im Sommer der Liebe – aus nie genau geklärten Umständen nicht erschien. Das Album, das die Beatles zu Zwergen machen sollte. Die Musik, die die Welt hätte retten können. Doch dann wurde Wilson verrückt bzw. die Band bzw. die Plattenfirma – und das unveröffentlichte »Smile« in der Folge der größte Mythos, den der zeitgenössische Pop geschaffen hat. Größer als Mozart und die Requiem-Story. Größer als das Grabtuch von Turin. Größer als das dritte Tor von Wembley.

In den ersten Jahren steht die Sehnsucht in meinem Tagebuch gleichberechtigt neben: »Ach, wenn doch Adam zu Pa und Joe zurückkäme. Ach, wenn doch Gerd Müller sprechen könnte!« In den späten Siebzigern neben: »Ach, wenn doch nicht alle Mädchen Annette hießen!« Zuletzt koexistierte sie mit: »Ach, wenn doch Pamela Andersons Schauspielkunst, Claudia Roth und das Dosenpfand jene Anerkennung fänden, die sie verdienen!« Jetzt, mit über siebenunddreißig Jahren Verspätung, ist »Smile« erschienen. Endlich. Aber ich werde das Album nicht mehr kaufen. Niemals.

Gerade ist eine Geschichte passiert, unter deren Eindruck ich beim Schreiben dieser Zeilen stehe. Folgendes: Sie war meine erste große Liebe. Vierundzwanzig Jahre hatten wir uns nicht mehr gesehen. Wir redeten. Wir tranken. Wir wurden nachdenklich. Und dann machte sie mir das Angebot, dort wieder »anzufangen«, wo wir »damals am See« aufgehört hätten.

Damals am See, oh yeah. Eine Sechzehnjährige. Ein Sechzehnjähriger. Wir waren unschuldig. Wir waren zwei. Es war Herbst und unser erster Sommer der Liebe. Dagegen hatte auch die Kälte des Sees keine Chance. Selbstverständlich saß ich später jahrelang allein in meinem Zimmer und dachte darüber nach, was nicht alles hätte passieren können, wenn es danach anders gelaufen wäre. In aller Bescheidenheit: Wir waren ja nichts weniger als eine Teenager-Symphonie an Gott.

Also, um es kurz zu machen: Man kann sich natürlich auch heute »Smile« kaufen. Oder es sich von einer alten Liebe besorgen lassen. Aber das bringt nichts. Wenn schon, sollte man es nicht als verklärtes Retro-Projekt angehen und nicht mit unrealistischen Ansprüchen überfrachten. Der Wunsch, zurückgehen zu können, wieder unschuldig zu sein: Er ist verständlich, aber letztlich vergeudete Zeit. Er signalisiert Aufgabe – Eskapismus durch Historisierung.

1980 ist nicht rückholbar. Genausowenig wie 1967. Schon gar nicht für Menschen, die »Smile« 1967 überhaupt nicht vermißt haben. »Damals am See« ist die große Liebe, die nicht blieb. Und »Smile« ist das große Album, das nie veröffentlicht wurde. Das kriegt man nicht mehr besser hin.

Übrigens: Das ebenfalls 1967 erschienene Beatles-Album »Sergeant Pepper's«, wie auch der »Smile«-Vorläufer »Pet Sounds« und der Stones-Evergreen »Exile on Main Street«, wird ja regelmäßig und abwechselnd als größte 33er aller Zeiten ausgezeichnet, weil sie angeblich die Grenzen des Pop sprengten respektive neu definierten. Es gibt allerdings auch gute – und nachzuhörende – Gründe, die drei Alben als prätentiöse Kunstimitate zu sehen.

Das verstärkt meine Sorge, daß »Smile« die große Sehnsuchtsmelodie im Leben einiger Menschen sein könnte – die noch ärmere Irre sind als Brian Wilson selbst. Nein, wenn man sein Leben nicht meistert, nimmt man nicht einfach Unmengen von Drogen, schmeißt Sand in sein Arbeitszimmer – und wird dadurch ein heiliges Genie. Ich habe das kapiert, und das hat mein Leben sehr vorangebracht. Wenn jetzt noch Adam auf die Ponderosa zurückkäme, wäre alles perfekt.

Peter Unfried

DIE SÖHNE VON EDDIE VEDDER

Pearl Jam, »Ten« (1991)

Neulich stellte ein besonders findiger Amerikaner einen ganz speziellen MP3-Mix ins Netz. Er hatte zwei Songs der kanadischen Kommerz-Rocker Nickelback so miteinander kombiniert, daß nun »How You Remind Me« aus dem linken und »Someday« aus dem rechten Speaker schallte. Der Clou bestand nicht in der verdoppelten Grausamkeit der Aktion – im angelsächsischen Sprachraum hat sich für klinische Fälle geistiger Schwerfälligkeit inzwischen die Redewendung »He's such a Nickelback« durchgesetzt –, sondern darin, daß man nicht mehr unterscheiden konnte, welches Stück nun aus welchem Lautsprecher drang, da beide Tracks absolut, exakt und uneingeschränkt gleich klingen.

Der konsequent ökonomisierte Intelligenzgrad des Nickelbackschen Œuvres läßt sich per Luftlinie nach Seattle zurückverfolgen, der früheren Hochburg des sogenannten Grunge: einem Genre, das nicht nur jedem holzfällerhemdtragenden E-Gitarren-Eigner im Kielwasser von Mudhoney, Nirvana und Soundgarden im Handumdrehen zu einem Plattenvertrag verhalf, sondern von der Industrie in einem derartigen Rekordtempo ausverkauft wurde, daß es einem vergleichsweise vorkommt, als hätte die Blütezeit des Punk mehrere Dekaden gedauert.

Während sich bei Nirvana die Punk-Attitüde ihres 89er Debuts »Bleach« in Schmerzens-Barock für die Twentysomethings der Generation X verwandelte, hielten Pearl Jam von vornherein nicht hinter dem Berg, daß sie nichts anderes sein wollten als Aerosmith für die vom Nachhall der Reaganomics gefrusteten Slacker: »Alive« war die große Selbstvergewisserungs-Hymne für all jene Naturapathiker, die sich just in den einen oder anderen Körperteil zwicken wollten, »Jeremy« das balsamisch suggestive, mit Foreigner-Riffs abgeschmeckte Weihelied für all die halbwüchsigen Entrechteten, die der Pausenaufsichtslehrerin schon immer mal die Zähne in die Brustwarze graben wollten ... womit sich denn auch textlich einmal mehr bewahrheitete, daß Classic-Rock-Metal seit jeher Musik für Dreizehnjährige ist.

»Ten« bildete die Keimschicht für Aberdutzende von drittklassigen, sogenannten Alternative Acts à la Candlebox oder Stone Temple Pilots, die allesamt den weißen Bluesrock-Bombast der Siebziger für die nächsten Jahrgänge recycelten, die Bad Company oder Led Zep bestenfalls vom Hörensagen kannten. Höhepunkt der Entwicklung sind vorerst die Nu-Rock-Bands vom Stamme Creed, Everclear oder eben Nickelback, die Rock bzw. das, was von dieser totgerittenen Mähre übriggeblieben ist, weiter in Richtung gymnasiale Unterstufe konvertieren; das Gros der Amazon-Hörerrezensionen zu selbigen Bands läßt obendrein schaurige Schlüsse auf den aktuellen Stand des hiesigen Analphabetismus zu.

Womit auch ein für allemal klar wäre, daß der Einfluß auf andere Combos keineswegs etwas über die Geltung der originalen Trend-Auslöser aussagt. Prominentester Anhänger von Pearl Jam war übrigens NBA-Crossdresser und Sponsoren-Reklameträger Dennis Rodman, der gelegentlich im Mitgröl-Fieber von »Alive« die Bühne stürmte und sich (»Ich hatte praktisch einen Orgasmus«) huckepack auf dem Rücken von Ex-Tankwart und Leadsinger Eddie Vedder ungeziert in rustikale Brunft ritt. »Wenn ich Präsident wäre, würde ich die gesamten Sekretärinnen im Weißen Haus durchbügeln«, ließ Rodman in seiner Autobiographie »Walk on the Wild Side«* verlauten, um anschließend spontan ins Grübeln zu geraten: »Manchmal denke ich, daß ich fast mehr drauf stehe, mich mit Pearl Jam in Stimmung zu bringen, als tatsächlich eine Nummer zu schieben.« Und nach all den Jahren findet sich für Rodman nun endlich auch ein geflügeltes Wort, dessen Ursprung unverkennbar auf das Wirken von Pearl Jam zurückgeht: Was für ein Nickelback!

* Grober und höchst lesenswerter Unfug, inklusive der epochalen Sequenz, in der Rodman seine detektivische Spürnase einsetzt und den japanischen Spitz von O. J. Simpson nach dem Doppelmord in der Villa des Schauspielers einem geharnischten Kreuzverhör unterzieht: »Ich versuchte, ihn mit ein paar direkten Fragen aus der Reserve zu locken, aber der Hund sagte gar nichts. Er bellte bloß wie ein Bekloppter.«

SLIM ANUS UND DIE ALTEN ...

Eminem, »The Marshall Mathers LP« (2000)

Yo, man! Hier ist einer, der kein Blatt vor den Mund nimmt. Einer, der in jedem zweiten Satz »Fuck« sagt, so abscheuliche Worte wie »kackig«, »blasen«, »Arsch«, »Viagra«, »Klitoris« und »ejakulieren« von sich gibt; also im großen und ganzen so ziemlich demselben Wortschatz frönt wie VIVA- und Pro-7-»Starmoderatorin« Charlotte Roche, die ja auch immer wieder neue Rekorde in der Disziplin aufzustellen versucht, wie oft man in einem Interview das Adjektiv »scheißig« unterbringen kann*.

Eminem verkörpert den Traum vom Weißbrot-Rapper, der es geschafft hat, der schwarzen Community Respekt abzuringen. Bürgerlich Marshall Mathers getauft, verwandelt er sich als MC alle naselang in sein Alter ego, das Schandmaul Slim Shady, in dessen Rollenprosa er die halbe Welt disst, allen voran seine Mom Debbie, die ihm nach genug erduldeter verbaler Drangsal eine Zehn-Millionen-Klage anhängte; weshalb der Gangsta-Rüpel sie auch auf seinem Zweitwerk – mit binnen einer Woche 1,7 Millionen verkauften Einheiten ins

* Wier sprecken deusch: »Ich renne immer offene Türen ein. Das stört mich nicht, denn ich will ja nicht ein anstrengendes Leben haben.« Für die konsequente Angleichung von Clipstrecke und Klippschule mit dem Grimme-Preis ausgezeichnet, fehlt in der Laudatio auf Fräulein Roche leider Max Goldts schöner Satz: »Manche Menschen reden nicht, es spricht aus ihnen.«

Guinness-Buch der Rekorde eingegangen – als alte Fotze bezeichnet, die sich einfach bücken und es sich besorgen lassen soll, während er doch lieber Abstand davon nehmen will, ihren Schwuli von Rechtsverdreher in den Arsch zu …

Nur logisch, daß Slim Anus (noch eine seiner Persönlichkeitsabspaltungen) bestens ankommt bei den Kids – neuerdings: Teen People – da draußen, die auch noch das eine oder andere Hühnchen mit Direktorin Knüppelkuh im allgemeinen und ihrer Erzeugerin im besonderen zu rupfen haben. Beim Elternabend macht man sich da natürlich Sorgen über soviel schlechten Einfluß, nicht so recht im Bilde über all die Hiphop-Symphonien, die jeden renitenzgeschüttelten Zwölfjährigen längst darüber aufgeklärt haben, wie viele Knalltüten man mit einer Uzi killen kann und daß es die Schlampen nicht anders wollen; mal abgesehen davon, daß der Aufkleber »Parental Advisory – Explicit Lyrics« seit jeher nichts weiter als ein Verkaufsargument war.

Während die Medien soviel geballte Kontroverse und soziale Realität zum x-tenmal durch die Diskursmühle drehen, findet man das auf dem Weg zum B-Jugend-Training einfach nur voll krass und hammerhart – endlich zu erfahren, daß N-Sync stinken, die Backstreet Boys und Ricky Martin megascheiße sind, Britney einen an der Waffel hat, die New Kids on the Block Schwanzlutscher waren, Pam sich die Dresche von Tommy redlich verdient hat und Christina Aguilera überhaupt eine Nutte ist, die jeden ungewaschenen Schwanz in den …

Yo, bros! Ich bin's doch nur, der Eminem. Der andere, das war der Slim, versteht ihr? Zu schade, daß der Muthafucka vom Dienst nicht müde wird, allenthalben zu erklären, seine Lyrics seien gar nicht ernst gemeint. Schließlich befinden wir uns hier auf VIVA, genau wie Charlotte Roche, die bestimmt gleich auch wieder ein niedliches »scheißig« über die Lippen bringt – ebenso offensiv und polarisierend wie die neueste *Yam!*-Ausgabe. Gnadenloser Typ: Er wurde sogar mal verhaftet, weil er auf eine vorüberfahrende grüne Minna geschossen hatte. Mom, kann ich auch so eine Paintball-Knarre haben?

EINE MÜTZE SCHLAF

The Byrds, »Sweetheart of the Rodeo« (1968)
Gram Parsons, »GP« (1973)

Im Frühjahr 68 lernte Byrds-Leader Jim McGuinn – unlängst hatte er David Crosby und Michael Clarke aus der Band geekelt – einen unglaublich entspannten jungen Musiker kennen, in dem er in einem Moment geistiger Umnachtung den Country-Crooner George Jones mit Pilzkopffrisur erkannte. Für wen sich Gram Parsons selber hielt, stellte sich einige Wochen später bei einem Gig in Nashville heraus, als sie bereits mit den Aufnahmen zum nächsten Byrds-Projekt begonnen hatten: »Mann, endlich stehe ich hier in der Grand Ol' Opry! Ich bin *Hank Williams!*«

Während McGuinns Vorstellung von Pop-Countryfizierung sich im Beatle-esken Konvertieren von Dylan-Songs (»Mr. Tambourine Man«, »My Back Pages«) erschöpfte, sah sich Parsons als romantischen Visionär, der die rauhe Redneck-Authentizität südstaatlicher Provenienz mit der Dope-Seligkeit kalifornischer Kiffer fusionieren wollte; sein Vorbild war Merle Haggard, ein harter Knochen aus Oklahomas Dust-Bowl-Region, der wegen bewaffneten Raubüberfalls ein paar Jährchen in St. Quentin abgesessen hatte. Fraglos war der ehemalige Harvard-Student zu stoned, um zu bemerken, was auf den Bumperstickern der Pick-ups stand, die vor der Country

Music Hall of Fame seinen Weg kreuzten: *I'd rather step in shit than smoke it.*

Die Wahnidee eines kosmischen Abenteuerspielplatzes, auf dem Hippies, Trucker und Cowboys Spacecakes backen, war so recht nach dem Geschmack von McGuinn, der unlängst seinen Namen auf Empfehlung eines indonesischen Gurus in »Roger« geändert hatte, um eine bessere Resonanz im Universum zu erzeugen. Jetzt ging es nur noch darum, die positiven Schwingungen auch den harten Jungs in den Honkytonks anzudienen, die sich beim Gig in der Opry noch erboten hatten, den »Schwuchteln« gratis die Haare zu schneiden.

Auf ihre Offerte wären sie nach Genuß von »Sweetheart of the Rodeo« sicher gern zurückgekommen, vermutlich aber vorher mit Verdacht auf chronisches Müdigkeitssyndrom in die nächste Klinik eingeliefert worden. Was *Rolling-Stone*-Kritiker David Fricke nach einigen Joints als »rein wie Quellwasser aus den Appalachen, süß wie ein geraubter Kuß unter dem Erntemond und so schwungvoll wie ein Barndance in Kentucky« wahrnimmt, verwandelt jede Stereoanlage unweigerlich in einen Narkoseapparat. Country wird hier, eingeklammert zwischen zwei am Stock gehenden Dylan-Nummern von den »Basement Tapes«, im kollektiven Dröhnungs-Stupor mit Sünder-Oden, Sauf-Bekenntnissen und apathischen Bukolika über das erste Stelldichein unter der alten Eiche über die Zeit gequält; Rock machte offensichtlich gerade ein Nickerchen, als die beiden Genres verschmolzen wurden.

Auf Ex-Byrds-Songwriter Gene Clark (»The Fantastic

Expedition of Dillard & Clark«), die Beau Brummels oder die Youngbloods wirkte das gute kalifornische Gras bei der Kreuzung der Genres offenbar erheblich inspirierender, während McGuinn die erbaulichen Vibes auf Südafrikatour in garantiert niggerfreien Bars zum besten gab und Parsons nach zwei auch nicht übermäßig aufregenden Alben mit den Flying Burrito Brothers seine Solokarriere startete: Unterstützt von ein paar lockernden Dosen Heroin und seiner neuen Muse Emmylou Harris brilliert er auf »GP« mit einigen Schunkel-Duetten (»That's All It Took«), die beim Grand Prix der Volksmusik sicher greisen Anklang finden würden. Immerhin ist die Platte exzellent besetzt, nicht zuletzt mit Rhythmusgitarrist Barry Tashian, der mit den Remains 1966 eines der besten weißen R-&-B-Alben der Dekade abgeliefert hatte.

Parsons, der das harte Outlaw-Leben zunehmend mit der Injektion harter Drogen verwechselte, hätte sich rühmen können, so epochemachende Bands wie Poco und die Eagles beeinflußt zu haben. Dazu kam es jedoch nicht mehr. Nach einem überdosierten Cocktail aus Koks, Morphium und Amphetaminen gab er im September 73 die Nadel ab; zu seinem Mythos trug bei, daß sein Roadmanager, ein alter Knastkumpel Charlie Mansons, seine Leiche stahl, um sie in aller Feierlichkeit in der Nähe des Joshua Tree National Monument abzufackeln.

Nur die echten Honkytonk Men wollten ihm nicht so recht nachweinen. »Gram Parsons war ein Waschlappen«, kondolierte sein Idol Merle Haggard, womöglich immer noch ein wenig erbost über das Schlummerliedchen, das der erste Narko-Slacker der Country-Geschichte aus seinem Klassiker »Life in Prison« gemacht hatte. »Ich finde nicht, daß Junkies coole Burschen sind. Doch wohl eher Vollidioten, wenn Sie mich fragen.«

BLÖD RUMSTEHEN UND NICKEN

Kruder & Dorfmeister, »DJ Kicks« (1996)

Es gab mal eine Musik, die schämte sich so ihrer Bedeutungslosigkeit, daß sie, kaum erfunden, ununterbrochen ihre Namen wechselte. Auf daß sie niemand mehr erkenne, versteckte sie sich in den Plattenläden unter fortlaufend anderen Bezeichnungen. Mal nannte sie sich »Headz«, dann wieder »Downbeats«, wahlweise auch »Big Beats«. Aber immer blieb es unentrinnbar »TripHop«, die Musik, die noch dümmer klingt als ihr Name. Ein Stil, der dir nur eine Botschaft vermitteln kann: Leg dich doch wieder hin (und steh nie wieder auf). Richtungweisend der Titel des bekanntesten Tracks des Wiener DJ- und Produzentenduos Peter Kruder & Richard Dorfmeister: »Deep Shit Pt. 1 & Pt. 2«. Ist auf ihrer »DJ Kicks«-CD, die die Einfalt des Genres prototypisch abbildet, zwar nicht dabei, enthält aber deren volles Programm: Hymnisierung einer nervös ächzenden Vorlust, die nie erfüllt werden darf und sang- und klanglos in verpeiltem Dub-Gemecker endet.

Das Bemühen im TripHop, den ewig gleichen Nepp durch wechselnde Bezeichnungen zu tarnen, folgt der Methodik dieser Musik: Stets nur so tun als ob. Substanz durch Baßlastigkeit und einen sich mühsam dahinschleppenden Beat simulieren und sich darüber hinaus den üblichen Soul-

oder Jazzverdächtigungen per Bläser-, Piano- und Flüstergesangs-Einsprengseln hingeben. TripHop wurde gemacht und gehört von Leuten, die Techno abgehängt hatte. Die Gewalt und die Geschwindigkeit von Techno machte ihnen angst, denn sie wollten nichts mehr, sie erwarteten nichts mehr, sie bewegten sich nicht mehr. Wenn sie doch mal loszogen, standen sie immer nur blöd rum und nickten stumm vor sich hin. TripHop war ihre Hoffnung, trotz allem dennoch irgendwie modern sein zu dürfen, denn diese Musik wurde genauso vollcomputerisiert wie Techno in Wohnzimmer- und Hobbykellerstudios gefertigt.

Und so saßen sie über ihren Milchkaffees sonntags in den Brunchlokalen oder mit ihren Cocktails in sogenannten Lounges oder mit diversen Jeanshosen auf dem Schoß auf einem Höckerchen in einer C&A-Umkleide und ließen sich die Trübe-Tassen-Sounds des TripHop in die Ohren gießen. TripHop war die erste Musik, die Langeweile im Sinne totaler Affirmation des Vorgefundenen zum Qualitätsmerkmal erhob. Techno galt als primitiv, TripHop bot scheinbar Kontakt zur eleganten Klassik des Soul und Funk. Auch wenn es Ausnahmen gab (La Funk Mob, »Tribulations Extra Sensorielles«, die erste Massive Attack oder Kwanzaa Posse, »Wicked Funk«), getanzt wurde dazu nie. Die Soulsamples und das Funkgehabe waren reines Ornament, zu dem man an der Bar stehenbleiben und sich verklemmt verstecken konnte. Die Platten wurden fließbandartig abgespielt und nicht gemixt – von Leuten, die genregemäß angeberhaft darauf pochten, daß sie keine DJs, sondern bloße Plattenaufleger seien.

Da hätten die TripHop-Hörer auch gleich daheim bleiben können. Zu Hause, wo es am schlimmsten ist und auf jeden Fall die 98er-Doppel-CD »The K&D Sessions« von Kruder und Dorfmeister im IKEA-CD-Regal ruhte – für den Fall, daß mal jemand vorbeikäme, dem man rein gar nichts mitzuteilen hätte und der das dann an der Musik erkennen sollte. Und wer solche Gesten noch mit Zwinker-Zwinker-Kennermiene steigern wollte, der hatte da noch die »DJ Kicks« von 1996 stehen: wie die »K&D Sessions« eine Sammlung von Remixen, jeder einzelne so ununterscheidbar wie die Produzenten der verwendeten Originale, deren Namen schon beim Lesen auf der CD-Hülle in Vergessenheit gerieten. Sind die »K&D Sessions« atmosphärisch etwa so zwingend wie ein sinnlos vor sich hin perlender Zimmerspringbrunnen, blubbern die »DJ Kicks« so kraftlos wie ein vor zwanzig Minuten eingeschenktes Mineralwasser. Die manierierte Mattmusik vertändelt jedwede Art von Groove, Dub und Drum & Bass dahingehend, daß man geneigt ist, niemals mehr etwas mit Popmusik zu tun haben zu wollen. Viele Menschen, die damals TripHop favorisierten, kaufen heute gar keine Platten mehr. Diese Musik hat sie endgültig fertiggemacht.

Christof Meueler

DEUTSCHLAND PRIVAT

Herbert Grönemeyer, »Mensch« (2002)

Ein »persönliches« Album. Eine Art »Trauerarbeit« nach dem Tod von Frau und Bruder. »Intim«, »zutiefst menschlich«, »zum Nachdenken anregende« Texte »ohne Selbstmitleid«, »intensiv« vorgetragen von einem Künstler mit »Ecken und Kanten«, »einfühlsam«, »berührend«, »anspruchsvoll« und »außergewöhnlich« – das ist die bestverkaufte deutschsprachige CD aller Zeiten.

In den dreißiger Jahren des vorigen Jahrhunderts waren es Willy Fritsch und Johannes Heesters, die von zeitlosen Themen wie »Herz« und »Glück«, »Gefühlen« und »Fügung« kündeten, um Volk und Vaterland – nicht ganz erfolgreich – zu einem neuen Humanismus zu erziehen. Was ja nichts heißen will: Die Frage nach Glück und Gefühl, den Mysterien von Eros und Thanatos ist schon seit jeher eine universale gewesen. Den fundamentalen Daseinsrätseln nachzuspüren hat auch hierzulande eine lange Tradition – preisgünstige Antworten inbegriffen.

Möglicherweise ahnte Herbert Grönemeyer schon während seiner aktiven Zeit als Schauspieler, daß heutigen deutschen Mimen auch bei Rollen in internationalen Erfolgen am Ende bloß eine Beamten-Karriere im »Tatort« bleibt. Die ihm eigene, des öfteren auch textlich beschworene Kombination von ungebeugter Kraft und unbändigem Stolz, gepaart mit einer Allround-Hybris, derer sich auffällig viele deutsche Darsteller erfreuen, brachte ihn dazu, sein Tätigkeitsfeld parallel auf die musikalische Ebene auszudehnen.

Um die Deutschen mitten ins Epizentrum ihrer Befindlichkeiten zu treffen: mit detaillierten, so vorher nie dagewesenen Beobachtungen (»Männer kriegen keine Kinder«), die in ihrer Volksnähe spielend das Dialogniveau von Roswitha und Werner Schmölz bei der Sommerfrische in St. Peter Ording erreichen: »Guck mal, der Hund von denen hat schon wieder vor den Strandkorb ...« Gegen Rechts war er sowieso und forderte unbequem »Kinder an die Macht«. Keine Frage, Roswitha: Das ist »einer von uns«, sympathisch, bodenständig, baumarktnah. Und sich treu geblieben sowieso.

Nicht ganz. »Mensch« firmiert im Grönemeyerschen Werks-Korpus als großes melancholisches Soul-Album, mit dem kleinen Unterschied allerdings, daß es gar keinen deutschen Soul gibt, sondern nur emotionale Dickmilch, versetzt mit tief empfundener Binsenweisheit, unterstützt von konsequent glattgeschmirgeltem Balladen-Rock und arktisch kalkulierten Streicher-Arrangements, bei denen es so manchem beim Schwenken des Feuerzeugs zu Recht eine Gänsehaut über den Stiernacken treibt.

»Nach der Ebbe kommt die Flut«, lebenserfahren wir dort, daß Träume auf Sand gebaut sind und das Leben nicht fair ist in diesem unseren »Neuland«, »Zweiland«, »Dabeiland«, in dem man zuweilen »in einem silbernen Raum vom goldenen Balkon« die Unendlichkeit bestaunt – wie es wahrscheinlich auch Maffays Tabaluga nicht viel anders formulieren würde.

Der grüne Grabbeltisch-Drache bleibt ein ähnliches Mysterium wie Grönemeyers tief ins Volksempfinden eingesickerte Phrasen, die vom Kanzler bis zur Aldi-Kassiererin die gesamte Nation geeint haben in der epidemischen Annahme, es hier mit feinnervigem Geist, hoher musischer Sensibilität und nicht zuletzt einem großen Schicksal zu tun zu haben. Und so fühlt sich der deutsche Michel in seinen Adiletten endlich wieder »nordisch nobel«, während er die keineswegs geheime neue Nationalhymne mitskandiert, von dem Menschen, der da »schwärmt« und »stählt« und »kämpft«. Böse Zungen behaupten, diesen Sound in anderer Instrumentierung schon einmal gehört zu haben. Sie behaupten auch, »Mensch« sei kein Album, sondern eine kollektive Wahnidee. Und jetzt steht auf, wenn ihr Deutsche seid.

GRUSS VOM GEHÖRNTEN

Robert Johnson, »Complete Recordings« (1990)

Huuu-huuu. Das Käuzchen schrie und der Kojote heulte, als der junge Wandermusiker, seine Gibson L-1 über der Schulter, an den düsteren Crossroads inmitten der Baumwollfelder ein Päuschen auf seinem Marsch einlegte. Und ehe er sich versah, tauchte wie aus dem Nichts eine schwarze Limousine mit ebenso pechschwarzen Scheiben auf. Eine aber war heruntergekurbelt, und als der Junge neugierig hineinspähte, starrte er in zwei glühende Augen. »Ich weiß, was du dir wünschst, armer Tropf«, ließ sich eine schmeichlerische Stimme aus dem Wageninneren vernehmen. »Und du sollst künftig auf deiner Laute spielen wie kein anderer. Alles, was ich dafür verlange, ist eine kleine Gegenleistung. Ich will nur deine …«

Die legendäre Faustiade von Robert Johnson und dem Antichrist basiert auf einem ehrerbietigen Diktum des Delta-Bluesmans Son House: »He sold his soul to the devil to play like that«, übersetzt schlicht: »Der konnte spielen, als hätte er seine Seele dem Teufel verkauft.« House lachte sicher herzlich über den metaphysischen Quark, den sich die weißen Journalisten aus seiner Randbemerkung zusammenquirlten. Noch lauter aber lachten die Journalisten, die den Kommentar des Alten mit der nur fragmentarisch bekannten Lebensgeschichte Johnsons verdübelten: als Hobo und

Barrelhouse-Performer quer durch die Südstaaten unterwegs, stets das eine Auge auf die kommende Runde Feuerwasser, das andere auf die nächste Süße gerichtet, in jedem Fall ein unbeschriebenes Blatt, auf dem sich um so besser frei von der Leber weg fabulieren ließ. Selbst seine letzte Ruhestatt wird unter zwei verschiedenen Grabsteinen im ländlichen Mississippi vermutet.

Schreckliche Sünden, Hexen und den Höllenfürsten hatte nicht erst Hucks alter Kumpel Nigger Jim in »Huckleberry Finn« mit schaudernder Freude im Mund geführt: »Jim trug das Fünfcentstück an einem Band um den Hals und sagte, es sei ein Amulett, das ihm der Teufel höchstpersönlich überreicht habe.« Gewürzt mit ein wenig Aberglauben und folkloristischer schwarzer Romantik, ließ sich die verschwommene Vita des bis Anfang der Sechziger komplett in Vergessenheit geratenen Gitarristen zur Saga eines Getriebenen aufblasen, dem der geifernde Höllenhund auf den Fersen war, gemäß dem klassischen Reporter-Motto aus John Fords »Der Mann, der Liberty Valance erschoß«: »Wenn die Legende zur Wahrheit wird, dann druckt die Legende.«

Daß Johnsons Songs einen intensiveren Bezug zu Freund Luzifer besitzen als, sagen wir, Skip James' ein halbes Jahrzehnt früher entstandenes »Devil Got My Woman« oder andere themenverwandte Werke seiner Zeitgenossen, läßt sich beim besten Willen nicht erhärten; und der »Hellhound on My Trail« war kaum ein Nachtmahr, sondern nichts anderes als eine Metapher für unangenehme Kantonisten, die einem unvorhergesehene Arztkosten einbringen wollen. Vielmehr handelt sein Repertoire vornehmlich von willigen Girls, der

Baggerei in den Juke Joints und dem üblichen Abschiedsschmerz, wenn er wieder auf die Walz muß, arrondiert mit ein paar Armesünder-Elegien, die das höllische Amüsement auf den Lindyhop-Brettern wieder auf den irdisch-zerknirschten Boden der Sonntagsschule zurückholen.

Typischer Country-Blues also, in den Spezialisten wie »Soundcheck«-Verfasser Karl Bruckmaier »blankes Entsetzen« hineinlauschen, »ein gnadenloses Geworfensein in eine Welt, die zu verstehen nicht mehr möglich scheint«. Solch interpretatorische Aufschneiderei beamt nicht nur die Musik auf eine andere Klangebene, sondern gleich auch ihre Rezeption, die Generationen von Hörern darauf konditioniert hat, etwas Beklemmendes, Gehetztes, ja, Gespenstisches in Johnsons leicht nasaler Tenorstimme auszumachen, einem Timbre, das de facto deutlich duftigere Noten transportiert als die rauhen, zuweilen ans Wölfische grenzenden Phrasierungen eines Charlie Patton, Bukka White oder Blind Lemon Jefferson, die den Blues Jahre vor Johnson geformt hatten. Das Hauptproblem seiner Vorgänger bestand darin, daß sie im Bett gestorben waren.

Johnsons insgesamt 41 Aufnahmen – 29 Songs plus Alternativ-Takes – legen Zeugnis ab von einem variablen Gitarristen, der auf Tracks wie »Come on in My Kitchen« oder dem verspielten »They're Red Hot« seine instrumentale Fertigkeit beweist, wenngleich Pioniere wie der nicht mit ihm verwandte Lonnie Johnson die Saiten mindestens ebenso versiert beherrschten. Die Bandbreite des Materials krankt weniger an der ebenso »authentischen« wie kläglichen Tonqualität – insbesondere die Outtakes knistern mehr, als daß hier etwas funken will – als am Genre an sich: Der Blues, musikalisch seit jeher »eine hochkonservative Institution« (Peter Guralnick), erschöpft sich allzuoft in seiner Formelhaftigkeit. Johnsons schmaler Werkskorpus macht da keine Ausnahme, ein historisch bemerkenswertes, wenn auch zunehmend stereotypes Programm, das ohne die naive Kraft des Teufelsmärchens wohl eher ein Gähnen als eine Gänsehaut hervorrufen würde. Zweifellos hat Johnson »Dust My Broom« geschrieben; ebenso außer Frage steht, daß erst Elmore James seine Urschrift zum Klassiker erhoben hat.

Wie auch immer, nichts gegen eine gute Story. Wohl aber gegen die weißen Blues-Hausierer vom Schlage eines Keith Richards oder Eric Clapton, die unentwegt ihre »Wurzeln« feilbieten und sich mit ihren Johnson-Adaptionen kurzerhand in eine Traditionslinie gedrängelt haben, zu deren Nomenklatur sie immerhin das kunstgewerbliche Kürzel »handgemacht« beigetragen haben. Doch selbst Satan ist nicht mehr das, was er einmal war: Auf Claptons Schunkelnummer-Potpourri »Me and Mr. Johnson« (2004) klingt der »Me and the Devil Blues«, als wäre in der Hölle gerade Happy Hour, während der man bei einer ermäßigten Caipirinha die aktuellen Aktienkurse durchgehen kann. Der junge Mr. Johnson erlebte den ersten spätnachmittäglichen Schluck ein wenig anders, der ihn im zarten Alter von 27 allzufrüh unter die Grasnarbe beförderte. Dem Mythos nach soll ihn ein eifersüchtiger Ehemann vergiftet haben. Und so gesehen war es tatsächlich der Gehörnte, der ihm schließlich die Quittung präsentierte.

EINE KLEINE STORY ÜBER MOBY UND MICH

Moby, »Play« (1999)

Ich war allein mit dem Zug unterwegs, als ich mir die Musik von Moby zum ersten Mal ernsthaft anhörte. Es war im eiskalten Februar 2004, und ich wollte von Washington D.C. nach New York City, um zwei Schauspieler zu treffen, die Rollen in einem Bühnenstück von mir übernehmen sollten. Der Winter zog verschwommen an den Zugfenstern vorbei; weit und breit nichts als grauer Himmel, Fabrikgelände, Schrottplätze und schmutziger Schnee.

Oder war es nur die Musik in meinen Kopfhörern? Eben hatte ich Mobys Album »Play« gehört; jetzt lag »Animal Rights« im CD-Player, und genau wie in der Welt außerhalb der Zugfenster bewegte sich kein Mensch – geschweige denn menschliches Gefühl – in den Landschaften von Mobys Musik. Viele Songs klangen traurig, vielleicht wehmütig, bisweilen heiter: Man konnte nie ganz sicher sein, welche Absichten Moby verfolgte.

Natürlich war mir Moby schon vor dieser Zugfahrt ein Begriff. Er tauchte immer wieder in den Gesprächen über populäre Musik auf, die ich mit meiner Tochter führte. Ich machte sie mit meinen Funk-Rock-Blues-Wurzeln vertraut, und im Gegenzug stellte sie mir die frischesten und seltsamsten Neuheiten ihrer Generation vor. Kein Wunder, daß sie mich auch mit Moby bekannt machte, wenngleich mit gemischten Gefühlen.

1999, als Moby zum erstenmal meinen Radar kreuzte, bezeichnete meine Tochter ihn als »Verräter«.

Wir fuhren im Auto, als ein mir unbekannter Song aus den Lautsprechern kam, kristallklare Synth-Klänge mit digitalen Beats, und überall materialisierten sich Töne wie zirpende Vögel, die man in eine Voliere gesperrt hat. Hinter den ganzen MIDI-Sounds krächzte ein uralt klingender Blues-Sänger eine Phrase, ein gesampelter Schnipsel aus einer völlig anderen Ära. Irgendwie hatte der Song weder Anfang noch Ende, aber er war unbestreitbar reizvoll. Für mich stand fest, daß ich das Stück wiederhören wollte.

Auf meine Frage, von wem der Titel sei, sagte meine Tochter spöttisch: »Moby.«

»Moby? Wie der Wal?«

»Genau. Aber nur Moby. *No Dick.*« Sie warf mir einen kurzen Blick zu. »Im musikalischen Sinn.«

Meine Tochter war damals siebzehn. Sie war von Anfang an in der Dance-Szene, bei den sogenannten Ravern, und aus diesem Kosmos der ekstatischen Tanzmarathons kam auch Moby, dort entwickelte er seinen Sound als DJ, indem er den Plattenteller bediente und seine Klangmarke setzte. »Play« jedoch, sagte meine Tochter, sei ein »Riesenverrat an allem, wofür Moby steht«.

Kurz nachdem ich Moby zum erstenmal gehört hatte, war er überall. Für die meisten von uns schien »Play«, das sich millionenfach verkaufte und gewaltige Mengen an Radiosendezeit verschlang, aus dem musikalischen Nichts zu platzen.

Der *Rolling Stone* erklärte das Album zum Meisterwerk, zu einem Vorboten von etwas authentisch anderem. Begeistert kaufte ich mir die CD.

Die CD gefiel mir gar nicht so schlecht, aber dann begann ich mich doch zu wundern. »Play«, fand ich, war Philip Glass mit abgefeilten Ecken. Die unüberhörbaren Vorfahren des Albums – Glass, Gavin Bryars, Eno und John Cale, Daniel Lanois und Steve Reich – lassen sich leicht aus Mobys Stil heraushören. Die schlichte Tatsache lautet: »Play« ist ein Konglomerat aus allem möglichen – aus experimentellem Rock und moderner Klassik, deren Herausforderungen und Schwierigkeiten ausgemerzt, überarbeitet und auf Werbespot-Tauglichkeit getrimmt wurden.

Mit all dem könnte ich leben; schließlich ist Imitation die aufrichtigste Form der Schmeichelei in den schönen Künsten und in der Musik nicht selten ein zuverlässiger Weg, um eine interessante und authentische Entdeckung zu machen. Zudem brauchen wir alle gelegentlich Musik, die uns nichts Bestimmtes sagen will. Warum aber dann das ganze Theater um »Play«?

Der Zug fuhr in die 30th Street Station in Philadelphia ein. Ich wechselte die CD, legte »Rare: The Collected B-Sides« ein. Eine Empfehlung meiner Tochter. »Da hörst du den echten Moby«, hatte sie gesagt.

Und sie behielt recht. Das waren Songs, die einen aggressiven, atomisierten Sound- und Rhythmuswirbel hatten, Songs, durchströmt vom verheißenden Wesen der Musik an sich und den wesentlichen Bestandteilen des Rock 'n' Roll: einer Bereitschaft, sowohl aufreizend als auch fröhlich zu sein. »Voodoo Child«, »Next is the E«, »Mobility« – das war ein anderer Moby, der einen Platz einnahm, wo vielschichtige Beats und fette Akkorde tatsächlich Bände sprechen und etwas in der Seele bewegen.

»Rare« war zu Ende, als der Zug aus dem Bahnhof von Newark fuhr. Ich wählte eine eingespeicherte Nummer auf meinem Handy. Beim zweiten Klingelzeichen nahm meine Tochter ab und hörte zu, wie ich ihr meinen Trip mit Moby schilderte.

»Es gab Zeiten«, sagte sie, »da hat Moby etwas riskiert. Das ist vorbei. Vielleicht läßt ihn seine Plattenfirma auch einfach nicht mehr.« Sie seufzte, als würde sie einen alten Freund vermissen. »Ein Mix von Moby war immer ein Meilenstein – typische Musik seiner Zeit, ein Lebensstil. Und jetzt ist das alles verschwunden.«

Meine Tochter ist gerade zweiundzwanzig geworden, alt genug, um ein Problem mit mir zu teilen: Wir wollen, daß unsere populären Künstler, vor allem die, die einschneidende Augenblicke unserer Jugend geprägt haben, am schlichten, schönen Rätsel ihrer ursprünglichen Impulse festhalten. Die Musik darf ruhig hundertmal anders klingen – aber der Kern des Künstlers muß bleiben. Vielleicht verdient es Moby, als Verräter beschimpft zu werden, aber vermutlich ist er eher ein Opfer. Das kommt vor. Andauernd. Aber er ist auch nicht verschwunden. Man muß nur zurückgehen und die Musik von Moby finden, die sich nicht zehn Millionen Mal verkauft hat. Das ist der echte Mix, der Moby, dem man trauen kann – der Moby, den man vielleicht sogar behält.

Richard Currey

DER ANIMALISCHE DUFTBAUM

Robbie Williams, »Swing When You're Winning« (2001)

Casting ist das ganz große Ding des beginnenden Jahrtausends – die Saga vom jungen, unverbildeten Talent, dessen natürliche Gaben nur darauf warten, aus dem Dornröschenschlummer geweckt und von Meisterhand geformt zu werden – von väterlichen Mentoren, die sich bisweilen »Onkel« nennen lassen und dem gewillten Probanden mit der gebotenen Strenge und noch mehr Langmut zum Aufstieg in den Olymp verhelfen.

Man darf das Phänomen des Castings aber auch als perfektionierten Ausdruck der vielzitierten Mediendemokratie verstehen, die in ebendiesen Auswahlverfahren ein klassenübergreifendes Identitätskonzept kreiert hat. Wenn der Drogeriefachverkäufer unter der Ägide des Drillmeisters schwitzend die immergleichen debilen Tanzschritte einübt, wird »Leistung« wieder so romantisch wie in »A Chorus Line«. Welch Wonne zu parieren, welch Lust, die letzten Lämpchen im Oberstübchen zu löschen und nur noch zu funktionieren – das ist die neue Lesart von Entertainment.

Insofern besteht sicher kein Zweifel, daß man es in Robbie Williams mit dem größten Entertainer unserer Zeit zu tun hat. Williams wurde Anfang der Neunziger für die Klon-Band Take That gecastet, um dort den ihm zugedachten Part des Klassenkaspers zu geben; mit seiner Physiognomie – Tom Jones meets Paul Gascoigne – gewiß eine Idealbesetzung. Daß er dabei gelegentlich publicitywirksam über die Stränge schlug (Alkohol! Drogen! Geri Halliwell!), war den dankbaren Medien schlagender Beweis, über eine im Exzeß gewachsene Persönlichkeit berichten zu dürfen. Keine Frage: Robbie Williams war so erfrischend anders wie die Tribal-Tattoos auf den verlängerten Rücken all der unangepaßten Krankenkassen-Sachbearbeiterinnen, die man auf der Suche nach seinen Werken durch die lokale Media-Markt-Filiale streifen sehen kann.

Sein Solo-Debut »Life Through a Lens« (1997) fiel genau in die Zeit, als die Krönung-light-Generation den totalen Pop als »warme Bettdecke« (Helmut Lachenmann) über das Vakuum ihrer Hirne zog; ein Album für alle, denen Oasis noch nicht glatt genug gewesen waren, und das endgültig klarstellte, daß der sogenannte Britpop nichts anderes als die H&M-Kollektion der Musikindustrie war, sprich: sich problemlos von der Stange schneidern ließ. »Life« war der Soundtrack für die Zombie-Nation, die sich ihr Lebensgefühl direkt aus der Marketing-Abteilung liefern ließ. Wem kein Licht mehr aufgeht, bleibt nur noch übrig, besinnungslos den wunden Daumen am heißen Zündrädchen zu reiben.

»Was für ein Genie!« jauchzte B. v. Stuckrad-Barre, während Christian Kracht ihm sekundierte, ebenfalls Zeuge eines besonders geglückten »Re-Modelings« (Teen-Popanz gone Liam Gallagher, der es sich freilich verbat, von einem »Schwuli« vereinnahmt zu werden) geworden zu sein. »Swing When You're Winning« stellte dann allerdings weniger eine Neuerfindung als vielmehr eine Rückkehr zu Williams' Anfängen dar, der schon als Halbwüchsiger seine magischen Gaben als Sinatra-Imitator im Pub um die Ecke unter Beweis gestellt hatte. Mit dem Timbre eines animalischen Duftbaums gelingt es ihm, ein Dutzend Klassiker des Golden Age jeglicher Aura zu berauben und in Wohlfühlklänge für Schnellrestaurants durchzuformatieren, in denen jene Menschen sitzen, die Swing schon immer für ein preiswertes Kleinwagenmodell gehalten haben. Und genauso klingt er nun auch.

Wer Karaoke als Kunstform betrachtet, fühlt sich hier mindestens so gut bedient wie die liebestollen Redakteurinnen des Pop-Feuilletons, mit denen man dann beim nächsten Konzert des Sex-Gotts nach »Somethin' Stupid« in gemeinsamer Ergriffenheit seine neueste Stadionballade anstimmen kann: »My head speaks a language / I don't understand / I just wanna feel ...« Das immerhin muß man Robbie Williams lassen: So feucht und gefühlsecht hat noch keiner ausgedrückt, wie die kollektive Emotionsnormierung funktioniert.

TOURISTEN ERSTER KLASSE

The Band, »Music From Big Pink« (1968)

Als Robbie Robertson, Rick Danko, Garth Hudson, Levon Helm und der damals bereits verstorbene Richard Manuel, kollektiv auch als The Band bekannt, anno 1994 in die Rock and Roll Hall of Fame aufgenommen wurden, rieb ich mir einen Moment lang verwundert die Augen. Um einen alten Satz von Winston Churchill zu paraphrasieren: Mit so wenig war selten so viel erreicht worden.

Sicher, es sind schon untalentiertere Kantonisten in die Hall of Fame einmarschiert. Andererseits gibt es aber auch kaum eine Kapelle, die mit einem derart schmalen Œuvre ähnliche Meriten eingeheimst hätte – gerade mal fünf in Originalbesetzung aufgenommenen Studio-Alben, deren Qualität irgendwo im Niemandsland zwischen Mittelmaß und Ausschußware angesiedelt ist.

In seinem Fünf-Sterne-Review für den *New Rolling Stone Record Guide* besingt Dave Marsh die »Intensität« von »Big Pink«, die »betörenden Harmonien«. Noch ein Grund zum Staunen, denn wenn es irgend etwas gibt, was man auf »Big Pink« – oder irgendeinem anderen Album der Band – definitiv nicht findet, dann Intensität. Statt dessen bekommt man knapp 42 Minuten Keyboard-Geklimper und verdruckstes Genudel geboten; von ein paar Kiffern, die sich anhören, als würden sie statt in Mikros in leere Konservendosen singen. In jedem porösen Gartenschlauch sitzt mehr Druck als in dieser Platte.

Vom Opener »Tears of Rage« bis zum Schlußtrack, einer maroden Version von Dylans »I Shall Be Released«, ist hier bis auf »The Weight« nichts zu holen. »We Can Talk« klingt, als hätte Garth Hudson Keyboard-Stunden bei Ray Manzarek von den Doors genommen. Der absolute Nadir wird indes erst mit der Uralt-Nummer »Long Black Veil« erreicht; selbst Mick Jaggers bleierne, seinerzeit mit den Chieftains eingespielte Interpretation des Stücks wirkt dagegen wie eine Auferstehungs-Symphonie.

Die aufgewärmte Spielart gut abgehangenen Country-Folks südstaatlicher Provenienz, wie ihn The Band zum besten gab, war von Anfang an eine Totgeburt. Ihre gesamte Karriere war eine Lüge, das Produkt cleveren Marketings und krasser Imitation. Mit Ausnahme von Levon Helm handelte es sich ausschließlich um kanadische Boys, die ums Verrecken nach Dixie klingen wollten. Von ihrem frühen Mentor Ronnie Hawkins hatten sie die Grundlagen gelernt, um schließlich wie ihr späterer Freund Dylan schamlos die authentischen Roots des Blues auszubeuten – was man durchaus bourgeois nennen darf.

Dylan – der seine Vergangenheit selbst großteils erfunden hat und gern Märchen über seinen Hillbilly-Ursprung und seine Verbindung zu Woody Guthrie zum besten gab – zeichnete nicht nur für das mißratene Cover von »Big Pink« verantwortlich, sondern wirkte bei drei Songs zudem entweder als Komponist oder Gastmusiker mit. Klar, er wollte seinen Kumpels einen Gefallen tun, doch der Schuß ging nach hinten los. Dylans Schatten fällt überlebensgroß über das Album; seine Präsenz ist es, die aus »Big Pink« eines der unoriginellsten Debuts in der Geschichte der Popmusik macht.

Sehen wir den Tatsachen ins Auge: »Music From Big Pink« ist kaum mehr als eine halbherzige Hommage an Zeiten und an Landstriche Amerikas, die mit dem kulturellen Erfahrungshorizont der Band so gut wie nichts zu tun hatten. Das Hinterland von Arkansas, die nebelverhangenen Täler von Tennessee, das Elend in notdürftig zusammengezimmerten Baracken, in denen hungrige Kinder und hohlwangige Frauen hocken, lag vier Fünfteln der Bandmitglieder nicht sehr viel näher als der Mond. In die Gegenden südlich der Mason-Dixon-Line drangen sie überwiegend mit dem Tourbus vor. Sie blieben kanadische Touristen. Und während draußen die fremde Welt an den Fenstern vorbeizog, reisten sie so, wie es echte Stars seit jeher tun: immer erster Klasse.

Cliff Burns

PER WAH-WAH DURCH DIE GALAXIS
Jimi Hendrix Experience, »Electric Ladyland« (1968)

»Sie hätten 'ne Menge Kinder haben sollen«, sagte ich zu Al Hendrix. »Weil Sie talentiertes Sperma haben. Unter uns, haben Sie sich je Ihr Sperma betrachtet und sich gefragt: ›Mein Gott, ist da vielleicht noch ein weiterer Jimi in mir?‹ Hat Sie mal jemand wegen Ihres Spermas befragt?« Howard Stern

Im Spagat, mit dem Ellbogen, mit Zunge und Zähnen, über dem Kopf und auf dem Rücken: Niemand hat den bionischen Cyberpunk-Traum, den Zirkusaffen im Mann mit neuester Technologie zu verschmelzen, annähernd so perfekt verkörpert wie Jimi Hendrix. Daß er mit seiner Stratocaster nicht nur sportive Glanznummern ablieferte, sondern des öfteren auch fliegende Untertassen bei der Landung nachahmte, mag in diesem Kontext nur geringfügig erstaunen – ebensowenig wie die offenen Münder seiner Anhänger, denen das All teils doch entschieden näher war als der dritte Blusenknopf von oben.

Die Blusenknöpfe* sprengte seine Plattenfirma auf dem Cover von »Elec-

* »Wir zogen durch die Londoner Bars«, so Cover-Fotograf David Montgomery. »Die Mädchen bekamen je fünf Pfund, um sich oben ohne knipsen zu lassen. In Sachen Höschen waren sie erst zögerlich – aber nur so lange, bis wir noch mal zwei Pfund drauflegten.«

tric Ladyland«: 19 splitternackte Kneipengirls, die den intergalaktischen Garten Eden kurzerhand wieder auf englische Rosenbeete herunterbeamten. Nicht sehr viel anders verhält es sich mit den musikalischen Dimensionen, die Hendrix selbst sprengen wollte: Nach den beiden ersten, unter der Ägide von Chas Chandler entstandenen Alben der Experience hatte der selbsternannte Außerirdische erstmals komplette Kontrolle über die Produktion.

Der Ausflug ins Land der elektrischen Damen demonstriert einmal mehr, daß der sogenannte Director's Cut häufiger zur Überlänge führt. Während Tracks wie »Crosstown Traffic« und speziell das von Bassist Noel Redding geschriebene »Little Miss Strange« sowohl die melodiösen wie energetischen Qualitäten der vorausgegangenen Alben noch einmal präzise zusammenfassen, geht es bereits mit dem fünfzehnminütigen »Voodoo Chile« aufs Showoff-Treppchen, wo es sich nur noch darum dreht, den Rest der Welt mit ins Delirium der stellaren Fähigkeiten zu reißen – Jammen, bis die Standuhr neu aufgezogen werden muß, inklusive Steve Winwoods Georgel, das mit futuristischem Weitblick die bleierne Zeit des 70er-Jahre-Deutschrocks (und Hendrix' geplanten Einstieg bei Emerson, Lake & Palmer) vorwegnimmt. Ein paar Jahre später wurde die CD erfunden, vermutlich von jemandem, der sich die Frage stellte, wie man die dreiteilige Psychedelic-Suite auf Seite C (»Rainy Day« etc.) überspringen kann, ohne das Vinyl umdrehen zu müssen.

»Jimi Hendrix wäre heute mit Otis Redding auf einer Golden-Oldies-Tournee«, heißt es in Karl Edward Wagners

»Did They Get You to Trade«, einem scharfzüngigen Schwanengesang auf die Untoten des Rock ’n’ Roll. Eher würde er in den üblichen Familienshows antreten, mit Lenny Kravitz »Hey Joe« spielen und debilen deutschen Ex-Tennisstars die Hand schütteln. Da Hendrix an die Wiedergeburt glaubte, wird er sich wohl sehr genau überlegen, wann er wieder einen Fuß in diesen Teil des Universums setzt.

DIE DA OBEN, JOE

The Clash, »London Calling« (1979)

Als Clash-Frontman Joe Strummer im Dezember 2002 einem Herzinfarkt erlag, schrieben die britischen Blätter noch ein halbes Jahr danach, was für ein aufrechter, politisch engagierter, warmherziger, humorvoller und visionärer Mensch und Musiker er gewesen war. Ein sympathischer, bodenständiger Bursche, den man mit ein bißchen Glück in der Kneipe um die Ecke treffen konnte.

Genau dort hatte Joe Strummer schon vor dreißig Jahren gesessen, so manches frisch Gezapfte weggezischt, über Boxkämpfe, Fußball, Weiber und die neue, drehzahloptimierte Super-Flex zum Schnäppchenpreis schwadroniert. Dort am Tresen traf man die echten Kerle, die noch richtig zupacken konnten, sich ihr täglich Brot am Band und der Maschine erschwitzten und es wahrhaft verdienten, als »Salz der Erde« bezeichnet zu werden. Und wenn man richtig vorgeglüht hatte, wurde die Gesellschaftspyramide analysiert: Die haben uns echt an der Kandare. Alles Lügner und Betrüger! Vierzig Jahre hab ich geschuftet, und was hat mir das gebracht? Ein Emphysem und 'ne Rente, von der ich mir nicht mal Klopapier leisten kann. Die bluten uns aus. Die da oben, Joe ...

Daß The Clash eine Punkband gewesen seien, stellt eines

der größeren Mißverständnisse der Rock-Geschichte dar. Schon Strummers frühere Band, die 101'ers, hatte als lupenreine Pubrock-Combo in der Tradition von Dr. Feelgood, Rockpile oder der Tom Robinson Band mit »ehrlichen« Stampfhymnen und gecoverten Gassenhauern à la »Route 66« Quartalssäufer und ewig zu kurz Gekommene zum Mitgrölen animiert.

Während die Sex Pistols wie eine Musical-Version von Alex und seinen Droogies aus »Clockwork Orange« daherkamen und tatsächlich den einen oder anderen gelungenen Tollschock austeilten, wartete bereits das 77er Debut der Clash mit der alten Leier von öden Jobs, unterdrückter Arbeiterklasse und den Abzocker-Schweinen in den Chefetagen auf. Mit Sicherheitsnadeln und zerfetztem T-Shirt ausstaffiert, gab Joe nichts anderes als jene Agitprop-Parolen zum besten, die er an den Stammtischen seiner Lieblingspubs aufgeschnappt hatte.

»London Calling«, oft und gern zum chef d'œuvre der Clash ausgerufen, präsentiert proletarischen Chic und fortgeschrittenen Messianismus (»Ich bin auserwählt, die Wahrheit zu verkünden und mit dem ganzen Scheißdreck aufzuräumen«) im Gewand eines ebenso breit angelegten wie bügelfreien Doppelalbums, perfekt wanstgeschneidert, um auch Reinhard Bütikofer auf den Parteitags-Dancefloor zu bringen; mit neunzehn Songs zwischen massenkompatiblem Wave-Pop, handzahmen Ska-Nummern (»Wrong 'em Boyo«) und auswechselbarem Reggae (»Revolution Rock«). Multikultureller Rock-Mainstream, zu dem man in der Kneipe um die Ecke dem Establishment die Faust entgegenrecken kann, nachdem man vorher bei der neuesten Folge von »Wer wird Millionär« mitgerätselt hat.

Eine Ahnung davon, was aus »London Calling« hätte werden können, vermittelt das wenige Monate zuvor entstandene Album »The Crack« von den Ruts – ein echter, in einem Vierteljahrhundert kein bißchen gealterter Klassiker, der exakt dieselben Ingredienzen prismatisch bündelt, um in der kreativen Verschmelzung von Punk-Energetik, Reggae und Dub ein messerscharf umrissenes Bild der gerade beginnenden Thatcher-Ära zu entwerfen. Angefangen mit dem von Polizeisirenen eröffneten »Babylon's Burning«, atmet hier jeder einzelne Song mehr Klasse als das komplette Œuvre der Clash; bedingt durch den Tod von Leadsinger Malcolm Owen sollte es das einzige reguläre Album der Ruts bleiben.

Natürlich hat »London Calling« auch ein paar – zugegeben, wenige – inspirierte Momente; den nachhaltig pulsierenden Baßlauf von »The Guns of Brixton« etwa. Der stammte, wie der Song auch, von Paul Simonon, dem einzigen Mitglied der Clash, das von Anfang bis Ende dabei war. Abgesehen von Joe Strummer selbst, der sich in der Gewißheit sonnte, das »Exile on Main Street« der 78er-Generation verantwortet zu haben: den lauen Soundtrack für die tanzbare politische Einstellung und das dazugehörige Täßchen Nicaragua-Kaffee. Schlicht folgerichtig, daß danach das Dreifach-Album »Sandinista« erschien; nur Yes, EL&P und Grateful Dead haben ebenso lange und noch langweiligere Platten gemacht.

Bei Joe Strummers Beerdigung warf sich Courtney Love

schluchzend auf den stilecht mit Stickern übersäten Sarg, als läge ein anderer in des toten Mannes Kiste. Dazu kam noch der Nachruf eines Urians, der aus Termingründen nicht persönlich erschien. »The Clash waren die größte Rockband aller Zeiten«, ließ Bono verlauten. »Ohne sie wären U2 nicht das, was wir heute sind.« Das hatte Joe womöglich nicht verdient; aber wer Platten wie »London Calling« macht, muß auch die Konsequenzen tragen.

DAS PRINZIP AMERIKA

Norah Jones, »Come Away With Me« (2002)

Es gibt Menschen, für die ich schlicht und einfach nur Mitleid empfinde. So wie für Norah Jones. Aber lassen Sie mich ein ganz klein wenig weiter ausholen.

Der moderne Jazz war von Anfang an die Stimme des schwarzen Amerika. Es ging um Freiheit, eine Freiheit, die sich mit Jazz besser als in Worten ausdrücken ließ. Die Musik selbst war eine Lektion in Befreiung, eine Herausforderung an Kreativität und Innovationskraft. Nach dem Tod John Coltranes aber verwandelte sich der Jazz in die Stimme der weißen amerikanischen Mittelklasse – vorher lebendig und authentisch, wurde der Jazz zur drögen Akademikerdomäne. Mehr und mehr Universitäten begannen Jazz zu lehren; als ob Jazz etwas mit Wissen zu tun hätte. Ganz allgemein herrscht im Westen die Auffassung, daß Wissen Freiheit bedeutet – eine Rechnung, die nicht aufgeht, und ein grundlegender Irrtum obendrein. Je weniger man weiß, desto mehr fühlt man, desto genauer hört man auf seine innere Stimme, auf sein Gefühl, auf Freude, Angst und Schmerz: Das erst macht wahre Freiheit aus. Bird, Dizzy, Duke, Monk, Coltrane und Miles Davis haben nie eine Hochschule besucht. Bei aller Brillanz spielten sie vor allem ein Instrument – sich selbst.

Freiheit ist ein Problem, das die amerikanische Bourgeoisie seit jeher beschäftigt hat. Wahre Freiheit ist das allerletzte, was Amerika will – schon deshalb, weil echte Freiheit keinen kommerziellen Wert besitzt. Mit dem feinen Unterschied, daß der schwarze Jazz – Davis, Coltrane, Dexter Gordon – seinerzeit in Westeuropa hochgeschätzt wurde. Peinlich für die Amerikaner, daß in ihren eigenen Breitengraden Schwarze nach wie vor unterdrückt wurden, während ihr Hauptinteresse darin bestand, dem Rest der Welt Coca-Cola anzudrehen. Erst einmal mußte dem Negersound das Schwarze ausgetrieben werden; und so wurde die schwarze Musik kurzerhand als Kulturerbe integriert, frei nach dem Motto: Machen wir's zu unserer eigenen Sache, wenn wir's schon nicht abstellen können. In den späten Sechzigern wurden die Schwarzen zu Amerikanern. Jazz hörte auf, subversiv zu sein, und die neuen gleichberechtigten Bürger schickte man erst einmal nach Vietnam.

Es dauerte nicht lange, bis die nun erneut »befreiten« Schwarzen das Interesse an ihrer eigenen, revolutionären Musik verloren. Danach war es vorbei mit den Reisen ins Ich. Der Jazz wurde zum gymnastischen Muskelspiel der Weißen. Die neue Herausforderung bestand darin, in möglichst kurzer Zeit möglichst viele Töne zu spielen. Ende der Siebziger war Jazz zu einer Art bedeutungslosem Lärm verkommen. Sinnlichkeit und Melodie versiegten. Swing wurde zu einer endlosen Schulmeisterei in Polyrhythmik. Der amerikanische Jazz war so gut wie tot. Doch dann geschah ein Wunder. Die führenden Kommerzfürsten der Plattenindustrie erfanden dem Jazz eine neue Herausforderung. Jetzt ging es nicht mehr darum, instrumentale Fingerfertigkeit vorzuführen. Das neue Kunststück bestand darin, möglichst hohe Stückzahlen über die Ladentresen zu katapultieren.

Das amerikanische System basiert auf einem höchst simplen Prinzip: innerste menschliche Sehnsüchte in Konsumgier zu verwandeln. Der Amerikaner wird von Kindheit an darauf abgerichtet, seine spirituellen Bedürfnisse über eine Unzahl von Waren zu definieren. Der bessere Mensch ist derjenige, der das größere Auto fährt, ganz zu schweigen von jenen, die ein eigenes Flugzeug besitzen. Da menschliches Verlangen per definitionem nicht gestillt werden kann, braucht das System nichts weiter zu tun, als immer neue Produkte herzustellen, um seine Kinder auf immer zu versklaven. Der frühe Jazz paßte nicht in dieses System. Die bereits genannten Musiker suchten nach einem Ausdruck für Freiheit, nach Wahrhaftigkeit. Und Wahrhaftigkeit besitzt keinen Warenwert.

Norah Jones kostet preiswerte 14,99 Euro. Sie bekommen ihre CDs im Plattenladen oder gleich im Supermarkt um die Ecke. Sie ist um Längen besser als Coltrane, weil sie einem nichts abverlangt. Mann, das ist einfach superangenehm. Man hört die CD im Stau im BMW, und zu Hause trinkt man einen Rotwein dazu. Und dann schiebt man vielleicht noch eine Nummer, während Norah diskret im Hintergrund läuft; sie stört ja nicht. Sie können sogar die großen deutschen Philosophen dazu lesen, die Musik wird Ihre Aufmerksamkeit nicht in Anspruch nehmen. Und das muß Ihnen doch einfach gefallen.

Gilad Atzmon

WELCH UNENDLICHE QUAL

The Stooges, »Same« (1969)
Iggy Pop, »Lust for Life« (1977)

Jack White:	Ohne das, was du vollbracht hast, wäre ich wohl nicht derselbe Mensch.
Iggy Pop:	Echt scheißnett, daß du das sagst, Mann.

Detroits Antwort auf den westküstlichen Sommer der Liebe sah so aus: ein barbrüstiger Leptosome in Goldlamé-Handschuhen, der mit schneidender Stimme ins Feedback-Gewitter skandierte, er wolle ein Köter sein, um sich nebenbei auf der Bühne mit Erdnußbutter einzusauen oder mit Flaschenscherben ein wenig auf Selbstverstümmelung zu machen. Der erste Gig der Band hatte übrigens Halloween 67 stattgefunden.

Unterhaltungswert satt – hier bekam man noch etwas für sein Geld. Wenn auch seinerzeit nicht von allen Kritikern durchgehend enthusiastisch gewürdigt – Lou Reed: »Er war nicht mal eine gute Kopie eines schlechten Jim Morrison« –, bleibt Iggy Pop in der wie immer leicht diesigen Nostalgieperspektive Synonym für den wahren, den superauthentischen Rock 'n' Roll, der sich seit jeher über die Leiden definiert, die ein Erlösungsvertreter für den Rest des Fandoms auf sich nimmt; Design-Schmerzensmänner à la Nick Cave oder Thom Yorke sind dem rüpelhaften Todestrip-Getue eines Iggy Pop um einiges parteinäher, als man gemeinhin annehmen mag.

»Welch *unendliche Qual* es war, sich die Beatles und die Stones anzuhören! Es ging mir richtig dreckig, so verdammt neidisch war ich.« Iggy litt zunächst vor allem daran, Karriere machen zu wollen. Daß er plötzlich mit John Cale im Studio stand, verdankte sich nicht zuletzt auch seiner Bekanntschaft mit Velvet Undergrounds Nico, die ihm laut Eigenauskunft »das Muschilecken beigebracht« hatte. Über ihre Trennung wußte er später zu berichten: »Ich habe ihr gesagt, daß ich keine Lust hätte, weiter meine Zeit mit ihr zu verschwenden. Und sie sah mich an mit diesem Blick, den Deutsche kriegen, ehe sie in ein Stück Schweinefleisch beißen.«

Cale verpaßte dem antisozialen Stage-Panoptikum den berühmten Andy-Warhol-Touch, den sich der selbsternannte Nihilisten-König auch erwartet hatte. Zeit, mit Stentorstimme »Avantgarde« ins Herz der Finsternis zu rufen, während Iggy den bürgerschreckenden Garagen-Punk der Sonics und der Wailers durch den Minimal-Wolf und bei James Brown abgeschaute Shouter-Manierismen drehte. Der einzige, der hier konsequent gegen Cales Handschrift – besonders deutlich auf »I Wanna Be Your Dog« und »We Will Fall«, das sich anhört, als würde ein Welsh Corgi mit einer Viola vergewaltigt – anarbeitete, war Gitarrist Ron Asheton, ein genialischer Geist, dessen unbeirrt immergleiche Wah-Wah-Soli starke tonale Ähnlichkeit mit einem Bombenalarm aufwiesen.

Nach den extraordinären Hooligan-Hymnen ihrer zweiten, schlauerweise ohne Cale produzierten Platte »Fun House« begannen sich erste Abstimmungsprobleme zu ergeben, die sich etwa darin äußerten, daß Drummer Scott Asheton sich bei Gigs unter einem Handtuch zu verstecken pflegte, um negative Schwingungen abzuwehren, während Iggy selbst im geblümten Fummel herumwankte und sich Gedanken über seine sexuelle Identität machte. »Frauen? Ich meine, wieso ekeln sich Leute vor Insekten? Ich bin mehr Frau als all diese Schnallen zusammen. Was glauben Sie, weshalb ein so starker Macker wie David Bowie derart auf mich abfährt? Weil er ein echter Kerl ist und ich eine echte Frau. So wie Cathérine Deneuve.«

Die Liaison mit dem britischen Bi-Sex-Genießer verwandelte den bösen Mann aus Michigan in ... David Bowie. Pops neuer Stil war den Phrasierungen seines Partners so mimetisch nachempfunden, daß sich auf »Lust for Life« meist nicht mehr ausmachen läßt, wer hier eigentlich hinter dem Mikro steht. Die fachgerecht auf Classic-Rock-Airplay getrimmten Songs – exklusive des einigermaßen betreten machenden Baby-Gejaules auf »Turn Blue« – blieben Pops größter kommerzieller Erfolg und führten nicht zuletzt zur Reanimation seiner priapischen Seite. »Die Schlampen wollen mich«, ließ er in gewohnt gewinnender Art wissen, »aber das läuft jetzt nur noch nach meinen Regeln. Und die heißen: Du bist zu der und der Zeit an dem und dem Ort, in bester physischer Verfassung, und dann mach dich fickbereit.«

Wie Marx in seiner Vorrede zu »Der achtzehnte Brumaire des Louis Napoleon« bemerkt hat, ereignet sich die Geschichte zweimal: das eine Mal als Tragödie, das andere Mal als Farce. Heute tritt Iggy wieder mit den Stooges auf, um die alte Horrorshow vom Hundsein noch einmal als das aufzukochen, was sie wahrscheinlich schon immer war: eine Seifenoper mit sich selbst in der Rolle des Schaumschlägers. Und wie man sehen kann, waren die Jahre mehr als gerecht zu ihm. Durchtrainiert und athletisch wie nur wenige Beinahe-Greise, sieht er nun tatsächlich aus wie eine Frau – eine Matrone mit Bart, die allerdings weiterhin felsenfest glaubt, nur an ihrer Figur arbeiten zu müssen.

ERLÖSER MIT SCHUHEINLAGEN

U2, »The Joshua Tree« (1987)

Frage: Gibt es etwas Peinlicheres als einen Popstar, der sich darin gefällt, unter seinem Spitznamen zu firmieren?

Antwort: Ja. Einen Popstar, der seinem originellen Spitznamen noch das Wörtchen »The« voranstellt.

Aber halt! Soll das etwa heißen, daß The Edge tatsächlich noch peinlicher ist als Bono? Und: Geht das überhaupt? Nun gut, jeder für sich genommen mögen die Mitglieder von U2 unüberbietbar humorlose Pfeifen sein, doch als Band sind sie im Lauf der Jahre sozusagen zu Über-Wichsern geworden, deren Marotten mittlerweile die n-te Potenz erreicht haben.

Punkt eins: Bonos enervierender Hang dazu, den Verkünder zu geben. Der Zwergenmessias – wenn ich mich recht entsinne, ist er gerade mal 1,30 Meter groß und trägt auf der Bühne angeblich Schuheinlagen – reibt den Gläubigen seine politischen Korrektheiten seit mittlerweile mehr als zwei Jahrzehnten derart dick aufgetragen unter die Nase, daß man wohl kein Psychologe sein muß, um hier einen schweren Erlöser-Komplex zu diagnostizieren. Und was soll überhaupt das Getue mit der Sonnenbrille, Alter? Das war doch schon 1985 affig.

Zum zweiten: Die pausenlose Anbiederei der Band, die immer gleich den nächsten angesagten Mode-Groove verwurstet, um im Gespräch zu bleiben; ungeachtet der Tatsache, daß sich die nächste Generation mit neuen Beats und Breaks um Längen besser auskennt. Und um bei den kommenden Jahrgängen zu bleiben – die Kinder der U2-Mitglieder genieren sich vermutlich derart, daß sie ihre Eltern rundheraus verleugnen: »Nee, nee, mein Dad sieht bloß so aus wie der Typ von der Band, echt, ungelogen.«

U2 posen derweil unverdrossen weiter, auch wenn die Band bereits seit Ewigkeiten nichts musikalisch Relevantes mehr zustande gebracht hat, was sogenannte »Musikjournalisten« nach wie vor nicht daran hindert, arschrunzelndes Veteranentum als humanitäre Großgesten zu bejubeln. Die vier Inselaffen sehen es als ihre heilige Pflicht an, sich im Scheinwerferlicht immer aufwendigerer Bühnenshows zu suhlen, schlicht weil sie die unvergleichlichen U2 sind, das mit Abstand bombastischste Quartett von Pharisäern, das sich je in diesem Universum materialisiert hat; mit Ausnahme vielleicht von Rage Against the Machine, die aber immerhin die Würde besaßen, sich nach drei Alben wieder aufzulösen. Völlig der Selbstverblendung erlegen, halten sich U2 weiterhin für die Größten auf dem Globus, um die Moralkeule vor uns anderen Läusen zu schwingen und ihren kollektiven Zeigefinger ins Stadionrund zu richten – auf jene Bekehrten eben, die vorher mindestens einen Hunderter ins Ablaßsäckel abgedrückt haben.

»The Joshua Tree«, gern als reifstes Album von Bono & Co. apostrophiert, präsentiert eine Band, gegen deren Klippschultexte (»It burned like fire / this burning desire«) sich die Unbedarftheiten einer Tracy Chapman oder Tori Amos wie klassische Lyrik ausnehmen, gegossen in einen sämigen Breitwand-Sound, der mit Songs wie »With or Without You« unerreichte Gipfel epischer Brunst erklomm – Musik aus der Elegie-Fabrik, gemacht für eine Kundschaft, die ohne Emotionsverstärker sowieso nichts mehr fühlen kann.

Dazu kommen die Kollaborationen mit anderen Künstlern, die man durchweg scheußlich nennen darf. Hören Sie sich gelegentlich die Duettversion von »I've Got You Under My Skin« an, die Frank Sinatra, seinerzeit kaum noch mehr als ein ausgebranntes Wrack, 1993 mit Bono aufgenommen hat – ein überaus unschönes Beispiel dafür, wie man aus einem großen Song Ohrenkrebs macht. Wenigstens besaß der alte Frank noch so eine Art siebten Sinn, als er darauf beharrte, seinen Teil des Duetts solo aufzunehmen; so vermied er es, dieselbe Luft wie Bono atmen zu müssen. Ach ja, kann irgendein geistig halbwegs gesunder Mensch auch nur an die Band-Aid-Grausamkeit »Do They Know It's Christmas« *denken*, ohne daß ihm dabei das Frühstück aus dem Gesicht fällt?

Und reden wir erst gar nicht groß von Negativlands harmloser kleiner Parodie auf »I Still Haven't Found What I'm Looking For«. Während U2s Label mit Granatwerfern auf Spatzen schoß und es den Frevlern nach allen juristischen Kunstregeln besorgte, zogen es Bono & Co. vor, so zu tun, als hätten sie damit nichts zu schaffen.

Eines aber sollten wir doch noch erwähnen. Mag sein, daß U2 noch nicht gefunden haben, wonach sie schon so lange auf der Suche sind. In einer Hinsicht jedoch haben sie ganz sicher den Stein der Weisen aufgespürt: in ihrer unnachahmlichen Art, ihre Botschaft totzureiten und sich für die Unterdrückten dieser Erde stark zu machen – um sich am Sound der Münzen im Klingelbeutel zu erfreuen, das nächste Supermodel ins Hotelzimmer zu bitten und die Treuherzigkeit der Massen mit einem wissenden Grienen zu quittieren.

Julene Snyder

HALLÓ OG VELKOMIN …

Björk, »Debut« (1993), »Medúlla« (2004)

… im Land der Vulkane und Geysire, der Feuerinsel im Nordatlantik, wo man den Fratercula arctica – auch Papageientaucher genannt – als Nationalgericht genießen und in den langen Nächten am Rande des Polarkreises den Sagen von Helden- und Götterdämmerung lauschen kann, wie sie einst die isländischen Skalden sangen: von Ägirs Trinkgelage, Odins Rabenzauber und Helgi dem Hundingstöter.

Sie wußten es schon: Die Menschen in dieser zerklüfteten Landschaft am Ende der Welt sind anders, verschrobene Originale mit verwitterten Gesichtern, seit jeher vertraut mit den kehlig dräuenden Versen der Völuspa aus der Edda: »Sol tèr sortna sigur fold í mar / hverva af himmi heithar stjörnur«. Wo die Sonne schwarz wird, das Land ins Meer sinkt und die heiteren Sterne vom Himmel stürzen, hat man noch Kenntnis von Erde, Ursprung und elementarer Wahrheit. Und gerade erst gelandet, »ist die Unio mystica nicht weit« (Thomas Groß) – das überlebensgroße Konterfei der Gudmundsdottir, das den weitgereisten Sucher am Flughafen von Reykjavík mit weise wissendem Lächeln begrüßt.

Gudmunds Tochter, auch als Björk bekannt, ahnt womöglich schon von ihrer Bestimmung als alleinerziehende Übermutter der *Vox humana*, als sie mit der ganzen Inbrunst ihrer elf Jahre 1977 ihre erste Platte mit Coverversionen der Beatles, Syreeta und Melanie besingt. Die weniger herzerweichenden Punk-Versuche ihrer ersten Band KUKL münden in den knopfäugig lärmenden Indie-Pop der Sugarcubes, der ohne das zuckersüße Grrrlie-Kindchenschema mit den nordischen Zügen nicht halb so aufregend wäre. Um so mehr zündet es zwischen Drummer Siggi Baldursson und Bassist Bragi Olafsson: Mit Zwillingsschwestern verheiratet, lassen sie sich 1989 scheiden, um im liberalen Dänemark über den Wikinger-Besen in die gemeinsame Zukunft zu springen.

Während Björk indessen messerscharfe Schlußfolgerungen zieht. Sie hat oft genug gelesen, daß sie eine Elfe sei, und so beginnt sie mit ihrem Solo-Erstling »Debut«, sich in den Neunzigern als gesamtkunstwerkliche Fabelfigur aus dem Zwischenreich der Eiskristalle zu remixen, wo man während der Aurora Borealis das letzte Einhorn im düstern Gehölz zum Haus der Heilerin galoppieren sehen kann. Im zeitgemäß postmodernen Rahmen natürlich: Soul-II-Soul-Producer Nellee Hooper ist der erste, von dem sich die exaltierte Ausdruckschanteuse in ledersofataugliche Drum-'n'-Bass-, Triphop- und Ambient-Grooves kleiden läßt, in deren dekorativem Spannungsfeld sie sich zwischen Diamanda Galas, Kate Bush und Beth Gibbons neu erfindet. Apropos Wandlungsfähigkeit: Nicht nur auf »Venus as a Boy« hört sie sich unverkennbar wie Ingrid Steeger an.

Was nichts zur Sache tut, wenn der Rest der Welt meint, den Lockruf einer Feenkönigin zu vernehmen, deren heidnische Poesie stets von der Crème zeitgenössischer Klangdesigner in vollsatiniertes Kolorit gewandet wird: Von Tricky über Graham Massie bis hin zu Thom Yorke hat sich die Trendsirene die Dienste noch jedes Tonsetzers gesichert, der gerade en vogue war; eine bestrickende Strategie, die die weltweiten Kulturbeauftragten unablässig von Avantgarde und Extravaganz, Einladungen zum bewußten Hören und reichen ästhetischen Belohnungen keuchen läßt, wo lediglich manierierte Soundtapeten zu hören sind.

Längst eine Instanz der europäischen Geschmackssuggestion, durfte Björk – nach E-meets-U-Ausflügen ins mal Kammermusikalische, mal Symphonische und der ebenso absehbaren Kooperation mit dem dauerausgezeichneten Frauenversteher Lars von Trier* bei dessen Opfergang-Grusical »Dancer in the Dark« – bei den Olympischen Spielen 2004 das Hochamt der Kulturbotschafterin mit der Weltmusik-Hymne »Oceania« übernehmen; ein bombastischer Opernauftritt für Millionen, die es wiederum nicht versäumen wollten, soviel bayreuthgeschulte Großkunst auch in Form des marketinggerecht direkt anschließend erschienenen Albums »Medúlla« zu erwerben – ein weiterer, naturgemäß höchst anspruchsvoller Geniestreich der Diva mit den Inuit-Augen, die wie keine andere den Fremdenverkehr in ihrer Heimat gefördert hat.

Was für ein dunkles, magisches Land. Auf eigenes Risiko kann man in Reykjavík im Hotel »Björk« absteigen, Brautar-

* Der brillante Autorenfilmer, dessen Darstellerinnen immer so aussehen, als hätte er sie vor Drehbeginn vermöbelt, weil sie die Kassenbrille nicht aufsetzen wollten. Obwohl es vereinzelte Stänkerer gibt, denen die Demut des Anerkennens fehlt. So spricht Christian Kracht von »diesen grauenvollen dänischen Regisseuren um den spektakulär schlechten Lars von Trier mit ihrem Zucht- und Ordnungsverein Dogma. Filme ohne Licht, ohne Sound, ohne Schauspieler – in letzter Konsequenz: ganz ohne Film.«

holt 22–24, Zimmer mit WC und Dusche, Satelliten-TV und Telefon. Und wenn der Koch im hauseigenen Restaurant »Potturinn & Pannan« besonders gut gelaunt ist, zeigt er Gästen gern, daß sogar die Spezialität des Hauses den Namen des isländischen Stimmwunders kennt; »Björk« ist nämlich der letzte Laut, den der heimische Papageientaucher von sich gibt, ehe ein ebenso unangenehmes Knacken das Brechen seiner Halswirbelsäule signalisiert. Das Grienen des Kochs hat allerdings weniger mit der Freude an seinem Beruf zu tun; er erinnert sich nur an das alte Sprichwort, daß die Narren vom Festland immer noch nicht ausgestorben sind.

LEICHNAM, VOLLBEWEGLICH

The Libertines, »Up the Bracket« (2002)
The Strokes, »Is This It?« (2001)

Alle waren sich mal wieder einig. Derart rotzfrech, ruppig und ungezähmt, authentisch und wahrhaft meisterlich hatte sich schon lange keine Band mehr gebärdet. Daß Libertines-Vokalist Pete Doherty sich obendrein mit einem kleinen Heroin-Problem herumschlug, brachte die britischen Lohnschreiber Knall auf Fall ins Sabbern, allen voran die Macher von *Mojo*, die das einmalig schicke Nadel-Feeling postwendend auf die Titelseite klatschten: »*Wanna smack?*«

Mal 'ne Runde fixen? Es scheint nicht mehr sonderlich weit her mit dem »schöpferischen Potential der Rockkritik« (Michel Houellebecq), die alle naselang mit der alten Boulevard-Mär vom wildromantischen Exzeß am Rande der Gesellschaft hausieren geht. Daß die Riffs des Londoner Quartetts kaum minder abgedroschen daherkommen als der auch nur noch leidlich unterhaltsame Junkie-Mythos, liegt indes weniger am Erinnerungsballast jener altersmäßig bereits etwas vorgerückten Spielverderber, die ohnehin meinen, alles schon einmal gehört zu haben; sie freuen sich höchstens, daß Ex-Clash-Großvater und Libertines-Produzent Mick Jones sie in seligem Angedenken an tollkühne Hausbesetzerzeiten noch einmal mit dem Ärmel durch die Bierlache wischen läßt.

»Ein Retro- und Revival-Jahrzehnt waren die Neunziger ja auch, weil die jungen Pop-Musiker ein so umfassendes Wissen mitbrachten«, so Joachim Hentschel anläßlich der sich zum zehntenmal jährenden »Offenbarung« des ersten Oasis-Albums, »und mit den Medien ebenso vertraut umgingen wie mit der Funktionsweise früherer Umstürze, vor allem mit Punk. Ein unschätzbares Archiv.« Während die Gallagher-Brüder dieses Reservoir als Fashion-Stadl für die Regenbogenpresse und die Heilschreier der Popfront durchdeklinierten, führen die Libertines nun erneut den Beweis, daß sich gebrauchtes Ungestüm nur unzureichend mit Bedeutung füllen läßt.

Gewiß wäre »What a Waster«, die erste Single der Libertines, anno 77 ein halbwegs memorabler Knaller im Stil der Adverts oder 999 gewesen. Ein Vierteljahrhundert später klingt nicht nur die von Doherty ausgegebene Parole, die Musik der Band handele von »England, Klassenunterschieden, sozialem Protest«, papageienartig nachgeplappert und fingiert. Ebenso steht es mit dem Stöbern im Archiv, das die Band lediglich dazu animiert, den Sound einer längst erkalteten Gegenkultur nachzuäffen.

Durch die Bank konform, unhip und ironiefrei, recycelt »Up the Bracket« die Buzzcocks, The Jam, Sham 69 und die Only Ones; der Titeltrack hinterläßt den schauerlichen Nachgeschmack der Toten Hosen, und selbst das durchaus ansteckende Riff von »The Boy Looked at Johnny« geht über in einen suffseligen Bierzelt-Refrain, der nicht nur von fern an Rod Stewarts Untaten mit der schottischen Nationalmannschaft erinnert. Wie originell die Libertines mit dem

Ethos des Punk spielen, zeigte sich im Dezember 2002, als sie für eine Magazin-Fotostrecke den 1976er EMI-Presseshot der Sex Pistols mit den spritzenden Bierdosen bis ins Detail nachstellten – eine Aktion, auf die eine Bemerkung Joachim Lottmanns über Deutschlands Pop-&-Bulimie-Autorin Kerstin Grether* wie die Faust aufs Auge paßt: »Kein Satz aus dem Buch, aber immer neue Barbie-Posen.«

Wenige Monate zuvor waren die Strokes zu den Rettern des Rock 'n' Roll ausgerufen worden; ein in immer spärlicheren Zyklen zelebriertes Nicht-Ereignis, das zur Abwechslung als die Wiedergeburt des »Garagenrock« ausgegeben wurde – einem in diesem Fall recht luxuriösen Unterstellraum, in dem der Gatte von Drew Barrymore, der Sproß des Gründers der Elite Modelling Agency und andere Millionärssöhne ihren Ennui in eine Reihe von Geschmacksgefahrlosigkeiten gossen, die Papas Blondie-, Lou-Reed- und Television-Platten garantiert alarmgesicherten Tribut zollten. Höhepunkt der hörbar unaufregenden, ganz auf Low-fi-antik gewienerten Sessions war das bei Tom Petty abgekupferte »Last Night«, von vornherein kühl auf die mitgrölenden Massen abgestellt, wie Gitarrist Albert Hammond jr. prosaisch feststellte: »Dahin zu kommen, wo Britney und Justin sind, das ist es doch, worum sich alles dreht.«

Den Strokes, Libertines und Dutzenden von anderen Vertretern des »Bubenrock« (Thomas Mauch) verdankt sich vor allem, daß die halbjährliche »Rettung« des Rock 'n' Roll

* »Ihre These ist folgende: Die männliche Sozialisation zum Pop geht über die Plattensammlung, die weibliche über die Magersucht.« (Lottmann) Ganz neue Gedanken: Mann Kopf, Frau Körper. Aber »Berlins geistiges Potential wächst immer noch« (Lottmann).

mehr und mehr wie eine Lektion in Leichenkosmetik anmutet. Unwillkürlich mag einem sogar das Jahr 1924 in den Sinn kommen, als der Genosse Wladimir Iljitsch Uljanow, genannt Lenin, von der Weltenbühne abtrat und ein präparatorischer Wettlauf gegen die Zersetzung begann; ein neues, gebührend revolutionäres Konservierungsverfahren ermöglichte es schließlich sogar, die sterbliche Hülle des Bolschewikenführers vollbeweglich zu erhalten. Nur sein Gehirn hatte man zuvor entfernt.

Immerhin gibt es eine schöne Leich' zu sehen, die so manch enthusiasmierte Volontärin von zügellosen Sinnesfreuden träumen läßt. Vom letzten Robbie-Williams-Auftritt offenbar noch leicht benäßt, schrieb sich eine gewisse Susanne Messmer in der *taz* unlängst ihre Workout-Phantasien mit dem Libertines-Gitarristen Carl Bârat von der Seele: »Wie eine äußerst begnadete Kreuzung aus dem blutjungen Al Pacino und dem noch schmelzigeren Nicolas Cage schaut er aus. Auch wenn sein entblößter Oberkörper zugegebenermaßen ein kleines bißchen zu wünschen übrigläßt: Einmal sieht man ihn von hinten im Gegenlicht, er reißt den Kopf herum, die Schweißtropfen fliegen gut beleuchtet wie in der Duschgelwerbung, und ein sehnsuchtsvolles Ächzen geht durch das Publikum. Schon erstaunlich, wie glücklich es machen kann, einem Mann beim Schwitzen zuzusehen.«

Tiefer ist die Essenz des Punk sicher selten empfunden worden. Nur ein unentwegter, in der Bundeshauptstadt ansässiger Nörgler sah sich veranlaßt, erwähntem Blatt einen Leserbrief zu mailen, der wohl aus Platzgründen nicht abgedruckt wurde: »Ist es eigentlich wirklich dringend nötig,

Konzertkritiken von anscheinend unter Hormonstau leidenden Jungdamen verfertigen zu lassen? Weshalb besagte Artikel sich dann lesen wie die Nacherzählung einer Axe-Reklame? Aber da die wahnsinnig tollen Libertines recht eigentlich nichts weiter sind als die arme Sau, die diese Saison durchs Popdorf getrieben wird, gibt es über diese sturzfade Schrammelcombo wohl einfach nichts Bedeutenderes zu berichten. Gelt?«

MEINE FREUNDE, DIE DEADHEADS

Grateful Dead, »Live/Dead« (1969)

Nicht, daß ich irgend jemanden der Grateful Dead persönlich kennen würde. Aber ich hasse diese Band. Ich erkläre Ihnen auch gern, warum.

Ich war noch ein Teenager, als die Kunde von der Westküste an meine Ohren drang, und schließlich kamen auch die ersten Alben der Bands, von denen die Rede war: Jefferson Airplane, Big Brother & The Holding Company, Quicksilver Messenger Service und Moby Grape – alles von schwierig bis fabulös. Die Dead trudelten leicht verspätet zur Party ein, doch sosehr ich mir auch Mühe gab, ihr Debutalbum zu goutieren, es war einfach nicht besonders gut.

He, ließen mich meine Freunde aus San Francisco wissen, warte einfach mal ab, bis du sie live siehst. Dann kommst du auch dahinter.

Im heimatlichen Ohio ließen sich die Dead zwar nie blicken, doch nachdem sie ein paar weitere Studioplatten herausgebracht hatten, die ein ums andere Mal bewiesen, daß Studioplatten nicht ihre Domäne waren, kam endlich ihr erstes Live-Album heraus. Und ich kapierte es immer noch nicht.

Ich hab's weiß Gott versucht. Ich zog nach Marin County in Kalifornien, eine Gegend, in der die Dead so zur Gesellschaftskultur gehören wie die jüdische Küche in New York. Ich sah mir ein paar Gigs von ihnen an. Meine Herren, war das öde.

Dann kamen zwei Alben, die man sich durchaus anhören konnte, »Workingman's Dead« und »American Beauty«, von den schauderhaften Vocals mal abgesehen. Man versicherte mir einmal mehr, bei Konzerten würden sie ganz anders klingen. Nun ja, das wußte ich bereits.

Schließlich zog ich nach Texas – eine Dead-freie Zone, wie ich dachte. Aber da hatte ich mich geschnitten.

Meine erste Freundin dort war ein Deadhead, sonst aber eigentlich ganz normal, jedenfalls laberte sie nicht in einem fort über die Dead wie meine Bekannten an der Westküste. Dann jedoch kam der Tag, an dem mich die Dead einholten. Ein Gig. Und ich mußte hin. Nicht nur deshalb, weil meine Freundin unbedingt zu dem Konzert wollte, sondern weil ich mich als Musikjournalist bei einer Lokalzeitung verdingt hatte. Ich hatte einen Job zu erledigen. Ich beschloß, mich entsprechend einzugrooven und warf eine Handvoll Mushrooms ein.

Als wir ankamen, war die Trennung schon beschlossene Sache. Sie wollte ganz vorn an der Bühne stehen, um abzurocken und die Mähne fliegen zu lassen. Im Ernst, wie soll man sich dabei irgendwelche Notizen machen? (Die Mushrooms gestalteten die Sache auch nicht einfacher, aber ich war eben Profi.) Ich versuchte mich im Groove treiben zu lassen, doch es funktionierte nicht. Die Band klang, als würde sie üben. Die Vocals waren zum Heulen. Immerhin wirkten die Mushrooms – und wie. Die nebensächlichsten Dinge bekamen plötzlich eine andere Dimension; nur der Sound von der Bühne nicht. Schließlich verzog ich mich zu den Pyrotechnikern, die das Feuerwerk vorbereiteten, das den Schluß des Gigs krönen sollte. Als das endlich losging ... Mann, JETZT wurde es interessant!

Da ich zu jener Zeit ziemlich viel Jazz hörte, ging ich davon aus, daß die doch ein wenig stumpfen Improvisationen der Dead eher bei etwas anspruchsloseren Hörern ankamen. Mein Kumpel Jay war ebenfalls ein großer Jazzfan. Wir fuhren immer zusammen nach Fort Worth, um uns dort die Jazzer anzusehen, die Austin meist links liegenließen. Wir redeten uns die Köpfe über die neuesten Jazzscheiben heiß, machten sogar ein paar Radiosendungen zusammen. Als ich eines Tages wieder mal bei ihm anrief, erfuhr ich von seiner Frau, daß er gerade unterwegs war. »Er begleitet die Dead auf ihrer Tour.« Er war ein Deadhead.

Ich verstand überhaupt nichts mehr. Wir sahen uns Branford Marsalis in Fort Worth an, und plötzlich spielte er »Dark Star«. Jerry Garcia tauchte auf einer Ornette-Coleman-Platte auf. Hey, das waren Musiker, die tatsächlich improvisieren konnten. Aber was hatten sie mit den Dead am Hut?

Schließlich zog ich nach Berlin. Zumindest würde es in Europa keine Deadheads geben. Aber von wegen: Bei meinem ersten Job arbeitete ich mit einer Amerikanerin zusammen. Ein Deadhead. Eine Zeitlang war ich mit einer hübschen deutschen Lehrerin zusammen. Ein Deadhead. Sie hatte sogar ein Jahr lang in San Francisco gelebt, um ihren Idolen nahe sein zu können.

Irgendwann gab ich es auf. Die Grateful Dead haben eine Menge toller Sachen zuwege gebracht. Sie waren die erste Band, die ihr Business komplett unter Kontrolle hatte, von der Produktion über Tourbuchungen bis hin zum Kartenverkauf, ein Modell, das vielen anderen als Vorbild diente. Sie gaben Menschen, die ansonsten an den Rand der Gesellschaft gedrängt worden wären, das Gefühl, zu einer verschworenen Gemeinschaft zu gehören. Sie haben Menschen auf den verschiedensten Gebieten inspiriert, Computerfreaks, die die Internet-Revolution ins Rollen brachten, Anwälte, die für ein humaneres Amerika kämpfen, Umweltaktivisten und Gewerkschaftler. Sie haben sogar eine zweite Generation von Bands hervorgebracht, die sich auf ihre Musik berufen, und eine dieser Bands, Donna the Buffalo, gefällt mir sogar. Jerry Garcia ist mittlerweile tot, und die Dead gibt es nicht mehr. Während der dreißig Jahre ihres Schaffens waren sie für viele Leute von immenser Bedeutung. Und das sei ihnen auch belassen.

Nur ihre Musik will ich nie wieder hören, okay?

Ed Ward

NUR NICHTS PERSÖNLICH NEHMEN

Radiohead, »OK Computer« (1997)

Sie wollen das alles nicht. Erfolg war ihnen schon immer suspekt, wie Radioheads Gitarrist Ed O'Brien anläßlich der 43. Grammy-Verleihung einmal mehr unterstrich, nachdem U2 bereits wiederholt das Podium erklommen hatten, um die Lorbeeren für ihre Verdienste um die konsequente Durchformatierung zeitgenössischen Hörverhaltens einzuheimsen: »Bono hat erkannt, daß man den ganzen Mist mitmachen muß, wenn man in der Arena steht. Wir dagegen glauben, daß das die Sache nicht wert ist. Am Ende wird man zum Opfer des Systems; irgendwie kriegen die einen immer. Und dann ist man plötzlich nur noch ein halber Mensch.«

Die kategorische Verweigerung gegenüber dem Terror der Mediengesellschaft macht Radiohead – und insbesondere ihren Sänger Thom Yorke – seit Beginn der Neunziger zum Inbegriff von Integrität und aufrechtem Widerstand gegen Kommerz, Kalkül und Kapital. Auch bei den Grammys waren sie nur zugegen, um den großen Mediensatan und seine Jünger mit dem gebotenen Degout im Auge zu behalten – und sich en passant ihre eigenen Preise abzuholen, mit denen die Musikindustrie soviel Unbequemlichkeit und Ungehorsam traditionell zu belohnen pflegt.

Daß die Querdenker von Radiohead auch gegenüber Videos und MTV eine gehörige Portion Abneigung empfinden, versteht sich in diesem Zusammenhang von selbst – weshalb sie nur widerwillig alle vier Wochen einen neuen Clip abdrehen. Als erklärte Skeptiker beäugen sie Bono und Michael Stipe mit einem Höchstmaß an Argwohn, um sich einen Moment später zähneknirschend mit ihnen zu verbrüdern. Sie verachten die Medien, nehmen aber schweren Herzens Auftritte bei »Saturday Night Live« in Kauf. Sie geißeln die Polit-Defraudanten, die ihre Wähler kalt lächelnd verraten und verkaufen – dabei haben sie »gar nichts gegen Tony Blair persönlich« (Thom Yorke). Wohl keine andere Band hat sich derart verdient gemacht, wenn es darum geht, kompromißlos Haltung zu beweisen und Stellung zu beziehen.

»OK Computer« gilt gemeinhin als beste Platte der Neunziger, wenn nicht gleich als bestes Album aller Zeiten, zu dem es 1998 von der Leserschaft des britischen *Q* gewählt wurde; ein Status, der sich in den kommenden Jahren weiter zementieren wird*. Der weltweite Millionenseller reicht den Pathoskelch des ersten Radiohead-Hits »Creep« nahtlos weiter an die dürstenden Studentenmassen, denen nach einem Jahrzehnt durchgängiger Party-Time und Marken-Kaufrausch doch ein wenig blümerant zumute ist angesichts der schönen neuen Konzern- und Globalisierungswelt, in der konsequent an der zentrifugalen Beschleunigung der Konsumspirale ge-

* Tricks of the Trade: »Diese Best-of-Listen sind ein echtes Verkaufsargument, die bringen wir turnusmäßig«, so die Chefredakteurin eines bekannten Medienmagazins neulich nach dem vierten Cocktail. »Natürlich hat kein Redakteur die Zeit, selber solche Listen zusammenzustellen. Wir schicken dann einen Volontär ins Archiv und basteln uns unsere Liste aus denen zusammen, die wir in den anderen Blättern finden. Merkt ja sowieso kein Schwein.«

arbeitet wird. Und nun haben sie auch einen Sprecher: Thom Yorke, der die Paranoia und Entfremdung, Neurosen und Dysfunktionen in den westlichen Konsumentenparadiesen endlich beim Namen nennt. Nur George Bush und Tony Blair läßt er dabei aus dem Spiel, weil man ja nichts persönlich nehmen soll.

Der vage Tiefsinn von Yorkes lyrischer Verlorenheits-Tristesse, der eine halbe Generation – der andere Teil war noch damit beschäftigt, Oasis und das Soloalbum-Feeling auszukosten – in dem Verdacht bestätigte, daß »Ich liebe es« die teuflische Hymne einer seelenlosen Gesellschaft sein könnte, wird perfekt ergänzt durch einen akkurat ausgeklügelten Symphonie-Bombast, der jedes Bic von selbst entflammt und die laue melancholische Luft des Fin-de-siècle-Katzenjammers um so besser zirkulieren läßt. Entgegen dem weitverbreiteten Gerücht, daß es sich ob der fehlenden Refrains und des einen oder anderen Rhythmuswechsels um hochkomplexe Klanglandschaften handelt, gibt es wohl nur wenige Tonträger, die traumversunkene Erstsemester und chronische Phlegmatiker so lauschig und schmeichlerisch in Watte packen, daß selbst der Teddybär wohlig zu braunzen beginnt.

U2, Coldplay und Roger Waters in einem, angereichert mit reichlich lethargischer Geworfenheit für die Klasse von 98: Songs wie »Paranoid Android«, »Subterranean Homesick Alien« oder das gleichermaßen opulent gezuckerte »Lucky« sind der lindernde Balm für jene Menschen, die sich in Radioheads tröstender Untröstlichkeit genauso selbst und wiederfinden wie in der heimeligen Fräuleinwunder-Prosa deutscher Grübelei: »Zwei oder drei Tage vor dem Beginn einer Reise werde ich ängstlich, ohne Grund, alles scheint mir sinnlos, die Ferne, die Fremde, die Kontinente nicht anders als jeder Blick aus meinem Fenster, vier Wochen in einem unbekannten Land, wozu, denke ich, was soll da anders sein und was soll es mir nützen ...« Und ob es da überhaupt Lätta gibt? Wem so gepflegt resignative Fragen ebenfalls Kopfzerbrechen bereiten, der besitzt auch alle Radiohead-Platten. Thom Yorke ist Judith Hermann.

SCHLUSS MIT DEN MEISTERWERKEN

Nick Currie

SCHLUSS MIT DEN MEISTERWERKEN

Wir leben in einem Zeitalter des Überangebots. Es gibt von allem zuviel. Das ist ebenso beängstigend wie erfreulich. Beängstigend, weil das meiste im Handumdrehen wieder verschwindet. Erfreulich, weil an seine Stelle sofort etwas Neues tritt.

Früher, als der Kapitalismus sich auf die bloße Produktion beschränkte, konnte man ihn durchaus als ein »materialistisches« System bezeichnen; wir waren angehalten, die Gegenstände zu bewundern, die der Markt zu bieten hatte. Heute jedoch, in Zeiten der Überproduktion, scheint der Kapitalismus mehr und mehr zu einem metaphysischen System geworden zu sein. Gegenstände sind nicht genug. Bewundern sollen wir nun Wachstum, Überfluß und die grenzenlosen Verheißungen, die uns die grenzenlose Überproduktion verspricht. Es geht nicht mehr um konkrete Produkte, sondern um Abstrakta.

Und so haben wir gelernt, die ewige Flut des Neuen zu genießen. Wir werden derart mit Produkten überschwemmt, daß wir die Welt quasi nur noch durch einen Schleier wahrnehmen. Wir machen uns die Denkart von Nomaden und Buddhisten zu eigen, lernen, die ständige Veränderung und Vergänglichkeit um uns herum zu schätzen, so wie auch die eigentümliche Distanz zu Produkten und deren Akkumulation.

Da ruft plötzlich jemand: »Halt!« Jemand, der wegwill von diesem System des »Zuviel«, zurück zu einem System des »Gerade genug, ohne Verschwendung, ohne Opfer«. Jemand, der den Produktionsvorgang wieder menschenwürdig machen möchte. Jemand, der Respekt und Anerkennung einklagt für diejenigen, die ihr Material genauestens kennen und beherrschen, die ihr Leben ihrer Kunst geweiht und schöne Dinge, ja vielleicht sogar ein Meisterwerk geschaffen haben.

Dieser Jemand schreibt einen Artikel über einen unterschätzten Handwerker oder Künstler, der in der schnellebigen Welt des Überflusses keine guten Erfahrungen gemacht hat. Er setzt sich hin und erstellt eine Liste der zehn besten Stücke dieses Künstlers. Meisterwerke allesamt. Klingt das nicht wunderbar, erinnert uns das nicht an eine bessere, langsamere Zeit?

Leider hat ein anderer dieselbe Idee gehabt und eine völlig andere Liste erstellt. Ebenso ein dritter und ein vierter und so weiter und so fort. Und was ist nun das Ergebnis der Listen all dieser netten, wohlmeinenden Menschen, die angetreten sind, der zynischen Flut des Überflusses Einhalt zu gebieten? Noch mehr Überfluß. Ein Überfluß an Listen.

Am besten, ich lege an dieser Stelle eine kleine Pause ein, gebiete der Flut von Worten sozusagen einen Augenblick Einhalt, um Ihnen die Liste meiner Lieblingsplatten 2004 zu präsentieren:

Hypo: Random Veneziano
Animal Collective: Sung Tongs
Konki Duet: Il Fait Tout Gris
Clouddead: Ten
Anne Laplantine: Discipline
Black Dice: Creature Comforts
Panda Bear: Young Prayer
Alejandra and Aeron: Scotch Monsters
Lullatone: Little Songs About Raindrops
Twins: Singing in the Twins Wonderland 4

Danke für Ihre Aufmerksamkeit. Revanchieren Sie sich doch gelegentlich mit einer eigenen Liste.

»Er erkennt, daß die Gegenwart sich weniger über die in ihr produzierten Gegenstände als vielmehr über Vernetzungen und Strukturen definiert, über die hyperkinetischen Produktions- und Vertriebssysteme, die ebenjene Gegenstände in die ganze Welt transportieren.«

Kate Bush über Roe Ethridge, *Artforum* 10/03

Nein, nicht die Kate Bush! Es handelt sich um eine Autorin gleichen Namens. Wobei ich mich frage, was die andere Kate Bush heutzutage eigentlich so treibt. »Hounds of Love« ist ein zeitloses Meisterwerk. Eine Schande, daß sie in Vergessenheit geraten ist.

Dennoch seltsam. Was obige Kate Bush über Roe Ethridge sagt, würde ich auch über Andreas Gursky oder Thomas Ruff sagen. Mag sein, daß es momentan eine ganze Reihe von Fotografen gibt, die mit der Kamera Überangebot und Überfluß einzufangen versuchen; vielleicht liefern sie sich sogar eine Art Wettbewerb, wer das am besten kann. Trotzdem ein kompliziertes Unterfangen, da es ja letztlich um das Unsichtbare hinter den abgebildeten Objekten geht – Strukturen, Wachstum, Masse, Überfluß.

Diese Fotografen bilden also Straßenverkehr, die Auslagen von Schuhgeschäften, Aktienmärkte, Computerterminals und Frachtcontainer ab. Gestern erst habe ich ein Promo-Foto von Radiohead gesehen, auf dem die Jungs in einen Frachtcontainer gepfercht sind, ganz so, als würden sie jeden Moment nach Hongkong verschifft. Und irgendwo habe ich gelesen, Container seien das nächste große Ding in Sachen Hipster-Chic. Wozu noch teure Apartments in Hafennähe mieten, wenn man sich sowieso die meiste Zeit auf Reisen befindet? Weshalb also nicht gleich sein Apartment zum Hafen schaffen, ehe es zum nächsten Ziel geht?

Lassen Sie mich Ihnen erklären, warum ich Popmusik in dieser unserer Welt der Überflutung inzwischen derart hasse.

In der sich permanent verändernden, ohne Unterlaß expandierenden Welt des Überangebots kann man sich Dauerhaftigkeit und Stabilität nur durch das Prinzip der Wiederholung nähern. Auch wenn Tag für Tag neue CDs erscheinen, können Sie sie natürlich ignorieren – im Prinzip können Sie alle neuen Erfahrungen ignorieren, ja sogar den Überfluß selbst –, indem Sie Ihre alten Scheiben bis in alle Ewigkeit herunternudeln. Oder wenn die neuen CDs, die Sie sich kaufen, lediglich an altbekannte Sounds anknüpfen und Sie in keiner Weise überraschen oder gar fordern.

Wenn Ihnen diese Überflußwelt mit ihren endlosen Verzweigungen nicht gefällt, wenn Ihnen Wiederholung und Gleichförmigkeit seit jeher genehm sind: keine Sorge. Da draußen werden Sie bestens bedient. Tatsächlich birgt das Überangebot fast ausschließlich redundante Information – wohlbekannte Akkordfolgen, alte Hits in neuem Gewand, Magazine über tote Musiker und Werbespots, die Sie schon tausendmal gesehen haben, nicht zuletzt deshalb, weil die meisten davon schon in Ihrer Jugend nicht viel anders aussahen. Der Überfluß kommt konservativen Gemütern durchaus entgegen. Seine systemimmanente Tendenz zur Vielfalt gleicht er vornehmlich mit immer neuen Endlosschleifen redundanter Information aus.

Nennen Sie mich einen Träumer, aber ich wünschte, Masse und Überfluß würden mich mit 100 % neuer Information bombardieren. Ich hasse Wiederholungen und Redundanz. Nicht, daß ich etwas dagegen hätte, daß jeden Morgen die Sonne aufgeht. Aber ich ertrage es einfach nicht mehr, diese Werbespots zu sehen, in denen der neueste Orangensaft mit hübschen Girls und glücklichen Familien an Mann, Frau und Kind gebracht wird. Und es geht mir erst recht gegen den Strich, zum fünfhundertsten Mal »House of the Rising Sun« hören zu müssen, jenen großen Pop-»Klassiker« von Eric Burdon und den Animals.

Ich sitze in einer Londoner Klinik für Geschlechtskrankheiten. Da ich Sexualpartner sozusagen im Überfluß verschleiße, kann es nicht schaden, wenn ich mich mal wieder untersuchen lasse. Schön, daß es den National Health Service gibt, denn der übernimmt die Kosten meines Arztbesuchs. Weniger schön finde ich, daß es geschlagene zwei Stunden dauert, bis mein Name aufgerufen wird – und daß im Wartezimmer einer dieser Classic-Rock-Sender läuft.

Im Laufe dieser schweren Stunden werde ich mit »I Heard it through the Grapevine«, »Losing My Religion«, »You Wear It Well«, »All the Young Dudes«, »Nights in White Satin«, »California Girls«, »House of the Rising Sun«, »All You Need is Love« und zahllosen anderen »Hits der 60er, 70er und 80er« beschallt. Leider kann ich die Ohren nicht davor verschließen, und das nicht etwa, weil mich die Natur zwar mit Augen-, nicht aber mit Ohrenlidern ausgestattet hat, sondern weil ich Musik liebe und mehr und mehr befürchte, daß ich, sollte ich das Interesse an einer Sorte Musik verlieren, Gefahr laufe, das Interesse an Musik generell zu verlieren.

Nicht, daß diese Platten schlecht wären. Nein, sie sind fast alle hörenswert. Daran hat auch ihre endlose Wiederholung im Oldie-Radio nichts geändert. Man kann noch heute über den knackigen Backbeat und die beschwingte Country-Fiddle hinter Rod Stewarts Reibeisenstimme staunen und sich vorstellen, wie Ian Hunter beim Refrain von »All the Young Dudes« eine prächtige Showtreppe hinabschreitet, sich in das Spieler- und Nuttenmilieu von »House of the Rising Sun« versetzen oder die tantrischen und Musiqueconcrète-Elemente in »All You Need is Love« gewagt und originell finden.

Nein, das beunruhigende an diesen Platten sind die dräuenden Schatten am Rande des Bildes: das System, die Zusammenhänge und das Unsichtbare. Das System hat diese Platten – und eben keine anderen – in den Status von »Klassikern« erhoben und einen Kanon gebildet, ein Pantheon »unsterblicher Evergreens« erbaut. Die Gültigkeit dieses Kanons wird damit untermauert, daß all diese Platten einst große Hits waren. Das System interessiert sich nicht für die alternativen Listen, die das Internet zu bieten hat, sondern fordert uns statt dessen unablässig auf, bei den Sendern anzurufen und uns etwas von der Kanon-Liste zu wünschen. (Wehe, Sie fragen nach Stockhausen!)

Allerdings läßt das System dabei außer acht, daß sich die Zusammenhänge gravierend verändert haben, seit diese Platten »angesagt«, »neu« oder gar »revolutionär« waren. Das heutige San Francisco etwa hat kaum etwas mit dem Ort gemein, von dem im 60s-Hit »Are You Going to San Francisco?« die Rede ist.

Was einst soviel frischen Wind brachte, so befreiend wirkte, hat sich in ein laues Lüftchen verwandelt. Aus LSD ist Valium geworden. Was einst der Soundtrack einer Gegenkultur war, der das System ins Wanken brachte, ist nun der Sound, mit dem das System den öffentlichen Raum beschallt: Flughäfen, öffentliche Toiletten, Banken, Kliniken für Geschlechtskrankheiten, Taxis. Die Musik, die die Welt verändern sollte, steht heute für das System selbst.

Es mögen so um die tausend Platten sein, die allgegenwärtig und unvermeidlich geworden sind und die Lautsprecher da draußen verstopfen wie die Viagra-Offerten Ihre Mailbox. Aber wen kümmert's, ob man von Viagra einen Ständer kriegt oder diese Platten irgendwann mal groß waren? Wenn man jeden Tag damit belästigt wird, spielt die ursprüngliche Substanz keine Rolle mehr, egal ob es sich um Viagra oder einen Popsong handelt. Der »klassische« Popsong ist zur Bedrohung geworden, zu einer Waffe des Systems – zur Plage, zur Pest, zum Gift, zu einer Form der Unterdrückung.

Ich wäre ein Heuchler, wollte ich dem grassierenden Listenwahn die Schuld in die Schuhe schieben. Zugegeben, ich halte nicht viel von Nick Hornby, dem man nachsagt, für dieses Phänomen verantwortlich zu sein, kann ihm das aber auch nicht vorwerfen, und zwar aus zweierlei Gründen. Wie Sie bereits gesehen haben, erstelle ich selbst gern Listen. Und zweitens hat Hornby die Sache mit den Listen derart forciert und überzogen, daß sein Appell, gewisse Dinge aus dem Überflußsystem herauszuhalten, das genaue Gegenteil zur Folge hatte: nämlich die Integration von Listen in ebenjenes Überflußsystem. Der vermeintlich antikapitalistische Tenor seines Appells verstärkte das ohrenbetäubende Donnern des großen Wasserfalls um eine kaum hörbare traurige Nuance.

Eigentlich habe ich nichts gegen die Kurzlebigkeit dieses durch Überproduktion verursachten Überflusses. Immer noch besser als Materialismus. Es hat etwas Metaphysisches, um nicht zu sagen Spirituelles, auf dem Rücken des rosa Teddybären der Banalität zum goldenen Honigtopf zu reiten. Das weiß auch Jeff Koons!

Warum lernen wir nicht, mit dem Strom zu schwimmen, auch wenn feststeht, daß wir – und mit uns alles, was wir lieben – früher oder später über die Klippe gehen werden? Schließlich ist auch der Tod eine Art Transzendenz.

Also erstellen wir Listen, in dem Bewußtsein, daß unsere Listen keinerlei Bedeutung haben und nichts vor der Vergessenheit bewahren werden, in die der Überfluß zwangsläufig mündet. Erstellen wir Listen, um uns die Zeit zu vertreiben – und um den ebenso selbstherrlichen wie ratlosen Produzenten kultureller Eintagsfliegen zu versichern, daß ihre Bemühungen keineswegs fruchtlos geblieben sind. Bilden wir kleine Listenclubs oder eröffnen eine Mailing-List im Internet, damit wir unsere Listen austauschen und verbreiten können. Machen wir Listen-Listen! Die Top Ten aller Top Ten! Eine große Liste all derer, die Listen machen!

All das spielt keine Rolle. Es gibt kein *master narrative*, keine Geschichte mehr. Woher ich das weiß? Aus einem Kunstmagazin natürlich!

»Die zeitgenössische Kunst, so Belting, kündet keineswegs von einer neuen, aus dem bereits Dagewesenen erwachsenden Zeit. Vielmehr steht sie für das Ende solcher historischer Entwicklungen. Die altehrwürdige Tradition der Kunstgeschichte bietet den Künstlern keine sich objektiv entfaltende historische Narrative mehr, die fortgeschrieben werden muß, sondern lediglich eine Ruine, in der man herumstöbern, oder

ein Readymade, *dessen man sich bedienen kann – Dinge, die man zwar immer wieder anders inszenieren, aber nicht neu erfinden kann.«*

Jonathan Gilmore über Hans Belting, *Artforum* 10/03

Na also! Es gibt keine Picassos und Clement Greenbergs mehr. Das Zeitalter der Titanen und Ideologien ist vorüber. Es gibt keine allgemeingültige Entwicklung mehr, kein klares, zentrales Verständnis, was ein »Künstler unserer Zeit« zu tun und zu lassen hat. Keinen Jackson Pollock mehr und keine Beatles. Niemand weiß, ob Kunst nun »hehr und ernst« oder »seicht und populär« sein soll, geschweige denn, ob solche Differenzierungen überhaupt noch eine Bedeutung haben. Die Welt ist »superflach« geworden, um Takashi Murakami zu zitieren.

Dem japanischen Kunstmagazin *BT* zufolge kennt die superflache Welt »weder Perspektive noch Hierarchien, alles existiert paritätisch nebeneinander«.

Klingt ziemlich gleichmacherisch, nicht wahr? Was also spricht dagegen, lächelnd die Arme auszubreiten?

»Eines Tages werden wir Kunst und Künstler nicht mehr benötigen«, meint Murakami ähnlich gleichmütig. »Und genau deshalb ist Japan die Zukunft. Wir haben keine Religion, brauchen nichts weiter als die Macht des Entertainments.«

Doch gäbe es möglicherweise ein Problem, falls Entertainment tatsächlich zu so etwas wie einer Religion werden sollte. Wenn beispielsweise Prominente zu banalen Göttern würden, deren spirituelle Einsichten sich darin erschöpften, uns Lanzarote als nettes Ferienziel oder Prada als flotte Designermode zu empfehlen. Und was, wenn statt einer pluralistisch-frischen Flut von Internet-Listen plötzlich mächtige Meinungsmacher die Oberhand gewännen, ihre dogmatischen, redundanten, repetitiven kleinen Listen durchsetzten und uns mit den immergleichen tausend Platten unterjochen würden? Was, wenn das Überangebot die Menschen so verschrecken würde, daß sie sich an das von den Meinungsmachern propagierte »Allgemeingültige« klammern würden wie ans liebe Leben und in ihrer Trauer um die verlorene Welt der Titanen lieber den Konsens akzeptieren würden?

Was, wenn wir die hierarchischen Modelle über Bord werfen, uns aber weiter dem System unterwerfen würden?

Nichts spricht gegen eine superflache Welt, vorausgesetzt, sie ist auch wirklich flach – ein ebenes Spielfeld, das allen offensteht. Aber noch leben wir nicht in einer solchen Welt. Es gibt eine ganze Reihe von Menschen, die nach wie vor Macht haben: die Macht der Definition, die Macht, für uns die Wahl zu treffen, die Macht, uns ihrem Ermessen zu unterwerfen. Mit ihren eigenen Listen ausgestattet, sind sie in der Lage, darüber zu bestimmen, was gesendet wird, uns ihren Geschmack aufzuzwingen, uns ihre »Allgemeingültigkeiten« zu oktroyieren.

Es scheint, als hätten sich die Mächtigen unserem Ermessen gebeugt, während die sogenannten »Experten« mehr und mehr in den Hintergrund gerückt sind. Trotzdem geht es nach wie vor um eine Machtfrage. Was fehlt, ist also nicht die

Auswahlmöglichkeit, sondern die Vorauswahl durch Kenner, die wissen, wovon sie sprechen. Bleibt uns nur, die sogenannten »Experten« wieder zurückzuholen oder aber auf einen Punkt hinzuarbeiten, an dem keine Wahl besser oder wichtiger ist als irgendeine andere. Also entweder zurück zum Elitedenken oder aber vorwärts zu echter Gleichheit. Dazwischen gibt es nichts!

Und genau zwischen diesen beiden sprichwörtlichen Stühlen sitzen wir.

Irgendwo hat irgend jemand entschieden, daß der öffentliche Raum unablässig mit den immergleichen tausend Platten – Platten, die »wir« ausgesucht haben, die »wir« hören wollen – beschallt wird. Popmusik ist zu einer Art Muzak verkommen: Wir erkennen sie sofort, sie ist uns angenehm vertraut. Sie dient dem System dazu, die Menschen zu beruhigen und im Zaum zu halten, aber sie dient auch den Menschen; wir summen schließlich nicht umsonst ständig »Ohrwürmer« vor uns hin. Beschwerden gibt es kaum. Immerhin waren all diese Platten »Hits«, »Publikumserfolge«. Die Verantwortlichen tun nichts weiter, als die größten dieser Publikumserfolge zu einer Liste von Platten zusammenzustellen, die sie dem Publikum immer wieder vorspielen. Dem Volk. Das ist Demokratie.

Die Leute, die hier im St. Bartholomew's Hospital auf das Ergebnis ihres HIV-Tests warten, summen jetzt »Angels« von Robbie Williams mit. Das ist zufällig derselbe Song, der auch in der Bank lief, wo ich gerade einen Scheck eingelöst habe. Komisch, ich gehe seit Jahren zu dieser Bank, aber heute habe ich zum erstenmal bemerkt, daß sie mit Musik beschallt wird.

Auf diese Weise will uns das System auf einen »emotional korrekten« Kurs bringen.

Ich schaue *The Talk Show* auf BBC World. Unter dem Vorsitz des *Guardian*-Kolumnisten Jonathan Freedland bewertet eine Runde von Biographen und Historikern die Leistung verschiedener US-Präsidenten. Man ist sich einig, daß Clinton – vor allem aufgrund seiner Verdienste um die Wirtschaft – zwar ein guter Präsident gewesen sei, sich »die Geschichte« seiner aber ausschließlich wegen der Monica-Lewinsky-Affäre erinnern werde.

Ich werde wütend und versuche dahinterzukommen, weshalb. Es hat mit der Definition von »Geschichte« zu tun. Die Leute, die das Urteil der »Geschichte« im Fernsehen so wortreich bedauern, sind Historiker. Die Geschichtsschreibung ist ihr Beruf. Und doch scheinen sie sich gänzlich ohnmächtig zu fühlen. Sie glauben offenbar, daß das Volk quasi einstimmig beschlossen habe, die Bedeutung Clintons auf einen oralen Geschlechtsakt zu reduzieren, und daß kein Historiker der Welt etwas daran ändern könne. Sie glauben, die Rolle von Experten erschöpfe sich darin, das Urteil des »Volkes« aufzuzeichnen.

Und doch hat dieses Clinton-*»narrative«* jemand geschrieben. Wenn auch kein Historiker, sondern eine neokonservative Elite. Die Experten mögen zu bloßen Berichterstattern verkommen sein, trotzdem gibt es dort draußen Leute, die genügend Selbstvertrauen besitzen, die Macht –

und damit auch die Definitionsmacht – an sich zu reißen. Das dumme ist nur: Sie sind der Abschaum der Menschheit.

Leider sind es genau diese Leute, die von unserem Glauben profitieren, daß es »elitär« sei, Vertrauen in Experten zu setzen. Zwischen dem Staat der Vergangenheit, dem »vornehmen Autoritarismus« der Experten, und dem Staat der Zukunft, der pluralistischen Anarchie der wahrhaft superflachen Welt, liegt: Macht. Nackte, pseudopopulistische Macht.

Damit wir uns nicht mißverstehen: Ich habe absolut nichts gegen Listen, Pantheons und Kuratoren. Ganz entschieden aber habe ich etwas gegen jene Menschen, die ihre Listen danach ausrichten, was »die Leute wollen«. Gegen diejenigen, die sich darin gefallen, für andere zu sprechen, oder den Zeitgeist aus einer erhabeneren Perspektive als ihrer eigenen Subjektivität zu bündeln versuchen. Mit anderen Worten, gegen diejenigen, die uns die große Allgemeingültigkeit verordnen wollen. Insbesondere geht es mir gegen den Strich, wenn besagte Strategen Macht besitzen – schlimmer noch, die Macht, mir und dem Rest der Welt ihre Sicht der Dinge aufzuzwingen und immer wieder einzubleuen.

Da ein kritischer Kanon stets mit Macht verbunden ist, hasse ich ihn ebensosehr wie den kommerziellen. Ich hasse es, vom *Spin*-Magazin die besten Scheiben des Jahrzehnts unter die Nase gerieben zu bekommen, weil *Spin* reichlich Einfluß hat; gleichwohl habe ich ganz und gar nichts dagegen, wenn mir ein Fremder im Internet seine CDs des Jahrzehnts auflistet. Ich wünsche mir, daß da draußen immer mehr

Listen entstehen, so lang und so unterschiedlich wie möglich, Listen, die immer wieder verändert und von neuem überdacht werden. Und nicht zuletzt würde es mir gefallen, auf diesen Listen so wenig Namen wie möglich wiederzuerkennen.

Als ich diesen Essay vorbereitete, kam mir ein Kapitel aus Antonin Artauds polemischem Manifest »Das Theater und sein Double« (1938) in den Sinn, das den Titel »Schluß mit den Meisterwerken« trägt.

»Einer der Gründe für die erstickende Atmosphäre, in der wir leben, ohne mögliche Ausflucht und Zuflucht – und an der wir alle unser Teil Schuld haben, selbst die Revolutionärsten unter uns –, liegt im Respekt vor dem Geschriebenen, Formulierten oder Gemalten, vor dem, was Gestalt angenommen hat, als wenn schließlich nicht aller Ausdruck am Ende wäre, nicht an dem Punkt angelangt wäre, an dem die Dinge bersten müssen, wenn es einen neuen Aufbruch und einen neuen Anfang geben soll.

Man muß Schluß machen mit der Vorstellung von Meisterwerken …«

Artaud schlug »die Straße« als Quelle neuer Information und Inspiration vor, um die redundante, elitäre Information seiner Zeit ein für allemal hinwegzufegen. Dieselbe Flurbereinigung erhoffe ich mir heute vom Internet. Wir sollten uns Artaud anschließen und rufen:

Schluß mit den Meisterwerken!

Und vielleicht sollten wir selbst ein paar Parolen dazuerfinden:

Schluß mit den endlosen Wiederholungen! Wir wiederholen: Keine Wiederholungen! Gebt uns neue Information! Schluß mit Redundanz und Tautologien! Großes Herz statt enger Stirn! Vielerlei statt Einheitsbrei! Heilig sei der Überfluß, nicht der einzelne Name! Formuliert es selbst! Nieder mit der Inhaltslosigkeit! Tötet alle Meinungsmacher! (Außer mir!) Erkennen statt Wiedererkennen! Hinhören statt weghören!

Und wenn Sie glauben, Sie hätten jetzt alles verstanden, dann haben Sie nicht aufgepaßt.

Erfinden Sie Ihren eigenen Slogan!

WIR KÖNNEN AUCH...

»Irgendwann fand die Plattenindustrie heraus, daß sich die meisten Leute für Musik eigentlich gar nicht interessieren. Die meisten Leute empfinden Musik als nervtötend, zumindest als weitgehend überflüssig. Und so kamen sie zu folgendem Schluß: Wenn sie diesen Leuten ihre CDs andrehen konnten, würden sie wesentlich mehr Einheiten verkaufen.«

T-Bone Burnett

... ANDERS

»Ein Dämon nagt an der Seele des Rock 'n' Roll. Sein Name ist Nostalgie«, hat der amerikanische Kritiker und Historiker Ed Ward vor einigen Jahren in einem erhellenden Essay geschrieben. »Nostalgie ist der wahre Seelenkiller und Gegenwartsvernichter. Sie fesselt einen an Dinge, die in dieser Form nie wieder existieren können, läßt einen Hirngespinsten hinterherhecheln und macht einen blind für die Weiterentwicklung jeglicher Form kreativer Energie.«

Selbstredend beinhaltet Wards Verdikt keineswegs, die Sounds von gestern künftig nicht mehr hören zu dürfen; wir alle wissen, daß es ohne Tradition keine Moderne gibt. Wohl aber richten sich seine Worte gegen eine durch und durch saturierte Popkultur, die sich darin gefällt, den immergleichen Monstranzen zu huldigen, die die für sakrosankt erklärten Konsensformate bewahren, flankiert von ihren Gralshütern, die sich wie Eckermannsche Karikaturen als ehrenamtliche Helfer für Ordnung und Redaktion von Discographien und Alterswerken verdingen – um Neil Young, Robert Johnson und Patti Smith abermals, erneut und immer wieder mit bewährt gedrechselten Treueschwüren im Reich der Ewigen Selbstgenügsamkeit zu verankern.

Der Segnungskanon entspringt seit jeher einer stockkonservativen Mischung aus Selbstgefälligkeit, Funktionärstum und Patronat, mit der sogenannte »objektive Verdienste« und »historische Bedeutung« in einem allgemeingültigen Koordinatensystem einbetoniert werden, begleitet vom ebenso durchnormierten Schall des Classic-Rock-Radios, in dem parallel etwas verkauft wird, das zu Recht »Airplay« genannt wird, weil genau das auch der Inhalt ist. Nick Tosches' mittlerweile zwei Jahrzehnte altes Diktum, daß Rockmusik inzwischen nur mehr »Muzak im Fahrstuhl zu den mittleren Jahren« darstellt, darf man heute wohl als zutreffender denn je bezeichnen.

»Wer eine Rolling-Stones-Platte besitzt, wird bald mehrere besitzen wollen«, schreibt Karl Bruckmaier in »Soundcheck. Die 101 wichtigsten Platten der Popgeschichte«, um im gleichen Atemzug mit Formeln wie »Erregung«, »Kitzel« und »einem geradezu erotischen Verhältnis zur Musik« höchst extravagante Reize zu verheißen, obgleich sich diese – um in seiner Nomenklatur zu bleiben – strikt auf die Referenzpunkte der Missionarsstellung beschränken. Doch so sinnlich diese Grundposition vordergründig auch sein mag, wird womöglich erst andersherum ein Schuh aus Bruckmaiers Devise: Wer fünf Stones-Platten besitzt, wird sie vielleicht über kurz oder lang bei Ebay einstellen. Nicht zuletzt auch deshalb, weil Nostalgie, Sättigung und Redundanz unweigerlich ins Gefilde der Autoerotik führen. »In jenen Jahren begriff ich«, so Gilad Atzmon in »Anleitung für Zweifelnde«, »daß sich unser Leben in eine einzige große Onanie verwandelt hat. Wir feiern die Sexualität in unserer Kultur mehr denn je, doch der Sex selbst ist uns schon vor langer Zeit entglitten.«

Auf den nachfolgenden Seiten finden Sie 100 Tonträger aus sieben Jahrzehnten, die keineswegs einen alternativen Leitfaden darstellen, sondern einen Streifzug durch das groovekulturelle Spiegelkabinett, in dem man durchaus auf Bekanntes, in jedem Fall Daseinsverfeinerndes und gelegentlich auf Bizarres stoßen kann – nie aber auf Obskures, wie die Best-of-Päpste all das zu bezeichnen pflegen, was nicht in ihren Chorgesang paßt. Beteiligt an der Zusammenstellung der Liste waren E-Moll Jones, Thomas Mohr und Florian Werner. Wie jede Aufstellung dieser Art bleibt sie *work in progress*, eine persönliche Übersicht, die sich schon morgen wieder ändern kann. Sie dient als Anregung, und sie nimmt auch niemandem das Denken ab. Das kann nur der Kanon.

***

AVALANCHES: Since I Left You (2000)

Australische Jäger und Sammler fräsen sich durch 100 Jahre Popgeschichte. Das Resultat, nur aus Samples bestehend, ist eine bewegende Eloge auf das Ende der Kindheit; ein unwiderstehlicher Sog aus bittersüßen Melodien und Erinnerungsfetzen – ein artifizielles »Pet Sounds« der Computer-Ära.

AZTEC CAMERA: High Land, Hard Rain (1983)

Roddy Frame war gerade mal siebzehn, als er dieses betörend bittersüße Juwel einspielte; danach kam nicht mehr viel, er hatte ja bereits alles gesagt. Eine der komplettesten Pop-Platten aller Zeiten.

BACKBEAT (Soundtrack, 1994)
Ein Dutzend Songs aus der Frühzeit der Beatles, eingespielt von einer Grunge-All-Star-Band, u.a. Greg Dulli/Afghan Whigs und Thurston Moore/Sonic Youth. So konnten die Beatles selbstredend nicht spielen; aber genauso hat es sich anno 61 im Kaiserkeller *angehört.*

MICKEY BAKER: Wildest Guitar (1959)
The Man Who Launched a Thousand Records: Der begehrteste R-&-B-Sideman seiner Zeit, Vorbild von Jimi Hendrix und Dutzenden anderer Gitarristen, mit einer Reihe von Instrumentals, die die meisten anderen Fender-Solisten sehr, sehr alt aussehen lassen.

BEACH BOYS: Pet Sounds (1966)
Statt hier in Ehrfurcht zu erstarren: ein kosmisches Konzept.

BEASTS OF BOURBON: The Axeman's Jazz (1984)
Ein hochtoxisches, mit ungehobeltem Gestus und galliger Ironie veredeltes Meisterstück, durchsetzt von Zitaten und Querverweisen, R-&-B-Verneigungen und Country-Referenzen: intertextuelle Rockmusik auf höchstem Niveau.

BEATLES: Help (1965)
Sparen wir uns leidige Diskussionen: Lennon/McCartney auf dem Zenit ihres Schaffens. Unschlagbare Harmonien unter konkurrenzloser Nutzung der Songwriter-Klaviatur, dabei so unangestrengt wie der gleichnamige Richard-Lester-Film.

BOBBY BLAND: Two Steps from the Blues (1961)
Eine titanische Stimme, flankiert von mächtigen Bläsern, sakralen Chören und feinster Gitarrenarbeit. Ein majestätisches Ereignis; schwarzer Soul-Olymp.

EARL BOSTIC: Flamingo (1996; Aufnahmen von 1951–59)
Aufregend schwüle Sounds von einem Tenorsaxophonisten, von dem nicht nur John Coltrane einiges gelernt hat. Mehr Nachtclub kriegen Sie so schnell nicht wieder in Ihr Wohnzimmer.

DAVID BOWIE: I Dig Everything (1966)
Ganz früher Bowie, lange vor den Posen und Manierismen der 70er. Mit so wolkenlosen Songs wie »Good Morning Girl«, bei denen man unwillkürlich blinzeln muß: Von soviel Leichtigkeit kann man sich nur anstecken lassen.

BUCK 65: Talkin' Honky Blues (2003)
Berückende Hiphop/Country/Beat-Poetry-Fusion des Kanadiers Richard Terfry: ein Konzeptalbum über eine Odyssee durch das amerikanische Hinterland, hypnotisch und bilderstark eingefangen, mit einem Panoptikum von Sounds, denen der Rost aus jeder Pore zu bröseln scheint.

BRILLIANT GREEN: Same (1998)
Stellen Sie sich vor, Shirley Manson von Garbage würde sich mit dem jungen Lennon und dem noch unverbrauchten J. Mascis von Dinosaur jr. zu einem Rendezvous in der von Roland Barthes beschworenen Echokammer treffen. Japa-

ner, klar. Die greisen Gebrüder im westlichen Clubland haben es vorgezogen, soviel Innovation lieber nicht zu bemerken.

JIMMY BUFFETT: Boats, Beaches, Bars & Ballads (1992; Aufnahmen von 1970–89)

Ohne »Grapefruit – Juicy Fruit«, »Pre-You« und »Coast of Marseilles« kann man nicht leben. Papageien, Segelboote, Margaritas, schöne Mädchen – dieses gewisse pazifische Gefühl, Sie wissen schon.

BERTRAND BURGALAT: The Sssound of Music (2000)

Der Phil Spector Frankreichs. Filigran gesponnene, äußerst tanzbare Grooves zwischen Lounge-Symphonien, Easy Listening und Hardcore-Elektro. Aber warum so kompliziert, wenn es auch in einem Wort geht: Raffinement.

CAPTAIN BEEFHEART & THE MAGIC BAND: Clear Spot (1972)

Was ist schon Genuß ohne Herausforderung? Fragmente einer Geschichte von Blues und Soul, irgendwo zwischen (a)tonaler Vergraultaktik und fragiler Poesie.

CLOUDDEAD: Ten (2004)

Underground-Hiphop: Küchenschaben mit einer Vorliebe für den Gesang tibetischer Mönche fressen sich durch eine umfangreiche Plattensammlung. Besonders lecker finden sie die Buchstaben Z (wie Zappa) und R (wie Residents). Drastisch wird es, wenn sie beim C (wie Carpenters) landen.

PAOLO CONTE: Jimmy, Ballando (1987)

Eine der besten Aufnahmen des singenden Rechtsanwalts aus Norditalien: knarzige Stimme, formalistische Obsessionen (die Klangbilder des Cool Jazz, die elegante Melancholie des argentinischen Tangos) und ein gleichermaßen ausgeprägter Sinn für Poesie und das Absurde.

CYBOTRON: Clear (1982)

Juan Atkins, Derrick May und Kevin Saunderson sind sozusagen die Gründungsväter des Detroit Techno. Atkins brachte es als erster zu einem kleinen Hit: »Clear«, rasiermesserscharfe, trockene Sounds, die in ihrer Sterilität eine ungemeine Spannungsfläche schufen, an der sich der Dancefloor aufheizen konnte. Eine Platte, die im Prinzip zwei Genres begründete: Techno und Electro.

BOBBY DARIN: Oh, Look at Me Now (1962)

Über seine Teenie-Hits wie »Splish Splash« sagte Darin: »Ihr müßt kotzen, wenn ihr das hört.« Hier seine andere Seite: begnadetes Crooning in erstklassigen Arrangements von Billy May, maßgeschneidert für die ganz großen Showrooms.

DAUERFISCH: Crime of the Century (1999)

Eine deutsche Band mit zwei hierzulande seltenen Tugenden: Erfindungsreichtum und Ironie. Retro-futuristischer Chic, wie man ihn sonst nur aus Nippon kennt, inklusive des besten deutschen Bossa, den es je gab: »Endlich vögeln«.

DILLARD & CLARK: The Fantastic Expedition of Dillard & Clark (1968)

Das Mastermind der frühen Byrds – Gene Clark stieg vor ihrer ersten Englandtour aus, weil er Flugangst hatte – und Banjovirtuose Doug Dillard mit einer traumhaft realisierten Mischung aus Bluegrass, Country und Pop-Balladen. Extrem laidback, soulful und wahrhaftig – pure Inspiration.

JOAO DONATO: Quem E Quem (1973)

Brasilianisches Pendant zu den großartigen Stevie-Wonder-Alben der frühen Siebziger: coole Fender-Rhodes-Riffs, zirpende Elektronik, feine Songs; Funky Bossa, Beatnik Style. Zum Ausgleich die klassische Variante: PAUL WINTER/CARLOS LYRA, »The Sound of Ipanema« (1964), verstärkt durch Könner wie Sergio Mendes und Milton Banana. Die Leichtigkeit eines Sommerabenteuers, romantische Skizzen, vorgetragen mit dem unvergleichlichen Timbre Carlos Lyras.

DREXCIYA: The Journey Home (1995)

Nach Atlantis, das ist gemeint. Sub-aquatisch; ozeanisch. Erinnern wir uns an Captain Nemo und seine Enttäuschung über die Menschen. Die Klänge lassen die Gegenwart eines gigantischen Wesens erahnen, das 20 000 Meilen unter dem Meer seine Bahnen zieht.

DR. JOHN: Gris-Gris (1968)

Der Schlangenpriester des Voodoo-Rock. Emphatische Gesänge und hypnotische Perkussion zwischen kreolischer Tradition und psychedelischer Avantgarde. Ideal für die nächste Fahrt in die Sümpfe.

DURUTTI COLUMN: The Return of the Durutti Column (1980)

Impressionistische Vignetten und Arabesken des englischen Gitarristen Vini Reilly – optimaler Soundtrack für träge, lichtdurchflutete Tage, wenn draußen die Boote in der Flaute treiben.

DUKE ELLINGTON: The Blanton-Webster Band (1986; Aufnahmen von 1940–42)

»Es gibt nur zwei Dinge: die Liebe, in allen Spielarten, mit schönen Mädchen und die Musik von Duke Ellington. Alles übrige mag verschwinden, denn alles übrige ist häßlich.« (Boris Vian)

LORRAINE ELLISON: Stay With Me (1995; Aufnahmen von 1966–74)

Was Janis Joplin abgeht, stellt Lorraine Ellison in ihrer Originalversion von »Try (Just a Little Bit Harder)« unter Beweis. Man nennt es Gefühl. »Stay With Me« versammelt das Beste aus ihren drei exzellenten Soul-Alben: Wenn sie sich im Titelstück den Schmerz über eine verlorene Liebe buchstäblich aus dem Leib singt, schwingt darin so viel Wahrheit mit, daß man ehrfürchtig auf die Knie sinken möchte.

THE FALL: This Nation's Saving Grace (1985)

Mark E. Smiths hechelnder Aufforderung »You should see

my new house« möchte man auf keinen Fall nachkommen. Schauerliche Einblicke in Maggie Thatchers Schreckensregime, die Ihren Ohrensessel kurzerhand in eine Streckbank verwandeln.

BRIGITTE FONTAINE: Comme à la Radio (1969)

Die beste Platte der französischen Avantgarde-Queen: eine experimentelle Pop-Landschaft, in der das Art Ensemble of Chicago modale Klangcluster über nordafrikanische Rhythmen schichtet. Jeder Song ein Hit – auf dem Mars.

JACKSON C. FRANK: Blues Run the Game (1965)

Eines der einflußreichsten Folkalben der Sixties, produziert von Paul Simon. Frank, dessen Lebensgeschichte eine absurde Reihung von Tragödien darstellt, ist ein in sich gekehrter Troubadour, dessen beste Songs jene distinktive Fliegender-Holländer-Qualität haben: intim, verstörend und von einer geradezu kosmischen Melancholie.

SERGE GAINSBOURG: Du Jazz dans Le Ravin (Compilation, 1996)

So ziemlich das Beste aus Gainsbourgs frühen Jahren 1958–64; der schlagende Beweis, daß Existentialismus vor allem auf charmantem Unsinn basierte. Außerdem wissen Sie danach, warum er jede Frau herumkriegen konnte.

GRAVEDIGGAZ: 6 Feet Deep (1997)

Von den 36 Kammern der Shaolin und des Wu-Tang-Clans direkt in die Gewölbe der New Yorker Leichenhallen. Ein

Seitenprojekt von Wu-Tangs RZA und De-La-Soul-Producer Prince Paul, abgerundet durch die MCs Fruitkwan und Too Poetic: ein Unikat des NY-Hardcore-Hiphop, hochdynamisch und angemessen morbide für ein Album, das ursprünglich »Niggamortis« heißen sollte.

GUN CLUB: Miami (1982)
Die Gespenster des Südens: Wenn Jeffrey Lee Pierce singt, kann man die Dämonen hören, die ihm auf den Fersen waren. Möglicherweise Eros, definitiv Thanatos. Eine geniale Platte von zeitübergreifendem Rang.

ARTHUR H.: Negresse Blanche (2003)
Mit seiner fulminanten Tom-Waits-Variante des Absinth saufenden Bohemiens, der zwischen Fantomas und Rimbaud geschmackssicher den Boris Vian des 21. Jahrhunderts gibt, ist Arthur H. eine feste Größe der Pariser Hipster-Szene geworden. Schreckt auch vor House-Beats nicht zurück, wenn es angebracht ist. Très groovy, mit exquisiten Arrangements und einem Hang zu sinistrem Surrealismus.

HALL & OATES: Abandoned Luncheonette (1973)
Das meisterliche zweite Album des weißen Duos, Lichtjahre entfernt vom slicken Sound ihrer späteren Hits. Hinreißend romantische Songs, Blue Eyed Soul vom Feinsten.

HARD KNOCKS: School of Hard Knocks (1992)
Ein Dutzend rasiermesserscharfe Hiphop-Tracks über das Leben im Ghetto und die schon für die Cops bereitgestell-

ten Särge. Extraordinäre Beats mit Isaac-Hayes-Coolness und Bobby-Womack-Samples.

WYNONIE HARRIS: Good Rockin' Tonight
(1977; Aufnahmen von 1947–54)
Pure, unzweideutige, dampfende Brunst: Gleich hier in der Gasse hinter der Scheune, und sofort. Neben Big Joe Turner und Roy Brown der gewaltigste Shouter der Vierziger – Rock 'n' Roll in seiner Roh- und Reinform, lange bevor es dieses Genre überhaupt gab.

BILLIE HOLIDAY: Lady in Satin (1958)
Die heroinsüchtige Billie hatte gerade eine Entziehungskur hinter sich, als die Sessions zu ihrer letzten Platte stattfanden; ausschließlich nachts, mit jeder Menge Gin, da der einen Sucht die andere gefolgt war. »Lady in Satin« ist das Epitaph zu einer großen Karriere – Billie starb 44jährig im Jahr darauf, mit gerade noch 70 Cent auf dem Konto –, ein Dokument von Selbstzerstörung und letzter Würde. Ganz zum Schluß ihr Testament: »I'll Be Around.«

HOWLIN' WOLF: Moanin' in the Moonlight (1965)
»No Place to Go«, »Forty-four«, »Evil«: Vor diesem Tier hatten schon andere Angst. Der Blues als großes Fressen – roh und noch warm, versteht sich.

I AM KLOOT: Same (2003)
In einem durch die White Stripes und Radiohead abgestumpften Massenmarkt werden solche Bands links liegen-

gelassen. Das Trio um Johnny Bramwell bündelt melancholische Introspektion und exquisite Melodien zu einem Album voll selten gehörter und dunkel schöner Ahnungen.

JAYHAWKS: Hollywood Town Hall (1992)

Country und Roots-Rock der Königsklasse: unwiderstehliche Melodiebögen, die Melancholie endloser verschneiter Highways und selbstverständliche Stilsicherheit. Ein Parameter, an dem sich seither alle Vertreter dieser Kategorie messen lassen müssen; vielleicht doch ein kleiner Trost für eine Ausnahmeband, die zu Zeiten ihres Bestehens niemand bemerken wollte.

KAHIMI KARIE: I am a Kitten (1995)

Mitte der Neunziger kommt Kahimi Karie nach Montmartre, um mit der Crème der europäischen Pop-Avantgarde – Nick Currie, Bertrand Burgalat, Gregori Czerkinsky – in den Studios de la Seine eine Handvoll hypererotischer Vignetten aufzunehmen. Ein transnationales Meisterwerk, verkleidet als multilinguale Mischung aus libidinösem Chanson, Lounge-Eleganz und japanisch-französischem Babypop.

ROBERT EARL KEEN, JR.: The Live Album (1988)

Der Meister des Front Porch Songs: zehnmal Storytelling von der texanischen Veranda, fest in der Tradition verwurzelt und dabei so stilsicher, um sie jederzeit auf die ironische Schulter nehmen zu können.

KEREN ANN: La Disparition (2002)
La Belle Tristesse: Versponnene Elegien mit gleichsam dahingetupften Phrasierungen und in ihrer Stille um so spektakuläreren Spannungsbögen. Bemerkenswert auch ihre Zusammenarbeit mit dem Isländer Bardi Johannson als LADY & BIRD (2003) – eine erstaunliche Mischung aus Nouveau Folk und elektronischen Elementen.

KMD: Mr. Hood (1991)
Hiphop-Kleinod aus den Vorgärten des afroamerikanischen Bürgertums. Daisy-Age-Beats und Vorabendserien, Kinderreime und eskapistische Jugendträume. Verborgen unter dieser Idylle: tiefes Leiden unter Rassendiskriminierung in perfidester, weil verfeinerter Form. So entstehen Terroristen.

THE LEFT: It's the World (1983)
Auf dem Cover sind zwei Außerirdische abgebildet, die von der Kanzel ihres Raumschiffs den lichterloh brennenden Globus betrachten; die Zielrichtung ist also klar. Selten gehörte Wut und Aggression, inklusive des epochalen »5 a.m.«: Agonie und antisozialer Impetus bis zur Selbstzerstörung.

JERRY LEE LEWIS: Live im Star Club (1964)
Keine Stalinorgel, sondern das Piano des »Killers«, vorangetrieben von rasender Dementia. Mit anderen, politisch leider nicht ganz korrekten Worten: »Das mach mal nach, Nigger.« (Jerry Lee Lewis)

JULIE LONDON: Julie is Her Name (1955)
Ohne »Cry Me a River« geht sowieso nichts. Julies quintessentielles Debut, mit Barney Kessel an der Gitarre.

LYDIA LUNCH: Queen of Siam (1979)
Klingt, als hätte die junge France Gall eine Platte mit John Zorn aufgenommen. Purer Sex-Beat, mit einer hohen Dosis reiner Psychose angereichert. Nur für Erwachsene.

MAIN SOURCE: Breaking Atoms (1991)
Ein Juwel des Golden Age of Hiphop. Mastermind Large Professor war der Gott des SP-1200-Samplers: die abgefahrensten Soul-Loops, der lässigste Swing, die beste Party – aus dem Handgelenk geschüttelt mit natürlicher Gelassenheit und einem einzigartigen Ohr für hörspielartige Soundcollagen.

APRIL MARCH: Triggers (2003)
Gainsbourg hätte garantiert seine Gitanes mit ihr geteilt. Die große unbekannte Diva des Girly-Pop mit einer umwerfenden Mischung aus Retro-Style und hypermodernem Clubsound – Musik von überragendem Intellekt und hinreißender Sinnlichkeit.

DEAN MARTIN: Memories are Made of This
(1996; Aufnahmen von 1948–61)
Nonchalante Fingerschnipper und Belcanto-Schmachtfetzen, zuweilen gefährlich nah am Kandiszuckerberg, immer von träger Grandezza, lidschwerem Sentimento und bei-

spielloser Verführungskunst. Wenn Sie genau hinhören, klingt zwischen den Zeilen auch noch Dinos *menefreghismo* durch – was das ist, erfahren Sie in der Pizzeria an der Ecke.

JOHN MARTYN: One World (1977)

Der einzige, der anno 77 eine Antwort auf die Punkwelle wußte. Introvertierte, frappierend expressive Liebeslieder mit reduziertem Swing und verhaltenen Dub-Basslines, kongenial unterstützt von Steve Winwood, der hier die beste Session-Arbeit seiner Karriere abliefert.

PERCY MAYFIELD: For Collectors Only (1989; Aufnahmen von 1950–54)

Existentieller Soul, so schmerzlich, so verzweifelt, so tief empfunden wie nur selten zuvor oder später: »Life is Suicide«, »My Heart is Crying«, »Memory Pain«: Songs wie offene Wunden.

MAZZY STAR: She Hangs Brightly (1990)

Die letzten Straßen und die ewige Liebe. Moderne Psychedelia mit unwiderstehlichen Licks von Dave Roback und hypnotischer Mädchenstimme von Hope Sandoval. Nicht von dieser Welt.

GEORGE MCCRAE: Rock Your Baby (1974)

Was Gamble & Huff für den Phillysound, waren Harry Wayne Casey und Richard Finch als Producer für den Miami Soul. Für »Rock Your Baby« war eigentlich Gwen McCrae – an THE BEST OF GWEN MCCRAE (1992) inklusive des atemberaubenden »For Your Love« kommen Sie ebenfalls nicht vorbei – als Vokalistin vorgesehen; als sie erkrankte, sprang ihr Gatte ein. Ein selten glasklarer Sound, inklusive der exzeptionellen, irgendwo zwischen Steve Croppers Atlantic-Aufnahmen und Curtis Mayfield oszillierenden Licks von Rhythmusgitarrist Jerome Smith: ein unwiederholbar infektiöser Stil, den man nirgendwo anders hören kann.

EUGENE MCDANIELS: Outlaw (1970)
Nach einer Reihe von Hits in den Sechzigern als Gene McDaniels nahm Eugene, nunmehr politisch radikalisiert, mehrere militante Soul-Alben auf, eine toughe Mischung aus dylanesken Protestsongs und hartem Funk, die auch heute nichts von ihrer Wucht verloren hat. Spiro Agnew soll höchstpersönlich dafür gesorgt haben, daß McDaniels von Atlantic Records achtkantig gefeuert wurde.

JOHNNY MERCER: The Capitol Collectors Series (1989; Aufnahmen von 1942–49)
Der einzige amerikanische Songwriter, der wußte, wie sich der Gesang von Engeln anhört, mit hemdsärmelig charmanten Vorträgen von Klassikern wie »Strip Polka«, »Blues in the Night«, »Candy« oder »Personality«, unterstützt von Benny Goodman, Jo Stafford und Nat King Cole. Ebenso fabelhaft: GREAT AMERICAN SONGWRITERS VOL. 2: JOHNNY MERCER – die ganze Bandbreite seiner Songs in Interpretationen von Doris Day bis Tony Bennett. Stylish und zeitlos schön.

LE MICRO BRISE LE SILENCE: Same (2000)

Rap und Griot-Kultur: Die algerische Formation um Ourrad Rabah kombiniert westliche Hiphop-Strukturen mit traditionellen Raï- und Chaabi-Elementen, schreibt eminent politische Texte (die auch auf französisch beiliegen) und ist mit einem kehligen Flow gesegnet, den man diesseits der Straße von Gibraltar lange suchen muß.

JACKIE MITTOO: The Keyboard King at Studio One (2000; Aufnahmen von 1965–82)

Was Walter Wanderley für den Brasil-Pop, ist Jackie Mittoo (1948–90) für Rocksteady und den jamaikanischen Soul/Jazz. Vierzehn geschmeidige, hoch infektiöse Groover, traumwandlerisch mellow und easygoing.

MODEL 500: Night Drive (Thru Babylon) (1985)

Juan Atkins at his best. Cyber-Rock 'n' Roll. Kraftwerk, Fritz Lang, George Clinton und Samuel R. Delany kreuzen in einer Limousine durchs nächtliche Detroit.

MOMUS: Twenty Vodka Jellies (1996)

Zwanzig Preziosen des »sanften Perversen« (so ein anderer seiner CD-Titel), die nur allzu genau demonstrieren, was einen wahrhaft eigenwilligen Songwriter ausmacht. Ein surreal bis sinister angehauchtes Maskenspiel mit Verbeugungen vor Serge Gainsbourg, Paolo Conte, W. H. Auden, Jacques Dutronc, Paul Celan, Howard Devoto ... so verspielt, kosmopolitisch und unaufdringlich gebildet kann Popmusik sein.

WES MONTGOMERY: Guitar on the Go (1963)

Montgomerys letzte Aufnahmen für das Riverside-Label zeigen, was Ronnie Jordan und andere nicht ganz unbegabte Schüler von ihm gelernt haben. So cool wie die auf halb sechs hängende Zigarette in seinem Mundwinkel.

MILTON NASCIMENTO / LO BORGES: Clube da Esquina (1972)

Folk, Tropicalia und flirrende, leicht spacige Psychedelia bestimmen den Sound von Nascimentos monumentalem Doppelalbum, ein Füllhorn verspielter Gitarrenlinien und prägnanter melodischer Einfälle: eine Art sonnendurchfluteter Gegenentwurf zu Arthur Lees Love, und noch eine Spur packender.

FRED NEIL: Everybody's Talkin' (1967)

Fred Neil spielte mit Dylan, John B. Sebastian und Stephen Stills, bevor er dem Business den Rücken kehrte, um sich für immer dem Schutz von Delphinen zu widmen. »For a few years, Fred Neil was there. Then he was elsewhere«, wie es so treffend in den Liner Notes heißt. Vorher schrieb er noch »Everybody's Talkin'« – der Fama nach in fünf Minuten auf einer Toilette von Capitol Records – und eine Handvoll weiterer bleibender Tracks über Einsamkeit, Entfremdung und Meeressäuger. Große Musik.

WILLIE NELSON: Stardust (1978)

Zehn Tin-Pan-Alley-Standards, von »Georgia On My Mind« bis »Someone To Watch Over Me«, in Interpretationen von zerbrechlicher Zartheit. Willies beste Platte; eine leise Liebeserklärung an das goldene Zeitalter der *popular songs.*

NEW RACE: The First and Last (1982)
Mein Knüppel ist länger als deiner: die ultimative Symbiose von Detroit-Rock und Aussie-Punk. Ein Stahlgewitter mit den Überlebenden der MC5, Stooges und Radio Birdman. Was soll danach noch kommen?

THE NOMADS: Where the Wolf Bane Blooms (1983)
Das Gesetz des Nordens: ein halbes Dutzend archaische Kracher aus der schwedischen Garage, die für den überstürzten Exodus ihrer Nachbarn sorgen. Schnell, hart, rabiat. Jedes Riff ein Klassiker!

STINA NORDENSTAM: Dynamite (1996)
Das seltsame Mädchen aus der Nähe des Polarkreises verblüfft seit Anfang der Neunziger mit einer Reihe von Alben, die immer mehr auseinanderfallen – die fragmentierten Überreste von Popsongs als Relikte einer untergegangenen Zivilisation. Obsessiv, neurotisch und auf eine bizarre Art sexy.

PANDORAS: STOP PRETENDING (1986)
Girls from the Garage: eine Art kalifornische Proto-Grrrl-Ausgabe der Bangles, mit den besseren Songs, Sixties-Punk-Touch, kehligen Vocals und der Fuzz-Gitarre von Paula Pierce, die 1991 an einer Gehirnblutung starb. Sex & Surf als Handschellen-Nummer, schmeichelnde Melodien neben

Songs wie »You Don't Satisfy« und »It Felt Alright«, gegen die sich Iggy und die Stooges wie bettnässende Bürschchen ausnehmen.

VANESSA PARADIS: Variations Sur Le Même T'Aime (1990)
Eine dieser Platten, über die so gut wie jeder die Nase rümpft – selbstredend, ohne sie je gehört zu haben. Songwriter Gainsbourg im fortgeschrittenen Dirty-Old-Man-Delirium, doch die 18jährige Vanessa Paradis hat nichts gemein mit der jungen France Gall, die laut zu schluchzen begann, als sie anno 65 erfuhr, welche schrecklichen Andeutungen ihr der Lolita-Kenner in »Les Sucettes« in den Mund gelegt hatte. Kurz: eine perfekte Kooperation für das, was Gainsbourg zu Recht als *rhythme de jerk* zu bezeichnen pflegte. Auf seinem Grab steht übrigens: »Serge is not dead. He's in heaven, fucking.«

PIZZICATO FIVE: Happy End of the World (1997)
Bossa, Dance, Easy Listening, Drum & Bass und mehr: Die Stilgourmands Yasuhiro Konishi und Maki Nomiya auf einem intertextuellen Streifzug durch den globalen Hypermarkt der Popkultur. »Und wir wundern uns laut murmelnd: ›Haben wir tatsächlich mit all diesen Dingen angefangen?‹« (Nick Currie)

PLAN 9: DEALING WITH THE DEAD (1984)
Drogenorgel und fünf Gitarristen! Sagenhafte Mischung aus fuzzgesteuertem Garagenrock, Westcoast-Feeling und exemplarischem Swing.

ELVIS PRESLEY: The Original Sun Sessions (1954/55)

Eine gute Wahl; für den Anfang. Die sparsame Ekstase. Wenn Sie wirklich wissen wollen, wer Elvis war, besorgen Sie sich eine Aufnahme vom Auftritt des Kings in Frank Sinatras »Timex Special« am 26. März 1960. So können Frauen sein – ein Schwarm von Harpyien ist nichts dagegen.

PSYCHE: Crackdown (1987)

Carl Craig begann als Helferlein von Derrick May und emanzipierte sich mit dieser Kollaboration von seinem Mentor. Craig brachte eine tiefe, jazzige Musikalität in die Elektro-Szene. »Crackdown« ist eine Aufnahme vom selben Rang wie Charlie Parkers »Relaxin' at Camarillo«.

PUFFY AMIYUMI: Spike (1999)

Einmal quer durch die Musikgeschichte in fünfzehn Songs? Kein Problem für das erfolgreichste Girl-Duo Japans und Produzent Andy Sturmer (Ex-Jellyfish). Spielerischer Zitat-Pop zwischen T. Rex, Pretenders, Brian Wilson und Teen-Punk, vor allem aber mit Witz und Klasse.

ROBERT QUINE / FRED MAHER: Basic (1985)

Ebenso schnörkellos wie kunstvoll vor sich hin klappernde Drumpatterns und programmierte Beats, ein knochentrockener Baß und darüber: Gitarren, Gitarren und noch mehr Gitarren. Als hätte man Scotty Moore, Mickey Baker, Miles Davis und die Byrds durch den Punk-Fleischwolf gedreht. Der Soundtrack für den letzten Blick auf die leere Leinwand eines stillgelegten Autokinos.

PAUL QUINN & THE INDEPENDENT GROUP: Will I Ever Be Inside of You (1994)

Die Crème de la crème der schottischen Independentszene versammelte sich, um diese schmachtende Hommage an den Torch Song einzuspielen. Warnung: Für Verächter langsamer Songs wird es die Hölle sein. Für den liebeskranken Connoisseur: das Größte. Und die Hölle sowieso.

RAMONES: Leave Home (1977)

Damals im Internat der Brüder zum Heiligen Blute Christi gegen »Led Zeppelin II« getauscht. Biblischer Unmut und psychotische Reaktionen bei Pater Ferdinand Zech, aus guten Gründen auch die Zecke genannt: »Ich muß das konfiszieren.« Wegweisend im Umgang mit Autoritäten.

SERGE REGGIANI: Rupture (1971)

Unwahrscheinlich, daß Ihnen Pop mehr über das Leben erzählen kann als diese Chansons. Ein außergewöhnliches Timbre, das von schönen Huren und vom Sterben der Jugend kündet, von Michel Legrand und Alain Goraguer (dem Svengali hinter dem frühen Gainsbourg) in ebenso erwachsene Arrangements gekleidet.

FRANCOIS DE ROUBAIX: Les Plus Belles Musiques des Films de ... Vol. 1 & 2 (1976)

Der Ennio Morricone der französischen Sixties, Komponist unerreichter Soundtracks wie »Les Aventuriers«, »Adieu L'Ami«, »Ho!« und »Le Vieux Fusil«. Mit 35 ertrunken vor der Küste von Teneriffa, in einem der Ozeane, denen die meisten seiner Kompositionen galten. La Mer Est Grand: pure Poesie.

ARTHUR RUSSELL: World of Echo (1986)

Der New Yorker Avantgarde-Cellist schuf eine Reihe der innovativsten Dance-Hits der Achtziger; ausgeflippte Groove-Monster wie »Wax the Van« oder »Is It All Over My Face«. Für sein letztes Solo-Album nahm er viele dieser Stücke neu auf, nur begleitet von seinem Cello, das er durch eine Echoplex-Maschine jagte – im Sound nicht unähnlich den John-Martyn-Platten der Mittsiebziger. After-Hours-Musik, meditative Ruhe, die aus der Hektik der Großstadt geboren ist.

SHADOWS OF KNIGHT: Gloria (1966)

Eine der unterschätztesten Sixties-Punk-Bands: 16 euphorisch dahergerüpelte Rhythm-&-Blues-Kleinode, die in keinem Haushalt fehlen sollten. Die Shadows verschwanden nach ihrem einzigen Top-Ten-Hit von der Bildfläche, um zweifelhaften Nachruhm als die Studioband hinter Bubblegum-Gräßlichkeiten wie »Yummy, Yummy, Yummy« zu erringen.

THE SHANGRI-LAS: Past, Present & Future (1966)

Die Königinnen der Death Discs (»Leader of the Pack«) mit weiteren epischen Teen-Dramen und dem unübertroffenen, auf Beethovens »Mondscheinsonate« basierenden Titeltrack – macht auch beim hundertsten Mal Hören noch Gänsehaut.

JUDEE SILL: Heartfood (1973)

Einsames Juwel weiblicher Singer-Songwriter-Kunst der frühen Siebziger, intensiv, intim, emotional nackt und ungeschminkt, getrieben von tiefer Spiritualität. Besonders groß: »The Donor«, neun Minuten Erlösungsphantasie mit einem Sog wie ein Mahlstrom.

SILVER JEWS: The Natural Bridge (1996)

Front-Porch-Songs mit Blick aufs amerikanische Wasteland, getragen von träger Trauer, erhabener Tristesse und seltsam abgeklärter Heiterkeit. Magische Momente zwischen Dämmerung und Traum.

SIMPLY SAUCER: Cyborgs Revisited (1999; Aufnahmen von 1974/75)

Kanadischer Proto-Punk: eine begeisternde Kollision von Velvets-Coolness und Syd-Barrett-Wahn, Garagenpunk und Krautrock-Motorik à la Neu. Die talentiert neurotischen Außenseiter auf der Provinz-Highschool, neben denen im Bus keiner sitzen wollte – und die es dreißig Jahre später allen zeigen.

JERI SOUTHERN: You Better Go Now (1956)

Zwölf klassische Torchsongs in einem frappierenden Spektrum von rauchig bis mädchenhaft, wissend bis bittersüß. Die ewige Geschichte von Männern und Frauen in betörenden, ganz auf das Wesentliche reduzierten Arrangements: Ergreifender geht's nimmer.

JO STAFFORD: Spotlight on … (1995; Aufnahmen von 1943–50)

Wenn eine Muse singt, hört sie sich so an. Songs wie »Haunted Heart« und »It Was Just One of Those Things« könnten auch Sie zum Dichter machen.

THE SUGARMAN 3: Soul Donkey (1999)

Das einmalige Soul-Konzeptalbum über Rupert, den groovenden Maulesel aus South Carolina, mit perlenden Orgel-Kaskaden und swingenden Gitarrenlicks. Real funky!

THE TELL-TALE HEARTS: Same (1984)

Ihnen selbst war die Aufnahme zu zahm: die vielleicht wildeste Band des Garagenrevivals in den Achtzigern, mit ungeschliffenen Diamanten wie »Crawling Back To Me« und »Come and Gone«. Get primitive, man!

BOBBY TROUP: The Feeling of Jazz (1994)

Der Mann, der »Route 66« schrieb und Julie London »Baby« nennen durfte, mit Aufnahmen aus den Jahren 1955–67. Extracoole Darbietungen von einem, der seinen Scotch mit Zitronenschnitz nimmt, nebenbei noch einen Song darüber schreibt und sich absolut nichts beweisen muß.

LUKE VIBERT / B. J. COLE: Stop the Panic (2000)

Sampling-Collagen plus Pedal Steel Guitar? Ein raffiniert angelegter Irrgarten aus Breakbeats, Ambient-Splittern, 60s Exotica, Lounge Music, Honky-Tonk-Licks und Hawaii-Glissandos. Die Chill-Out-Zone als Echokammer.

WALTER WANDERLEY: Batucada (1967)

Musik, um schöne Mädchen aufzufordern, an der Copacabana und anderswo. Diese Orgel muß man gehört haben: der »Boss of the Bossa Nova« mit unnachahmlichem Dancefloor-Swing, dynamisch, erotisch, melancholisch. Einfach auflegen – und sofort mit dem Flirten anfangen.

DINAH WASHINGTON: Drinking Again (1962)

Erst bricht das Herz, dann die Stimme. Eine ehrfurchtgebietende Sammlung persönlicher, intimer und schmerzlicher Momente – von Don Costa mit der angemessenen Zurückhaltung arrangiert.

PAUL WESTERBERG: 14 Songs (1993)

Auch eine Form von Understatement: eine Rock-CD, die nichts anderes sein will, mit einer Reihe von Keith-Richards-Krachern, wie sie Keith Richards niemals schreiben könnte, und »Black Eyed Susans«, einem der anrührendsten Liebeslieder, die je in einer Küche aufgenommen wurden.

ANDRE WILLIAMS: Bait and Switch (2002)

Seit den 50ern gefragter Songwriter, Producer und Performer, nach einer Handvoll kleinerer Hits drei Jahrzehnte Funkstille und dann das! *Smutty Soul,* brachial nach vorn gehend und vorgetragen mit einem Organ, das klingt, als hätte der Mann seine Stimmbänder lebenslang in Terpentin mariniert. Vor allem aber der schlagende Beweis, daß es auch heute noch einen R&B jenseits von Fashion, Glattkoloratur und Körperfetischismus gibt. Risque Rhythms!

X-RAY SPEX: Germfree Adolescents (1977)

Mit dieser Musik konnte man anno 77 in England in die Charts kommen: einer Explosion aus Hysterie, herausgekotzten Riffs und Poly Styrene, gegen die Johnny Rotten nur ein Freizeitposer war. Selten hatte Punk mehr Credibility. Poly tauchte wenig später bei den Krishna-Jüngern ab.

JAMES YOUNG: Joanna (2003)

Das Klavier als architektonische Zuflucht, in der man lebt und träumt; kein perfekt klingender, genauestens gestimmter Flügel, sondern ein alter Kasten – »ein *readymade*, dessen Eigenheiten und Fehlbarkeiten ich feiern wollte« (James Young). Impressionistisch zauberhafte Motive zwischen Satie und Ambient-Sounds, rearrangiert und gesampelt von Henry Olsen (Ex-Primal-Scream). Eine gedankenverlorene, außerordentliche Idee vom Autor von »Songs They Never Play on the Radio«, einer der traurigsten und zugleich amüsantesten Pop-Höllenfahrten, die je zwischen zwei Buchdeckeln beschrieben worden sind.

THE ZOMBIES: Begin Here (1965)

Beiläufig aus dem Ärmel geschüttelte Pop-Pretiosen und beseelte R-&-B-Covers. Der wahre Britpop: Hier anfangen und gleich wieder von vorne loslegen.

GASTAUTOREN

Gilad Atzmon, * 1963 in Israel, Saxophonist, Klarinettist und Autor der ätzenden Polit-Satire »Anleitung für Zweifelnde« (2002). Aufnahmen mit Paul McCartney, Robbie Williams, Sinead O'Connor und Robert Wyatt. »Exile«, die dritte CD seiner Band *The Orient House Ensemble*, wurde mit dem BBC Jazz Award als beste Platte des Jahres 2003 ausgezeichnet. Letzte CD: »musiK/Re-arranging the 20th Century« (2004). Er lebt in London.

»Meine erste Platte war von Queen, ich weiß aber nicht mehr genau, welche. Ich stand eigentlich gar nicht so drauf, aber ein Mädchen, dem ich an die Wäsche wollte. Mein All-Time-Fave: John Coltrane, ›Ballad‹.«

»Das Prinzip Amerika«. © by Gilad Atzmon, 2005. Ins Deutsche übertragen von Sky Nonhoff.

Frank Bröker, * 1969. Theaterautor, Songwriter und Gitarrist. Diverse Bücher, zuletzt »Jukebox BRD« (2002) und »Logbuch-Leipzig« (2003). Er lebt in Leipzig.

»Meine erste Platte habe ich mir 1981 bei Aldi in Meppen gekauft: das Debut von NDW-Sternchen Fräulein Menke. Meine Lieblingsplatte ist ›Das Schiff‹ von DIE ART (1995).«

»Ein unbedingtes Verbrechen«. © by Frank Bröker, 2005.

Cliff Burns, * 1964, kanadischer Schriftsteller und Dramatiker. Zuletzt erschienen: »Righteous Blood« (2002). Er lebt in Saskatchewan.

»Meine erste Platte war Bobby Shermans ›Julie, Do You Love Me?‹. Mein momentaner Favorit ist Steve Tibbetts, ›The Fall of Us All‹, unglaubliche Soundscapes, die man zur Erkennungsmelodie der Cannabis-Weltpokal-Verleihung machen sollte. Ich hoffe, ich werde in die Jury berufen.«

Richard Currey, * 1949 in West Virginia, ist Autor der Storysammlung »The Wars of Heaven« (1990) und des einzigartigen Romans »Lost Highway« (1997), in dem er der Biographie eines fiktiven Country-Singer-Songwriters nachspürt. Er lebt in Maryland.

»Meine erste Single habe ich im Peoples Drug Store in Washington, D. C. gekauft: ›I Wanna Hold Your Hand‹ von den Beatles. Mein All-Time-Fave ist ebenfalls von den Beatles: ›Rubber Soul‹, eine Platte, die den Gitarrenrock mehrerer Generationen definiert hat – bis zu Nirvana und darüber hinaus.«

Nick Currie, * 1960, Komponist, Arrangeur, Produzent unter dem Pseudonym »Momus«. Kooperationen mit Kahimi Karie, Bertrand Burgalat, Cornelius, Anne Laplantine und anderen. »Einer der größten und unterbewertetsten britischen Songwriter.« (The Independent) Currie lebt in Berlin.

»Meine erste Platte war ›Ride a White Swan‹, eine Singles-Compilation von T. Rex, die ich mir 1971 bei Boots in Colchester gekauft habe. Mein All-Time-Fave ist Brecht/Weills ›Dreigroschenoper‹, Berlin 1930.«

»Schluß mit den Meisterwerken«. © by Nick Currie, 2005. Ins Deutsche übertragen von Thomas Mohr und Sky Nonhoff.

Detlef Diederichsen, * 1960, schrieb unter anderem für *Sounds* und *Spex*. Er lebt als Autor, Redakteur und Musiker in Hamburg.

»Erste selbst gekaufte Platte: ›A Beard of Stars‹ von Tyrannosaurus Rex, ewiger Favorit: ›Gaucho‹ von Steely Dan.«

»Der Messias-Reflex«. © by Detlef Diederichsen, 2005.

E-Moll Jones, * 1960, ehemals Gitarrist der *Legendary Golden Vampires*, Co-Autor von »Die Goldgräber von '90« (1990; zusammen mit Olaf Krämer); heute Filmproduzent. Er lebt in Berlin und Paris.

»Erste Single: ›It Won't Be Long‹ von den Beatles im Spätsommer 67, getauscht gegen einen gelben Drei-Sterne-Ball beim Tischtennis mit den Älteren, die schon LPs hatten und 45er nur noch den Kleinen zumuten wollten. Erstes vom eigenen Geld erstandenes Album: ›Deep Purple in Rock‹. Und ohne ›London Calling‹ von The Clash geht bei mir gar nichts.«

»Apocalypse Now«, »Vom Hartwerden der Baguette«. © by E-Moll Jones, 2005.

Claudia Kaiser, * 1965, Drehbuchautorin und Sängerin/Gitarristin der *Moulinettes*. 2003 erschien ihr Buch »Rocken und Hosen« mit unsterblichen Zeilen wie: »Gründet Bands! Damenkapellen! Und die Welt des Galanten wie des Bizarren wird sich euch eröffnen, die die Jungs so sicher nie kennenlernen werden.« Letzte CD: »Serendipity Park« (2004). Sie lebt in München.

»Meine erste Platte habe ich mir mit acht in einem Elektroladen im Quidde-Einkaufszentrum in Neuperlach gekauft: ›Mamma Mia‹ von Abba. Meine Lieblingsplatte? Ich habe zwei: ›Greatest Tits‹ (1990) von R. Stevie Moore und ›Curtis‹ (1970) von Curtis Mayfield.«

»Und wie möchten Madame sich heute komponieren?«. © by Claudia Kaiser, 2005.

Toby Litt, * 1968, Autor von »Adventures in Capitalism«, »Beatniks«, »Exhibitionism«; sein neuester Roman heißt »Ghost Story«. Er lebt in London.

»Meine erste Platte waren zwei gleichzeitig: ›Funeral Pyre‹ von The Jam und ›Working Day and Night‹ von Michael Jackson. Die beste: Dylans ›John Wesley Harding‹.«

»Der messianische Hampelmann«. © by Toby Litt, 2005. Ins Deutsche übertragen von Thomas Mohr.

Christof Meueler, * 1968, lebt in Berlin und ist Feuilletonredakteur der Tageszeitung *Junge Welt*.

»Erste Platte: Boomtown Rats, ›The Fine Art of Surfacing‹. All-Time-Fave: entfällt.«

»Dumm rumstehen und nicken«. © by Christof Meueler, 2005.

Thomas Mohr, * 1965, lebt als Übersetzer in Berlin.

»Erste Platte: ›Blockbuster‹ von The Sweet (1973), aus dem Single-Automaten bei Radio Schöller in Villingen. All-Time-Fave: Jackdaw with Crowbar, ›Monarchy Mayhem and Fishpaste‹ (1987).«

»Greise mit Gitarren«, »Frühstück bei mir«. © by Thomas Mohr, 2005.

Myles Palmer, * 1944, Journalist bei *The Times*, *Rolling Stone*, *Time Out*, *The Scotsman*. Zu seinen Büchern gehören »New Wave Explosion« (1981) und »The Professor – Arsene Wenger at Arsenal« (2001). Er lebt in London.

»Meine erste Platte habe ich im Parrots Record Shop im Stevenage New Town Centre gekauft: ›It's Now Or Never‹ von Elvis. Mein meistgespielter Longplayer ist und bleibt Miles Davis' ›Kind of Blue‹.«

»Money for Nothing«. © by Myles Palmer, 2005. Ins Deutsche übertragen von Thomas Mohr.

Louis Philippe, * 1959, Musiker (»A Kiss in the Funhouse«, »9th and 13th«, zusammen mit Jonathan Coe), Autor (»Dictionnaire du Rock«), Dokumentarfilmer, TV-Sportkommentator und England-Korrespondent von *France-Football*. Er lebt in London.

»Meine erste Platte habe ich 1971 gekauft, Led Zeppelins ›III‹. Als All-Time-Favorite gibt es für mich nur eine Wahl: ›Pet Sounds‹ von den Beach Boys. Alles, was je im Namen des Pop produziert worden ist, muß dagegen verblassen. Die Platte hat mir das Leben gerettet, und fünfundzwanzig Jahre nach dem ersten Hören tut sie es immer noch.«

»Der Arno Breker des Pop«, »Dinner bei Bekannten«. © by Philippe Auclair, 2005. Ins Deutsche übertragen von Sky Nonhoff.

Neal Pollack, * 1970, Journalist (*GQ*, *Vanity Fair*) und Autor von »Never Mind The Pollacks«, dem genialischen Satire-Äquivalent zu »Almost Famous«. Er lebt in Austin, Texas.

»Mit acht habe ich mir ›Cruisin‹ von den Village People gekauft. Meine absolute Lieblingsplatte ist ›Mutations‹ von Beck.«

»Jenseits der Vierzig«. © by Neal Pollack, 2005. Ins Deutsche übertragen von Thomas Mohr.

Alexander Smith, * 1967, schreibt für das *Time Magazine* und den *New Yorker*. Er lebt mit Frau und Tochter in New York.

»Meine erste Platte habe ich 1976 im Music Mart in Westhampton, NY, gekauft: ›Dressed to Kill‹ von Kiss. Meiner Mutter gefror die Schminke im Gesicht, als ich die LP im Auto aus der Tüte zog. Mein All-Time-Fave bleibt Killing Joke, ›Night Time‹.«

»Alles von der Stange«, »Mutter, mir graut vor dir«. © by Alexander Smith, 2005. Ins Deutsche übertragen von Sky Nonhoff.

Julene Snyder, mehrfach ausgezeichnete Journalistin, schreibt für den *San Francisco Chronicle*. Sie lebt in San Diego, Kalifornien.

»Die erste Platte, die ich mir selbst gekauft habe, war ›The Best of Bread‹; es gibt keine Entschuldigung dafür, aber ›Baby, I'm-a Want You‹ hatte es mir echt angetan. Die beste, die ich kenne: X, ›Los Angeles‹.«

»Erlöser mit Schuheinlagen«. © by Julene Snyder, 2005. Ins Deutsche übertragen von Sky Nonhoff.

Nick Tosches, * 1949, Autor der Klassiker »Country« (1977), »Hellfire« (1982), »Unsung Heroes of Rock 'n' Roll« (1984), »Dino: Living High in the Dirty Business of Dreams« (1992), »The Devil and Sonny Liston« (2000) und »In the Hands of Dante« (2002). Er lebt in New York.

»Meine erste Platte war ›You Can't Sit Down‹ von den Dovells. Und nichts geht über ›Jumpin' Jack Flash‹ von den Stones.«

»Der Lauf der Welt«. © by Nick Tosches, 2005. Ins Deutsche übertragen von Sky Nonhoff.

Peter Unfried, * 1963, ist stellvertretender Chefredakteur der *taz*. Er lebt in Berlin.

»Meine erste Platte habe ich mir bei der Rheinelektra in Ellwangen-Jagst gekauft: Deep Purple, ›Made in Japan‹ (1972). Mein All-Time-Fave: Elvis Costello, ›Armed Forces‹ (1979).«

»Musik, die die Welt nicht mehr braucht«. © by Peter Unfried, 2005.

Ed Ward, * 1948, hat unter anderem für den *Rolling Stone, Austin Chronicle, New York Times, New York Herald Tribune* und das *Wall Street Journal* geschrieben. Er lebt in Berlin.

»Meine erste Platte habe ich im Oktober 57 in einem Radiogeschäft an der Garth Road in Scarsdale, NY, gekauft: Jimmie Rodgers' ›Honeycomb‹, für 49 Cent, wenn ich mich recht erinnere. Auf meine Lieblingsplatte bin ich irgendwann in den frühen Siebzigern bei Village Music in Mill Valley, Kalifornien, gestoßen: ›Dedicated to You‹ von den ›5‹ Royales.«

REGISTER